滁州市城市与旅游发展研究

CHUZHOUSHI CHENGSHI YU LÜYOUFAZHAN YANJIU

潘立新/著

安徽师范大学出版社
·芜湖·

责任编辑:孙玉洁　孔令清　李　玲
装帧设计:任　彤

图书在版编目(CIP)数据

滁州市城市与旅游发展研究 / 潘立新著. — 芜湖:安徽师范大学出版社,2016.8
ISBN 978-7-5676-2475-7

Ⅰ.①滁…　Ⅱ.①潘…　Ⅲ.①城市旅游－旅游业发展－研究－滁州市　Ⅳ.①F592.754.3

中国版本图书馆CIP数据核字(2016)第084119号

滁州市城市与旅游发展研究

潘立新　著

出版发行:安徽师范大学出版社
芜湖市九华南路189号安徽师范大学花津校区　邮政编码:241002
网　　址:http://www.ahnupress.com/
发 行 部:0553-3883578　5910327　5910310(传真)　E-mail:asdcbsfxb@126.com
印　　刷:虎彩印艺股份有限公司
版　　次:2016年8月第1版
印　　次:2016年8月第1次印刷
规　　格:700 mm×1000 mm　1 / 16
印　　张:15.75
字　　数:285千
书　　号:ISBN 978-7-5676-2475-7
定　　价:35.00 元

目　录

第一章 绪 论

城市是人类文明的重要组成部分，伴随着人类文明的进步而发展。新中国成立以来，随着城市化进程的快速推进，我国的城市社会经济建设发生了翻天覆地的变化，城市发展布局和结构日趋合理，城市经济在国民经济中的重要作用日益显著。

第一节 城市的形成和发展

城市是人类社会发展到一定阶段的产物，是一种客观存在的社会经济现象，已经有五千多年的历史。它是人类社会创造文明和聚焦财富的最主要地域，是人类文明的重要组成部分，伴随着人类文明的进步而发展。随着经济全球化和城市化进程的加快，地球变成了地球村，世界联系更加紧密。城市给无数人带来了追求与梦想，也带来了许多“城市病”。当前，各国政府对城市的研究更加深入，不断探索现代城市的发展规律，提出解决城市问题的对策。

一、城市形成和发展的基础

区域地理条件包括城市所在区域的自然地理条件和经济地理条件，这些条件为城市的形成和发展奠定了基础，是城市形成和发展的背景。

(一)区域自然地理条件

区域自然地理条件主要是指纬度位置、地质、地形地貌、气候、水文、土壤和植被等条件。这些条件综合起来作为人类生存环境，并通过影响人口的分布来影响城市的形成和发展，其中以气候、地形和纬度位置对城市的形成和发展的影响最为明显。

1.气候条件

气候的主要要素是气温和降水。地球上气温和降水组合好的地区是温带地区，这里不仅适合农作物生长，而且更适宜人们生存和居住。世界人口以不同的密度在地球表面广泛分布，如今没有受到人类活动影响的自然环境几乎不复存在。世界上的城市，尤其是大城市，主要集中在气温适中、降水适度的温带地区，近些年有缓慢向亚热带地区移动的趋势。我国的大城市绝大部分分布在东部和南部湿润半湿润的温带、亚热带地区。美国的大城市绝大多数分布在较湿润的地区，近几十年来持续有从“冰霜地带”向南方“阳光地带”迁移的趋势，美国人口增长最快的前十个50万人口以上的大都市区全部在南部各州。

2.地形条件

区域地形条件与城市的形成和发展关系密切。地势的高低起伏、坡度的陡峭和缓直接影响着人们的出行和生产，所以人们首先聚集在地势起伏不大、坡度平缓的地区。世界大城市多集中分布在海拔200米以下的平原区、滨海滨湖区及江河沿岸地带。海拔较高的城市多集中于低纬度的高原地区，受气温垂直递减率的影响，这些地方海拔虽高，但纬度低，温度仍然适中，适宜人们生活和居住。

3.纬度位置条件

地球表面纬度不同，获得的太阳热能不同。纬度高气温低，纬度低气温高，所以世界大城市以中低纬度位置居多。但也有纬度较高的城市，其一般都受惠于大洋暖流。如斯德哥尔摩市北纬59°20′，圣彼得堡城北纬59°58′，还有不冻港摩尔曼斯克等，均是位于高纬度、受惠于北大西洋暖流的城市。

（二）区域经济地理条件

区域经济地理条件主要是指资源条件（矿产资源、淡水资源、水热资源、动植物资源的丰富程度及其组合）、基础设施状况（基础设施完备与否、先进与否、配套与否）、劳动力情况（劳动力的数量和质量）以及经济发展状况（经济发展的历史、现状、水平、结构特征和未来开发潜力）等。这些条件有的来自自然条件的衍生和转化，有的是长期开发的历史积淀，但都是城市发展的基础，影响着区域城市的形成和发展。

二、城、市、镇、城市和城镇

城市是在“城”与“市”的基础上产生、发展的。中国历史上的“城”是指城墙围起来的地方，作为一定规模的永久性防御设施而存在，主要是为了防卫、抵御外敌入侵。《墨子·七患》说：“城者，所以自守也。”《吴越春秋》也说：“筑城以卫君，造郭以守民。”最初的“城”还不具备宗庙、宫室、商业市场、手工业工场等一般城市所应该具备的物质要素。

“市”是商品交易的场所。《说文解字》说：“市，买卖所也。”最早的市没有固定的位置，由于人们常在居民点的水井旁从事交易，故有“市井”之称。后来人们自发约定在特定的时间、地点相互交易，即形成集市。随着商品经济的发展，为了经营上的方便，市逐渐被转移到人口比较集中、奴隶主贵族居住的城中，并有固定的位置。从此，真正意义上的城市方才产生。汉魏之际，市的位置在城外郭内。唐代，市占一坊之地。宋以后，市坊制解体，市由坊内扩展为一整条街。在南北朝时期，在城市的城门外开始设有供农民出售饲料、燃料等产品的市场（“草市”），但数量不多。唐代还规定“诸非州县之所，不得置市”。中唐以后，因手工业、商业兴隆，水陆交通发达，“草市”在县以下居民点大量兴起，这就是广大农村集镇的前身。总之，社会经济的发展、城内人口的增加加速了市贸易的发展，市贸易扩展产生了相对固定市场的需求，于是“城”和“市”逐渐融为一体，演变成城市，成为人口居住和工商贸易的集中地。到近现代，“市”被引申为一级城镇聚落性质的行政建制单元。

“镇”与“市”原本有严格的区别，“有商贾贸易者谓之市，设官防者谓之镇”。到了宋代，镇才摆脱军事色彩，以贸易镇市出现于经济领域，成为县治和农村集市之间的一级商业中心。近现代，“镇”也被引申为一级行政单元，成为起着联系城乡经济纽带作用的较低等级的居民点。

因为“城”“市”和“城市”具有发生学上的密切联系，现在“城”“市”都作为城市的简称，加上“镇”的介入，就产生了“城”“市”“镇”“城市”“城镇”等名词术语的混用局面。

严格地讲，现代“城市”与“市”是两个性质不同但又相互联系的概念。“城市”

是农村的对称词，是指那些人口集中，工商业发达，居民以非农业人口为主，在政治、经济、文化等方面处于中心地位的地理区域。它没有法定的分界线，具有边界模糊性，属于社会、经济、地理概念。“市”则属于与省、县、镇等行政建制相对应的一个政治、法律概念，是依据国家规定的标准和条件，按照法定程序设置的地方行政建制，设有相应的国家政权机关，有明确的边界和确定的管理范围。

“城市”和“市”虽然属于两个不同范畴的概念，但它们之间有很密切的内在联系。“城市”和“市”都是以人口密度、工商业发达程度、非农业人口所占比例等为基本条件。一定规模的城市（以非农业人口为主的居民集聚地）是设市的基础和前提条件，没有一定规模的城市为依就不可能设置市的行政建制。一旦城市设置了市的建制，便称为“建制市”，简称“市”。由一般意义上的城市转化为有行政建制的城市过程称为“设市”，它是以一定的条件为依据，并通过严格的行政法规程序而完成的。

“城镇”是“市”和“镇”的总称，有时也称“市镇”，包括乡村以外的一切居民点。《中华人民共和国城市规划法》所称城市“是指国家按行政建制设立的直辖市、市、镇”。因此，从这个意义上说，城市和城镇基本上是等价的。

三、城市群

所谓城市群，是指在特定的区域范围内云集相当数量的不同性质、类型和等级规模的城市，以一个或两个（少数城市群有多个核心）特大城市（小型的城市群为大城市）为中心，依托一定的自然环境和交通条件，城市之间的内在联系不断加强，共同构成的一个相对完整的城市集合体。

城市群是相对独立的城市群落集合体，是这些城市城际关系的总和。城市群的规模有一定的大小，都有其核心城市，一般有一个核心城市，有的有两个，极少数的有三个或四个。核心城市一般为特大城市，有的为超大城市或大城市。

城市群（又称城市带、城市圈、都市群或都市圈等）是指以中心城市为核心，向周围辐射构成城市的集合。城市群的特点反映在经济紧密联系，彼此之间的产业分工与合作，交通与社会生活、城市规划和基础设施建设相互影响等方面。多个城市群或单个大的城市群即可构成经济圈。

中文“城市群”（城市圈）为中国大陆地区自20世纪90年代以后常用的地域经济用语，之前常直接借用日文“都市群”（都市圈）来表示同一概念。日文“都市群”即英文Metropolitan Coordinating Region之义。90年代后开始有学者用“城市群”来分析大河流域与湖泊、海岸交汇区域形成的亚文化圈城市网络，提出长江、黄河的上、中、下游城市群，美国的东西海岸线、五大湖区与密西西比河流域城市群，以及欧洲的城市群。北美地区的Metropolitan Area，中文译作“大都会”或“都会区”，概念上和“都市圈”“城市圈”表示的意义相同或相近。

城市群是在城镇化过程中，在特定的城镇化水平较高的地域空间里，以区域网络化组织为纽带，由若干个密集分布的不同等级的城市及其腹地，通过空间相互作用而形成的城市区域系统。城市群的出现是生产力发展、生产要素逐步优化组合的产物，每个城市群一般以一个或两个(少数城市群有多个核心)经济比较发达、具有较强辐射带动功能的中心城市为核心，由若干个空间距离较近、经济联系密切、功能互补、等级有序的周边城市共同组成。发展城市群可在更大范围内实现资源的优化配置，增强辐射带动作用，同时促进城市群内部各城市自身的发展。

对城市群概念的表述，学者们并不一致，但认识渐趋一致。城市群是由很多城市组成的，彼此的联系越来越紧密，共同对区域发展产生影响。城市群是工业化、城市化进程中区域空间形态的高级现象，能够产生巨大的集聚经济效益，是国民经济快速发展、现代化水平不断提高的标志之一。

四、城市化

城市化的高速发展期一般处于工业化加速阶段，即从工业化初期向工业化中期迈进的时期，也就是所谓的“同步城市化”。此时，随着工业化的加速，城市化的速度加快。

(一)城市化

城市化，或称“城镇化”“都市化”，是英文Urbanization的不同译法。Urban(城市)是Bural(农村)的对称词，除农村居民点外，镇及镇以上的各级居民点都属于Urban Place(城镇地区)。根据城市发展历史，现代城市由Hamlet(小村)、Village(村庄)、Town(镇)、City(城市)、Metropolis(都市)一步步演变而来，所以Urban Place既包括City也包括Town。也有学者认为，Urbanization译作“城市化”更全面。实际上，“城市化”和“城镇化”两者完全同义，只是后一术语更强调

“镇”。由于镇是城市的初始形态,属于城市的类型之一,再加上人们更习惯使用“城市”这一名称,如“城市规划”“城市地理”,所以本书均使用“城市化”。

“城市化”这一术语在160多年前(约1850年)就已经出现。当时,西班牙一位名叫塞尔门的工程师写了一本《城市化的理论问题》,第一次使用了“城市化”一词,书中区分了“城市化”和“乡村化”两个概念。然而,此后由于城市化研究的多学科性和城市化过程本身的复杂性,对城市化概念的界定一直是众说纷纭,莫衷一是。

从广义上讲,城市化是指居住在市、镇地区的人口占总人口比例的增长过程,是由于社会生产力的发展而引起的市、镇数量增加及其规模扩大,人口向市、镇集中,市、镇物质文明和精神文明不断扩散,区域产业结构不断转换的过程。

不同学科对城市化的理解有所不同:(1)经济学认为,城市是人类从事非农业生产活动的中心,城市化是指不同等级地区的经济结构转换过程,即农业活动向非农业活动转换,特别重视生产要素流动,即资本流、劳动力流在城市化过程中的作用,同时注重从世界经济体系的角度探讨一国一地区的城市化问题;(2)地理学强调城乡经济和人文关系的变化,认为城市(镇)是地域上各种活动的中枢,城市化除了人口与经济的转换与集中外,还包括地域的扩大;(3)社会学则以社群网(即人与人之间的关系网)的密度、深度和广度作为研究城市(镇)的对象,强调社会生活方式的主体从乡村向城市(镇)转化;(4)人口学研究城市化,主要是观察城市(镇)人口数量的变化情况、城市(镇)人口在总人口中的比例、城市(镇)人口规模的区域分布及其变动等,并分析产生这种变化的经济、社会原因;(5)人类学则以社会规范为中心,认为城市化是人类生活方式的转变过程,即由乡村生活方式转为城市(镇)生活方式的过程;(6)历史学认为,城市化是人类从区域文明向世界文明过渡中的社会经济现象。

这种多元化的认识视角,还可以从一些著名的论述中很清楚地看出来。

埃尔德里奇(H. Eldridge)认为,人口的集中过程就是城市化的全部含义。

克拉克(C. G.Clark)认为,城市化是第一产业人口不断减少,第二、三产业人口不断增加的过程。

日本社会学家矶村英一则从另外的方面给出答案:城市化可分为动态的城市化、社会结构的城市化和思想感情的城市化。

美国学者弗里德曼(J. Friedmann)将城市化区分为两种。第一种包括人口和非农业活动在规模不同的城市环境中的地域集中过程,以及非城市型景观转化为城市型景观的地域推进过程。第二种包括城市化、城市生活方式和价值观在农村的地域扩散过程。因此，第一种城市化是可见的、物化了或实体性的过程，而第二种城市化则是抽象的、精神上的过程。

中华人民共和国国家标准《城市规划基本术语标准》所说的城市化是"人类生产和生活方式由乡村型向城市型转化的历史过程，表现为乡村人口向城市人口转化以及城市不断发展和完善的过程。"这种转化的深刻内涵在于：它不是简单的城乡人口结构的转化，而是传统劳动方式与生活方式向现代劳动方式与生活方式的转化。

尽管不同学科对城市化的解释不尽相同，但城市化作为一个社会经济的转化过程，无疑包括人口的城市化、非农产业的集中、生活空间的转化和观念意识的转化等方面的内涵。

第一个内涵是人口的城市化。城市化的具体表现形式就是人口状况，全世界城市化水平的高低都是以人口城市化水平来衡量的。城市化水平的高低及城市化率都是以城市人口占总人口的比重来定义的，它们的核心就是人口。所以，城市化就是一个农村人口逐步减少、城市人口逐步增加的过程，是城市人口占总人口比重不断提高的过程。

第二个内涵是非农产业的集中。城市第二、三产业的发展就是城市化的过程。也就是说，城市化是第一产业的结束，是第一产业逐步转化为第二、三产业的过程，是第二、三产业不断上升的过程。对于人而言，就业问题实际上就是就业结构问题。农民转化为城市居民的第一步，就是转为非农业人口，从事非农产业。

第三个内涵是生活空间的转化。仅仅有产业的转化，而人不从农村进入城市，没有完成空间转换的过程，就不属于城市化。因为没有培养起城市意识，它的整个运转还是以农村为主体，还没有进入城市，所以还不能称为城市化。城市化必然是一个城市地域扩大的过程，是城市数量增加的过程，与城市人口增加的过程相辅相成。

第四个内涵是观念意识的转化。前面三个内涵是有形的城市化，或者叫作物质的城市化，还有一种是意识的、无形的城市化，也就是城市的思想、观念、意识、生活方式扩散或者转换的过程。

（二）滞后城市化

为避免城乡对立和“城市病”的发生，如果采取种种措施限制城市化的发展，结果不仅会使城市的集聚效益和规模效益得不到很好发挥，而且还会引发诸如工业乡土化、农业副业化、离农人口“两栖化”和城镇发展无序化等“农村病”，也就是“滞后城市化”。

改革开放前的我国城市化就是滞后城市化的突出代表。1980年，世界城市化水平为42.2%，发达国家为70.2%，发展中国家为29.2%，而我国城市化水平仅为19.4%。从城市化与产业结构的关系看，我国城市化明显滞后于工业化。1996年，我国城市化率与工业化率之比仅为0.69，远低于该比值1.4~2.5的合理范围，说明我国城市化滞后。

（三）过度城市化

如果城市化的速度大大超过工业化的速度，城市化主要依靠传统的第三产业来推动，甚至是无工业化的城市化，大量农村人口涌入少数大中城市，城市人口过度增加，城市建设步伐赶不上人口城市化速度，城市不能为居民提供就业机会和必要的生活条件，农村人口迁移之后没有实现相应的职业转换，就会造成严重的“城市病”。这就是“过度城市化”。

过度城市化形成的主要原因是，二元经济结构下形成的农村推力和城市拉力不平衡，政府又没有采取必要的宏观调控措施。相当数量的发展中国家基本上是这种城市化。如墨西哥的工业化与经济发展水平远远不如发达国家，但1993年其城市化水平已达74%，明显高于同期瑞士的60%、奥地利的55%、芬兰的62%和意大利的67%。

（四）逆城市化

在城市化后期，由于大城市市区人口过于密集，城市就业困难、环境恶化、地价和房租昂贵、生活质量下降，引起人口向环境优美、地价和房租便宜的郊区或卫星城迁移；城市产业结构的调整和新兴产业的发展，带动了城区人口的外迁；交通、通信的现代化，大大缩短了城市与郊区的时空距离等原因，出现了人口尤其是大城市市区人口郊区化、大城市外围卫星城镇布局分散化的趋势，也就是

"逆城市化"。逆城市化的倾向主要发生在20世纪50至70年代城市化水平很高的发达国家。

五、都市圈

(一)都市圈的形成与发展

关于都市圈的概念,国际上还没有一个统一的定义。根据现有的资料,早在1826年德国农业经济学家冯·杜能在其名著《孤立国》中提出了类似都市圈的概念,认为城市是由圈层状结构组成的。

1910年,美国首次提出大都市区概念,指出大都市区是指包括一个10万人口以上的中心城市及其周围10英里以内的邻近地区,或者虽超过10英里但与中心城市连绵不断、人口密度达到150人/平方英里以上的地区。1957年,法国著名的地理学家简·戈特曼最先提出大都市圈理论。

都市圈的概念最早是由日本学者提出来的。根据国土规划与实践的时空差异,日本行政厅对都市圈做了不同的界定。1950年,日本行政厅提出:都市圈是指可在一日内接受城市某一方面功能服务的地域范围,且中心城市人口规模在10万人以上。1960年,日本行政厅对都市圈的概念进行了修订,对中心城市与外围的通勤人口、都市圈内的物资运输量做了具体的界定,指出大都市圈是以中央制定市、由1个或2到3个人口规模在200万人以上的特大中心城市和若干个人口规模在50万人以上的邻近城市组成。同时,外围地区到中心城市的通勤率不小于本身人口的15%,大都市圈之间的物资运输量不得超过总运输量的25%。从中心城市与外围城市的通勤率的界定看,这在很大程度上反映了区域内城市之间的经济、交通等联系度,与中国同城化对"1小时交通圈"的界定极为相似。

随着城市化的发展,美国都市区的概念不断得到修正和更新,如标准大都市统计区、大都市联合统计区、大都市统计区、大都市区。其他西方国家也有类似的概念,如加拿大的国情调查大都市区、英国的标准大都市劳动市场区、澳大利亚的国情调查扩展城市区、瑞典的劳动市场区等。

20世纪90年代初,中国城市地理学家周一星提出了大都市带(都市连绵区)的概念,认为大都市带是以大都市区或都市区为基本组成单元,以若干大城市为核心并与周围地区保持强烈交互作用和密切的社会经济联系，沿一条或多条交通走廊分布的巨型城乡一体化区域[①]。高汝熹等较早地提出了城市圈域经济概念，认为城市经济圈是以经济比较发达的城市为中心，通过经济辐射和经济吸引，带动周围城市和农村，以形成统一的生产和流通经济网络[②]。在此基础上，高汝熹等诸多学者又进一步对都市圈的概念进行了深入的界定。

张京祥[③]、陆大道[④]等认为，都市圈是由一个或多个核心城市，以及与核心城市有着紧密社会经济联系，呈现出一体化趋势的邻近城镇与地区所组成的圈层式结构。姚士谋、朱英明、陈振光[⑤]把都市圈分为狭义和广义两类，狭义都市圈是以一个中心城市为核心形成的"日常都市圈"，广义都市圈是以多个中心城市为核心形成的"多核心都市圈"。刘荣增、崔功豪、冯德显[⑥]认为，都市圈的形成是中心城市与周边地区互相流动的结果，是以内在的社会经济联系为基础、以便利的交通通信为支撑、以跨地区行政协调为保障的城镇体系。

（二）都市圈的概念与特征

综合国内外对都市圈的研究，本书认为：都市圈是指在特定地域范围内，由一个或多个中心城市和具有相当数量不同性质、类型和等级规模的城市，依托一定自然条件，借助现代交通工具和综合交通网络的通达性以及高度发达的信息网络，吸引辐射周边城市与区域，并促进城市之间的相互联系与协作，共同构成的一个相对完整的城市"集合体"。

综合国内外比较著名的都市圈，其空间上的基本特征有：

（1）区域增长中心城市的形成。区域增长中心城市指的是在市场力量作用下或在经济政策的引导下所形成的地理空间的一些经济增长聚点。环绕中心城市，大都市圈内的大、中、小城市基本呈圈层状结构布局。作为都市圈核心的首位城市，其经济和社会的影响力能够有效辐射周围城市，成为圈域经济和社会活

① 周一星，史育龙．建立中国城市的实体地域概念[J]．地理学报，1995，50(4)：289-301.

②高汝熹，阮红．论中国的圈域经济[J]．科技导报，1990(4)：8-12.

③张京祥，庄林德．大都市阴影区演化机理及对策研究[J]．南京大学学报（自然科学版），2000，36(6)：687-692.

④ 陆大道．中国区域发展的新因素与新格局[J]．地理研究，2003，22(3)：261-271.

⑤ 姚士谋，朱英明，陈振光．信息环境下城市群区的发展[J]．规划研究，2001，25(8)：16-18.

⑥刘荣增，崔功豪，冯德显．新时期大都市周边地区城市定位研究——以苏州与上海关系为例[J]．地理科学，2001，21(2)：158-163.

动的核心与枢纽。在都市圈内一般形成一至两个区域增长中心城市，都市圈域经济增长主要源于这些中心城市，并通过扩散与反哺相互作用向整个空间扩散。

（2）区域城市间功能集聚。共赢策略和协同运作是都市圈内城市间相互博弈的结局，因此都市圈内城市间资源的分配、产业的布局等诸多方面都实现了圈内全局规划，并通过区域组织和规则保障都市圈的整体运行；都市圈内城市的功能实现了很大程度的集成，充分发挥了区域整体效应。中心城市的国内生产总值一般居圈内城市第一位，是整个城市体系的中心与枢纽；都市圈内的大、中、小城市围绕核心城市基本呈圈层状结构布局，并且等级、规模、体系相对合理。

（3）具有相对完整的圈域功能体系。圈内各城市的功能相对明晰，城市间的产业分工与合作密切，梯度结构明显。圈内城市之间有以核心城市为中心的便捷、高速的交通和信息网络，圈内城市之间的物流和信息流明显高于与圈外城市的物流和信息流。

（4）都市圈在空间结构上主要呈现点—圈—线式结构。“点”主要是指圈内的中心城市和亚中心城市，而在中心城市和亚中心城市的周围分布着众多中小城市或城镇，这些城市或城镇依据受中心城市影响的大小和距离中心城市的远近分别形成都市区、边缘区和影响区，这些区域呈“圈”式分布在中心城市的周围。同时，在中心城市间、亚中心城市间、中心城市与亚中心城市间，通过重要交通干道联系起来，诸多小城市或城镇、工业区、开发区等呈“线”型分布于这些干道两侧。而在都市圈的“点”“圈”“线”间分布着大面积的农业区，点缀着度假区、旅游区等诸多类型的区域。

日本学者提出的都市圈概念包含了都市圈研究需要的中心城市、通勤时间、紧密联系的空间范围等三个要素，为后来都市圈的研究指明了方向。

改革开放以来，伴随着我国经济的迅速发展和工业化的快速推进，城市发展进入了新的发展阶段，在经济比较发达的东部地区，开始出现多个城市集聚发展的现象。国内学者在借鉴国外都市圈研究的基础上，开始对这一新的城市空间形态进行研究。王建认为，都市圈的地理含义是在现代交通技术条件下，直径在200~300千米、面积在4万~6万平方千米、人们可以在一天内乘汽车进行面对面交流的特定经济区域①。高汝熹、罗明义认为，都市圈是由具有巨大经济能量的中心城市，和与其有着密切的社会经济联系、在地域上相邻的若干周边城镇所覆盖的区域共同组成的，其集聚和辐射能力能够达到并能促进相应区域经济发展

① 王建.美日区域经济模式的启示与中国“都市圈”发展战略的构想[J].战略与管理，1997(2)：1-15.

的最大区域范围①。

综合国内外对都市圈的研究，都市圈是工业化、城镇化和区域经济一体化深入发展的必然结果，是由以某一个中心城市或几个中心城市为核心城市，和与中心城市保持着紧密社会经济联系的地域上邻近的城镇区域一起组成的功能上协作互补、空间结构上呈现圈层式结构布局的城镇密集区域，是核心城市发挥集聚和辐射能力的最大有效范围。

第二节　旅游概述

2009年国务院《关于加快发展旅游业的意见》的颁布实施，标志着建设旅游支柱产业已上升为国家战略，为加快旅游发展注入了巨大的推动力，带来了宝贵的政策机遇。2014年全国居民人均可支配收入20 167元，约合3 200美元，远远高于人均收入1 000美元旅游进入大众化的门槛。随着居民收入的增加，居民消费方式和结构将发生重大变化，居民消费将由实物消费为主走上实物消费与服务消费并重的轨道，旅游将成为城镇居民生活的基本内容和刚性需求。随着旅游业进入大众化、多元化时代，旅游业将成为消费升级的主要受益行业。

一、旅游的定义

旅游是旅游学科中最基本的概念，是架构旅游学科的基本点和出发点。各学者对旅游的概念争议比较大，所给的定义也不相同。

（一）国外旅游定义

其一，强调旅游目的和内容的定义。在国外的一般性语言词典中，对旅游一词的解释是指人们因消遣性原因或目的而离家外出旅行的活动。如法国学者让·梅特森1966年提出的旅游定义：旅游是一种休闲活动，包括旅行或离开定居地点到较远的地方停留，其目的在于消遣、休息或为了丰富个人的经历和文化教育。美国学者马丁·普雷1979年认为，旅游是为消遣而进行的旅行。这些定义

① 高汝熹，罗明义．世界城市圈域经济发展态势分析［J］．经济问题探索，1998(10)：5-8.

都强调旅游的目的性,如消遣、审美、求知等。

其二,强调旅游时空的定义。世界旅游组织1991年提出,旅游是人们为了休闲、商务或其他目的离开他们惯常的环境,到某些地方停留,但连续不超过一年的活动。这一定义比较强调旅游活动的空间性(异地性)和时间性(时间界定)。

其三,强调旅游功能的定义。奥地利经济学家赫尔曼·冯·舒拉德认为,旅游是外国或外地人进入非定居地并在其中逗留和移动所引起的经济关系的总和;我国有学者认为,旅游是一定社会经济条件下的一种人类社会经济活动;还有的学者认为,旅游是人们为寻求文化差异所进行的一种暂时性文化空间跨越的行为和过程。这些从某一学科的视角定义旅游概念,难免以偏概全,而且容易导致理解上的困惑和误解(如单纯从经济的角度解释旅游,就容易导致对"旅游"和"旅游业"两者的误读)。

其四,强调旅游本质的定义。如英国学者伯卡特和梅特利克1972年提出的旅游定义:旅游发生于人们前往和逗留各种旅游地的流动,是人们离开他们平时居住和工作的地方,短期暂时前往一个旅游目的地运动和逗留该地的各种活动。这一定义比较强调定义者所认为的旅游"本质"——人的流动。其实,这一定义并没有抓住旅游的本质,有些舍本逐末。旅游的本质应是"游"(消遣与审美等愉悦体验)而不是"旅"(人的流动)。

其五,强调旅游综合关系的定义(或关系总和的定义)。如汉泽克尔与克拉普夫1942年提出的定义(这一定义被旅游科学专家联合会采用,故称为"艾斯特定义"):旅游是非定居者的旅行和暂时逗留而引起的现象和关系的总和。这些人不会长期定居,并且不会牵涉任何赚钱的活动。再如美国学者罗伯特·麦金托什1980年提出的定义:旅游为在吸引和接待旅游及其访问者的过程中,由于游客、旅游企业、东道国政府及东道国各地区居民的相互作用而产生的一切现象和关系的总和。这个定义比较强调旅游活动的综合性,或强调旅游活动所涉及和产生的广泛社会关系,在学术界得到较多的认同,被我国大多数《旅游学概论》教材所采用。

其六,权威性定义(官方或半官方的定义)。如世界旅游组织和联合国统计委员会对旅游的定义:旅游是人们为了休闲、商务和其他目的,离开他们惯常的环境,到某些地方去以及在那些地方停留的活动,连续不超过一年。其访问的主要目的不应是从访问地获取经济利益。除了具有统计意义外,很难清楚这个定义强调的是什么，而且自相矛盾：既然强调“旅游是人们为了休闲、商务和其他目的”，为何又强调“其访问的主要目的不应是从访问地获取经济利益”。众所周知，商务活动与从访问地获取报酬有关联。

（二）国内旅游定义

1.解析式定义

范能船在为章必功所著的《中国旅游史》写的序言中为旅游做了这样的定义：“（1）旅游是一种广义的审美（人类求取与外部世界的和谐）形式，是人类最基本的活动之一；（2）旅游是一项广义的文化活动，它既是文化的创造过程，又是文化的消费过程；（3）旅游具有跨越空间的特点，往往超越地区、国家和州的界限，并正在向太空发展；（4）旅游的历史与人类的历史相始终。”①

申葆嘉对旅游的定义是这样的：“旅游是产业革命以后分化自旅行的非定居者在地域上的移动和暂时逗留所引起的关系和现象的总和；他们不会导致长期居留，并且不利用旅游从事任何赚钱的活动。”②

2.概括式定义

冯乃康认为：“旅游是以去异地寻求审美享受为主要内容的一种短期生活方式。”③

王洪滨认为：“旅游，是人们离开常住地到异国他乡的非定居性旅行和暂时停留所产生的审美、社交、求知等综合性休闲活动的总和。”④

3.专注式定义

谢彦君专注于旅游的本质、属性与特征，对旅游的定义有如下思考：“旅游是个人以前往异地寻求愉悦为主要目的而度过的一种具有社会、休闲和消费属性的短暂经历。”⑤

综合人们对旅游定义的不同表述，我们可以看出人们至少在以下三方面已经取得共识：（1）旅游是人们离开自己的定居地，去异国他乡访问的活动。这一点反映了旅游活动的异地性。（2）旅游是人们前往旅游目的地，并在那里作短期

① 章必功．中国旅游史［M］．昆明：云南人民出版社，1992．

② 申葆嘉．旅游学原理：旅游运行规律研究之系统陈述［M］．北京：中国旅游出版社，2010．

③ 冯乃康．中国旅游文化论稿［M］．北京：旅游教育出版社，1995．

④ 王洪滨．旅游学概论［M］．北京：中国旅游出版社，2004．

⑤ 谢彦君．基础旅游学［M］．北京：中国旅游出版社，2004．

停留的访问活动。这种短期停留有别于移民性的永久居留。这一点反映了旅游活动的暂时性。(3)旅游是人们的旅行和暂时停留引起的各种现象和关系的总和,它不仅包括旅游者的活动,而且涉及这些活动在客观上所产生的一切现象。这一点反映了旅游现象的综合性。

因此,从广义上来说,旅游是人们出于主观审美、娱乐和社会交往等非就业性目的,暂时离开自己的常住地到旅游目的地进行的一年以内的短期外出访问所引起的一切现象和关系的总和。从狭义上来说,旅游是个人以前往异地寻求愉悦为主要目的而度过的一种具有社会、休闲和消费属性的短暂经历。旅游是发生在自由时间的休闲行为,其本质取决于旅游的目的,在根本上是一种主要以获得心理快感为目的的审美和自娱过程。

二、旅游的特点

旅游作为人类社会生活的一项重要活动,有其本身的基本特点。

(一)审美性

旅游是一种综合性的审美活动,集自然美、艺术美、生活美于一体,融风光、文物、古迹、建筑、雕刻、绘画、书法、音乐、戏剧、风情、美食于一炉,可以满足人们多种多样的审美情趣。而且旅游活动本身就是一种审美的社会实践,是一种生动形象、自然具体的审美教育活动。审美是旅游的本质。首先,从旅游主体看,审美追求是旅游者的普遍动机。旅游者的旅游动机多种多样,旅游形式和内容可能千差万别,但有一个共同点就是为了陶冶情操、愉悦身心,追求最大程度的审美享受。审美活动贯穿于旅游活动的全过程,旅游活动的食、住、行、游、购、娱的每一个环节都能给旅游者以美感。其次,从旅游客体看,旅游资源是美的载体。旅游资源同其他资源的区别,就在于它具有美学的特征,具有观赏的价值。旅游资源蕴涵着丰富的自然美、艺术美和生活美,对旅游者产生极大的吸引力。再次,从旅游媒体看,旅游业是创造美和生产美的行业。旅游业与一般产业不同,它生产以服务为核心的综合性产品,通过生产和挖掘美的景观、商品、艺术,提供美的服务和管理,以满足旅游者高层次的精神文化需求——审美需求。

（二）异地性

从旅游的定义可以看出，旅游是人类的一种空间活动，而且是在异地环境中实现的。一方面，每个人都生活在一定的时间和空间里，一定的时间和空间既是人们认识客观世界的基础，也是其认识客观世界的限制。人们出于“求新、求异、求乐”的心理动机，借助旅游的形式以开阔眼界、增长知识，是旅游异地性产生的主观基础。另一方面，对旅游者产生吸引力的是旅游资源，由于旅游资源具有地域上不可移动的特点，旅游者只有克服空间障碍，离开其常住地前往旅游目的地才能实现旅游活动，这是旅游异地性产生的客观前提。

（三）暂时性

旅游在空间上具有异地性的特点，在时间上具有暂时性的特点，是人们前往旅游目的地并在那里做短期停留的访问活动。这种短期停留有别于移民性的永久居住，表现为旅游的暂时性。对于大多数旅游者而言，旅游是其利用工作之余的闲暇时间所从事的活动。其动机或是为了恢复体力、愉悦身心，或是为了扩大眼界、增长见识。但不论出于何种动机，旅游只是一种短期的生活方式。因为闲暇时间只是人生全部时间构成中的一小部分，而休闲娱乐也只是人们在工作之余才能从事的活动，所以旅游是人们暂时性的行为。

（四）综合性

旅游已经成为现代人社会生活的基本和必要的组成部分，已经渗透到人们社会生活的各个方面，从而表现出综合性的特征。首先，旅游包括食、住、行、游、购、娱六大方面，囊括了人类消费需求的各方面，且这些环节紧密联系、环环相扣。其次，旅游涉及自然和社会的事物和因素，在社会方面既有文化的内容，又有经济和意识形态的内容。再次，旅游涉及旅游目的地国家或地区的诸多部门和行业，既有经济部门，也有非经济部门。经济部门有旅馆业、餐饮业、交通运输业、邮电通信业、建筑业、商业等，非经济部门有文教、卫生、公文、海关等。所以，旅游已不仅仅是旅游者离开常住地前往异地的旅行和访问活动，而是有广泛和深刻影响的综合性社会现象。这种综合性表现为旅游者、旅游企业、目的地政府以及目的地居民四者之间所产生的错综复杂的关系。

（五）季节性

旅游的季节性是指旅游者外出旅游时间的选择和旅游接待地企业经营业务所表现的明显淡、旺季差异性。在旅游经营中，一年中旅游者来访人数（或某地人口外出旅游的人数）明显较多的时期称为旅游旺季，明显较少的时期称为旅游淡季，其余时期则称为平季。事实上，旅游活动数量在时间上的这种变化存在于一年中的各季、各月以及各周之间，而且在一周中的不同时间也可以见到这种变化，周末旅游人数较多便是明显的例子。

形成旅游季节性的原因可以概括为自然季节性因素、社会季节性因素和偶发性因素。偶发性因素只是对特殊年份或时段的客流季节分布有影响，如2003年"非典"对国内景区3—6月份客流量的显著影响。自然季节性因素主要包括气候、降水等自然因素的季节变化，对于海滨型旅游地而言，还应包括海水温度和热带气旋活动等自然因素的季节性变化，其中气候是影响客流季节性分布的主要原因之一。如从温湿指数、风效指数等气候舒适性指标上看，皖南地区适宜旅游的季节为4—10月，其中最适宜季节为5—6月和10月，适宜季节为4月和7—9月，不适宜季节主要集中在冬季，为11月至次年3月。社会季节性因素主要包括居民闲暇时间、带薪假期、出游习惯等。以黄山为例，1—3月和12月正值年初和年末，受传统习俗和生活习惯的影响，居民外出旅游不多，到山岳型景区旅游的人数并没有因为假期而出现"爆棚"现象，而4—5月份春游、7—8月份暑假旅游，特别是"五一"和"十一"期间，往往是黄山一年中的客流高峰期。一般情况下，自然季节性因素决定了户外游憩活动的方便程度，是造成旅游活动季节性差异的主导因素，在此基础上，社会季节性因素（主要为居民带薪假期的时间分布）起到叠加作用。

三、旅游的分类

当代旅游已由传统的观光旅游逐步向丰富多彩的特色旅游转变。各旅行社和旅游景区在激烈的市场竞争情况下，顺应市场发展的需求，进行旅游市场细分，在新、奇、特上做文章，以游客需求为出发点，以游客满意为目标，充分体现"人性化、个性化、亲情化"，开展各种特色旅游服务，塑造企业品牌，从而产生良好的经济效益和社会效益。

目前主要特色旅游项目有：

（一）生态旅游

生态旅游以自然、生态资源为依托，使游客在旅游时真正看到大自然的真实与美丽，要求组织者不但要严格管理好游客，使之不因旅游而破坏生态，而且还要用丰富的生态和环保知识感染、教育游客。这种形式的旅游，有助于人们提高环保意识，增加环保知识，加强对生态环境的保护，实现旅游可持续发展。

（二）文化旅游

文化是旅游的灵魂，旅游是文化的载体，没有文化的旅游是没有内涵和灵魂的旅游。文化旅游内容十分丰富，包括文物古迹、历史名人、戏曲歌舞、园林建筑、古树名木、花草禽鸟、工艺美术、烹调技艺等。

（三）科技旅游

科技旅游以科学技术为支撑，以各种科技资源为吸引物，以满足旅游者增长知识、开拓视野、丰富阅历、休闲娱乐等旅游需求为目的，将相关的科技景点、场馆、院所、工厂整合起来，把科技资源转化为旅游资源。

（四）商务旅游

商务旅游是以经商为目的，把商业经营与旅行、观光结合起来的一种旅游形式。商务旅游的过程是商务旅游者花钱购买旅游产品和服务等的综合消费过程。

（五）会展旅游

会展旅游是旅游产业化、社会化、交叉化以后必然出现的新的旅游活动方式，是旅游业和其他相关产业“联姻”，构成产业链条的重要途径。会展旅游将会议和展览、商务、观光有机结合起来。

（六）工业旅游

工业旅游是以工业生产过程、工厂风貌、工人工作生活为主要吸引物的旅游活动，是当代世界旅游产品中的一个重要分支。

（七）农业旅游

农业旅游是以农业生产过程、农村风貌、果园、花卉、农民劳动场景为主要吸引物的旅游活动，把“三农”（农村、农业和农民）推向了市场，成为旅游资源和旅游产品。游客可以了解植物生长的全过程，并可亲身体验农业生产劳动，如种菜、观花、摘果、养鸡、喂猪等，品尝自己的劳动成果。

（八）红色旅游

红色旅游依托具有纪念意义的革命老区、红色根据地和伟人故居，将旅游和爱国主义教育结合起来，使人们在参观游览中感受我国优良的革命传统、增强爱国主义精神、弘扬民族精神，在轻松的旅游行程中潜移默化地接受教育。

（九）高校旅游

高校旅游即利用寒暑假，组织中小学生到著名高校游览，直接与校园接触，与在校大学生交往，与大学教授交流，体验宁静优美的环境和高雅的文化氛围，体验其未来的大学生活，激励孩子奋发学习的热情。

（十）教育旅游

教育旅游包括国内、国际的教育交流访问、教师科研访学、学科教学、科普教育、野外生活训练营等内容。教育旅游开设心理健康、智能训练、德育引导、自身保护、语言逻辑、学会合作等训练内容，并将这些内容融入每天不同的主题活动中，针对学生不同的成长阶段进行“点睛”训练，达到寓教于乐、寓教于游的目的，深受学生和家长的欢迎。

（十一）修学旅游

修学旅游即结合教学需求，组织学生去异地他乡，目的是提高孩子的多种能力，或者做出国留学前的考察。旅行社可组织本地赴异地入学的新生团队，同时接待异地来本地求学的新生团队，承担起陪送新生亲属的职责，帮助新生做好从离家到入学报道安置的所有工作，向新生介绍所入学校的地方情况。

（十二）亲子旅游

亲子旅游是教育旅游的一种新类型，是家庭旅游更加细化的表现。该旅游利用学生假期，旨在构建家长与孩子之间的沟通渠道，凝聚家庭的亲和力。

（十三）体育旅游

体育旅游在旅游中加入体育健身的元素，如登山、攀岩、滑雪、滑草、漂流、游泳、赛马、热气球升空、高空弹跳、空中飞人、高尔夫球练习等项目。

（十四）保健旅游

保健旅游让旅游者在旅游过程中一边旅游，一边学习武术、气功，进行医学学术交流及求医治疗等，进而使旅游者在旅游过程中，既了解了中国的传统文化，又学到了一些健身养生的方法，是一种既达到旅游目的又达到健身目的的专项特色旅游项目。

（十五）探险旅游

探险旅游包括名山攀登、沙漠探险、古城探幽、冰川考察、森林探险等，参加者通过探险旅游，最大限度地满足自身求知、猎奇、历险和检验自身体能等的需要。参加者必须经过专业培训，接受野外生存训练，组织者必须保证游客的人身安全。

（十六）森林旅游

森林旅游是到森林中旅游度假，在纯洁的大自然中领略广袤的森林魅力，观赏斑斓的森林风光，进行一次透心清肺的森林浴，使自己疲惫的身心得到放松。

（十七）民俗旅游

民俗旅游是指针对特色鲜明、有较强吸引力、可供开发和利用并给旅游经营者带来一定经济效益和社会效益的民间风俗习惯的旅游活动的统称，涉及各民族在衣食住行、婚丧嫁娶、宗教信仰以及骑马、摔跤、歌舞、服饰等方面的内容。

（十八）休闲度假旅游

休闲度假旅游就是旅游者利用闲暇时间到海滨、温泉、森林等度假胜地住一段时间，洗海水浴、泡温泉、到森林中避暑，与家人或朋友一起游山玩水、喝茶、摆龙门阵、打麻将、唱卡拉OK等，彻底放松自己，让身心得到休息。休闲度假旅游是我国进入全面建设小康社会后旅游业发展的方向。

（十九）宗教旅游

现代旅游充分利用很多人定时到自己所信仰的宗教圣地进行朝拜的习惯，将旅游和宗教成功地结合起来。

（二十）奖励旅游

根据国际奖励旅游协会的定义，奖励旅游的目的是协助企业达到特定的目标，并对达到该目标的参与人士，给予一个尽情享受、难以忘怀的旅游假期作为奖励。其种类包括：商务会议旅游、海外教育训练，奖励对公司运营及业绩增长有功的人员。需要指出的是，奖励旅游并非一般的员工旅游，而是企业业主提供一定的经费，委托专业旅游经营者精心设计的“非比寻常”的旅游活动。用旅游这一形式作为对员工的奖励，会进一步调动员工的积极性，增强企业的凝聚力。

(二十一)银发旅游

银发旅游将老年人引入自然,实现人与人的交流。要求旅游行程节奏平缓,交通工具必须舒适,饮食必须科学,医疗保健、旅游保险必须到位,在“游有所保”的基础上,达到“游有所乐”“游有所获”的目的。

(二十二)自驾车旅游

自驾车旅游(简称自驾游)属于自助旅游的一种类型,是有别于传统的集体参团旅游的一种新的旅游形态。自驾游在选择对象、参与程序和体验自由等方面,给旅游者提供了自由选择的空间,其本身具有自由化与个性化、灵活性与舒适性及选择性与季节性等内在特点,与传统的参团方式相比具有本身的特点和魅力。

简单地说,自驾游就是自己驾驶汽车出游。2006年首届中国自驾游高峰论坛对其定义为:“自驾游是有组织、有计划,以自驾车为主要交通手段的旅游形式。”自驾游的兴起,符合年轻一代的心理,他们不愿意受拘束,追求人格的独立和心性的自由,而自驾游恰恰满足了这种需求。

自驾车的字面含义为:驾车者为自己,车辆包括汽车(主要有轿车、越野车、房车)、摩托车和自行车等,以私有为主,也可以采用借用、租赁及其他方式。驾车的目的具有多样性和随意性,最终决定权在于车主或出行团队。当自驾车作为旅游手段时会有以下变化:驾车者可以是车主或其同行者,驾车出行以休闲旅游为主要目的。

(二十三)智慧旅游

智慧旅游,也称为智能旅游,就是利用云计算、物联网等新技术,通过互联网/移动互联网,借助便携的终端上网设备,主动感知并发布旅游资源、旅游经济、旅游活动、旅游者等方面的信息,让人们能够及时了解这些信息,及时安排和调整工作与旅游计划,从而达到对各类旅游信息的智能感知和方便利用的效果。智慧旅游的建设与发展最终体现在旅游管理、旅游服务和旅游营销三个层面。

第三节 相关研究理论

城市与旅游发展的相关研究理论比较多，主要有增长极理论、中心地理论、核心–边缘理论、竞合理论、梯次扩散效应理论、共生理论、圈层结构理论、可持续发展理论、系统科学理论等。

一、增长极理论

增长极概念最初由法国经济学家弗郎索瓦·佩鲁提出，他认为，如果把发生支配效应的经济空间看作力场，那么位于这个力场中推进性单元就可以描述为增长极。增长极是围绕推进性的主导工业部门而组织的有活力的高度联合的一组产业，它不仅能迅速增长，而且能通过乘数效应推动其他部门的增长。因此，增长并非出现在所有地方，而是以不同强度首先出现在一些增长点或增长极上，这些增长点或增长极通过不同的渠道向外扩散，对整个经济产生不同的最终影响。弗郎索瓦·佩鲁借喻磁场内部运动磁极最强这一规律，称经济发展的这种区域极化为增长极。

法国的另一位经济学家布代维尔认为，经济空间是经济变量在地理空间之中或之上的运用，增长极出现在拥有推进型产业的城镇复合体中。因此，他定义：增长极是指在城市配置不断扩大的工业综合体，并在影响范围内引导经济活动的进一步发展。布代维尔主张，通过最有效规划配置增长极，并通过其推进工业的机制，促进区域经济的发展。这种经济活动极化必然导致地理分布上的极化，其“极化效应”将导致城市区域扩大和不断繁荣。

二、中心地理论

中心地理论认为，城市的基本功能是作为其腹地的服务中心，为其腹地提供中心性商品和服务，如零售、批发、金融、企业、管理、行政、专业服务、文教、娱乐等。由于这些中心性商品和服务按其特性可分为若干档次，因而可按其提供商品和服务的档次将中心划分成若干等级，各中心地之间构成一个有规则的层次关系。该理论还认为，区域有中心，中心有等级。区域聚集的结果是结节中心，即中心地。服务是中心地的基本职能，服务业处在不同的中心地。中心地的重要性不同，高级中心地能提供大量、高级的商品和服务，而低级中心地则只能提供少量、低级的商品和服务。我们根据中心地理论做进一步分析，不同区域会形成不同的商业集聚，比如存在城市商业集聚区、区域商业集聚区及社区商业集聚区等。

三、核心-边缘理论

核心-边缘理论是1966年由美国区域规划专家弗里德曼在其学术著作《区域发展政策》一书中提出来的。他认为任何一个国家都是由核心区域和边缘区域组成的，在区域经济增长过程中，核心与边缘之间存在着不平等的发展关系，核心居于统治地位，边缘在发展上依赖于核心。总体上，核心-边缘理论提供了一个关于区域空间结构和形态变化的解释模型。核心-边缘理论也是一种关于城市空间相互作用和扩散的理论，模型以核心和边缘作为基本的结构要素，核心区是社会地域组织的一个次系统，能产生和吸引大量的革新；边缘区是另一个次系统，与核心区相互依存，其发展方向主要取决于核心区。核心区与边缘区共同组成一个完整的空间系统。

四、竞合理论

竞合是基于合作与竞争结合的经营战略，由商业竞争者分工合作能够受益的思想衍生而来。竞合商业模型建立在博弈论之上，是一种通过特殊设计的游戏来理解不同战略和结果的科学(在第二次世界大战期间发展)。传统经营哲学转换成博弈论，就是零和游戏，胜利者将拥有所有，失败者将空手而归；竞合的支持者主张引领一种正和游戏，所有游戏者获得的收益总和大于游戏者投入游戏的总和。

企业的经营活动必须进行竞争与合作，竞合是一种合作竞争的新理念。它强调合作的重要性，有效克服了传统企业战略过分强调竞争的弊端，为企业战略管理理论研究注入了崭新的思想。同时，利用博弈理论和方法来制订企业合作竞争战略，强调了战略制订的互动性和系统性，并通过大量的沙盘推演进行博弈策略分析，为企业战略管理研究提供了新的分析工具。合作竞争战略管理理论的核心逻辑是共赢性,反映了企业战略要以博弈思想分析各种商业互动关系、与商业博弈活动所有参与者建立起公平合理的合作竞争关系为重点。

五、梯次扩散效应理论

扩散效应是指资源、要素和部分经济活动等在地理空间上的分散趋向和过程。在增长极出现的同时,还产生了其他的点,这些点也是经济活动相对集中的地方。增长极在发展过程中,会对周围的点产生多种影响:其一,增长极需要从周围的点就近获得发展所需的资源和要素,客观上释放了这些点所蕴藏的经济增长潜力,使它们在向增长极提供资源和要素的同时增加了经济效益;其二,增长极在开发周围市场时,也给周围的点输送了发展所需的生产资料和相应的生产技术,带去了新的信息、新的观念,提高了它们的发展能力,刺激了它们的发展欲望,为它们提供了新的发展机会;其三,伴随着经济联系的增强,增长极与周围点的社会联系也会密切起来,进而带动和促进这些点的发展。增长极对周围点产生影响,就产生了梯次扩散效应,从而刺激和推动了周围地区的经济发展。

六、共生市场理论

"共生"一词来源于希腊语,最早缘于生物学,由德国真菌学家德贝里于1879年提出,是指不同种属的生物按某种物质联系共同生活。从一般意义上讲,共生是指共生单元之间,在一定的共生环境中按照某种共生过程形成的独特个性。它不是共生单元之间的相互排斥,而是在相互激励中共同合作进化。

在社会经济中,共生市场理论是在企业与企业、企业与消费者、国与国、社会与自然之间共同生存的大前提下,相对于利益,把信赖放在首位,基于市场经济的市场营销。特别是最注重消费者信赖的业界,诸如食品业界等,已经开始关心并且也正在研究这种理念在企业中运用的可能性。企业曾经解决了环境污染,但子女与老人的看护、地球的环境问题等,作为企业也同样应该把它们看成经营中社会成本的一部分①。

①佚名. 共生市场理论[EB/OL].(2014-04-17)[2016-04-25].//http: baike.so.com/doc/8599080-8919944.html.

七、圈层结构理论

圈层结构理论的内涵：城市是一个不断变动着的区域实体，从外表形态来说，它是指有相当非农业人口规模的社会经济活动的实际范围。城市和周围地区有密切的联系，城市对区域的作用受空间相互作用的“距离衰减律”法则的制约，导致区域形成以建成区为核心的集聚和扩散的圈层状空间分布结构。由建成区至外围，由城市核心至郊外，各种生活方式、经济活动、用地方式都是从中心向外围呈现圈层状的有规律变化。

八、可持续发展理论

可持续发展是指既满足当代人的需求，又不损害后代人满足其需求的能力的发展。换句话说，就是指经济、社会、资源和环境保护协调发展，它们是一个密不可分的系统，既要达到发展经济的目的，又要保护好人类赖以生存的大气、淡水、海洋、土地和森林等自然资源和环境，使子孙后代能够永续发展和安居乐业。可持续发展与环境保护既有联系，又不等同。环境保护是可持续发展的重要方面。可持续发展的核心是发展，但要求在严格控制人口、提高人口素质和保护环境、资源永续利用的前提下发展经济和社会。

地球是一个复杂的巨系统，每个国家或地区都是这个巨系统中不可分割的子系统。系统的最根本特征是其整体性，每个子系统都和其他子系统相互联系并发生作用，只要一个子系统发生问题，就会直接或间接导致其他子系统的紊乱，甚至会诱发系统的整体突变，这在地球生态系统中表现最为突出。因此，可持续发展追求的是整体发展和协调发展，即共同发展。

人类社会的发展表现出全球化趋势，但是不同国家与地区的发展水平是不同的，而且不同国家与地区又有着异质性的文化、体制、地理环境、国际环境等发展背景。此外，因为可持续发展是一个综合性、全球性的概念，要考虑到不同地域实体的可接受性，因此可持续发展本身包含了多样性、多模式的多维度选择的内涵。在可持续发展这个全球性目标的约束和指导下，各国与各地区在实施可持续发展战略时，应该从国情或区情出发，走符合本国或本区实际的、多样性、多模式的可持续发展道路。

九、系统科学理论

系统是由具有特定功能的、相互间具有有机联系的许多要素构成的一个整体。一般系统论的创始人L.V.贝塔朗菲把系统定义为相互作用的诸要素的综合体。系统科学理论是包括一般系统论、信息论、控制论、突变理论、耗散结构理论、协同学等一系列新理论和方法的综合理论。对城市形态演变特征的影响因素的研究思维方式是建立在对城市这个开放大系统的认识上的，它离不开一般的系统理论。

影响城市形态演变特征研究的系统理论主要有：

（一）一般系统论

一般系统论认为：系统是由一些要素和系统的组成部分结合而成的，这些组成部分可以是元件、零件、个体，也可以是子系统；系统是由各个组成部分按一定方式结合而成的，任何系统都有特定的功能，特别是人为制造或改造的系统，总有一定的目的性。运用系统论的思想，对城市形态演变特征及影响因素进行分析，并对各子系统的结合方式进行探讨，可以找出城市形态演变特征的影响机制。

（二）协同学

协同学是20世纪70年代初联邦德国理论物理学家哈肯创立的。协同学研究协同系统在外参量的驱动下和在子系统之间协同学的相互作用下，以自组织的方式在宏观尺度上形成空间、时间或功能有序结构的条件、特点及其演化规律。协同系统的状态由一组状态参量来描述。这些状态参量随时间变化的快慢程度而不同。当系统逐渐接近于发生显著质变的临界点时，变化慢的状态参量的数目就会越来越少，有时甚至只有一个或少数几个。

协同学把一切研究对象看成“由组员、部分或者子系统构成的”系统，这些子系统彼此通过物质、能量或信息交换等方式相互作用。通过子系统之间的这种作用，整个系统将形成一种整体效应或一种新型的结构。城市形态演变特征及影响因素，可以看成是由很多个子系统组成的复杂开放系统，运用协同学原理来研究城市形态演变特征及影响因素，可以找出城市形态演变特征的影响因素与各子系统的相互关系。

第四节 滁州市概况

滁州，简称“滁”，是安徽省省辖市，地处长江下游北岸、长江三角洲西端、安徽省东部、苏皖交汇地区。全市设2区4县2个县级市，土地总面积1.33万平方千米，户籍人口449.6万人，常住人口398.5万人(2014)。

滁州吴风楚韵，气贯淮扬，接壤金陵西北，为六朝京畿之地，自古有“金陵锁钥、江淮保障”之称，“形兼吴楚、气越淮扬”“儒风之盛、夙贯淮东”之誉。早在先秦时期为棠邑之地(今南京市六合区)，三国设镇，南朝建州，隋朝始称滁州，因滁河(涂水)贯通境内，又“涂”通“滁”，故名为“滁州”。

滁州是南京都市圈核心圈层城市，长江三角洲经济区成员城市，南京市江北门户，国家级皖江示范区北翼城市，皖东区域中心城市，合肥经济圈重要成员城市，江淮地区重要的枢纽城市。

一、历史沿革

西周时属钟离国。秦属九江郡，今市境设有曲阳、钟离、阴陵、东城等县。南北朝时境内曾置有南谯州。隋开皇九年(589)，改南谯州为滁州，因滁河为名。元属河南江北行省。明为凤阳府和滁州直隶州，分别管辖凤阳、临淮、定远、天长、来安和全椒等县。清初属江南省左布政使司，康熙六年(1667)改属新设立的安徽省。1912年，撤滁州改滁县。

抗日战争时期，市境为淮南抗日根据地，先后成立了津浦路东联防办事处、津浦路西联防办事处、淮南行政公署以及滁县、来安、全椒、天长、凤阳、定远、嘉山、定东南、滁全、定凤怀等县抗日民主政府。1949年1月，全境相继解放。

1949年6月，设滁县专区，属皖北行署。滁县专署驻滁县，辖滁县、来安(驻新安镇)、江浦、全椒(驻襄河镇)、定远(驻定城镇)、凤阳(驻府城镇)、嘉山(驻明光镇)、盱眙、炳辉(原天长县改称)等9县，人口187.8万人。1952年，滁县专区属安徽省领导，原巢湖专区所属肥东县划归滁县专区，将江浦县划归江苏省扬州专区。1955年，将盱眙县划归江苏省淮阴专区。

1956年，撤销滁县专区，将滁县、来安、嘉山、炳辉、全椒、定远、凤阳、肥东等8县划归蚌埠专区。1961年，复设滁县专区，专署驻滁县，原蚌埠专区所属滁县、嘉山、来安、天长、全椒、定远、凤阳等7县及原由合肥市领导的肥东县划归滁县专区。1965年，将肥东县划归巢湖专区。

1971年，滁县专区改称滁县地区，地区驻滁县，辖滁县、嘉山、天长、来安、全椒、定远、凤阳等7县。1982年，改滁县为县级滁州市。

1992年12月20日，国务院批准撤销滁县地区、县级滁州市，设立滁州市（地级）、琅琊区、南谯区，新设的滁州市辖琅琊区、南谯区，以及原滁县地区的天长、来安、全椒、定远、凤阳、嘉山等6县。

1996年，滁州市面积13 524平方千米，人口407.6万人，市政府驻琅琊区，辖琅琊、南谯2区和定远、凤阳、来安、全椒4县，代管天长、明光2个县级市。

2000年，第五次全国人口普查，滁州市总人口4 001 488人：琅琊区246 424人，南谯区247 311人，来安县449 188人，全椒县413 220人，定远县801 966人，凤阳县683 049人，天长市590 745人，明光市569 585人。

2004年年底，全市共有16个街道、86个镇、78个乡。

2014年年底，全市共有15个街道、82个镇、13个乡；全市户籍人口449.6万人，比上年增加0.16万人；常住人口398.5万人。全市户籍人口中，非农业人口97.2万人，农业人口352.4万人。

二、区域位置

滁州市地处安徽省最东部、苏皖交界地区、长江三角洲西部，习惯上称为“皖东”，是六朝古都南京的江北门户，隔江与南京主城遥望。滁州南据长江，东控京杭大运河，长江一级支流滁河及清流河贯通境内，通江达海，是为江东之门户、江淮之重镇。地理区域为北纬31°51′~33°13′、东经117°09′~119°13′。滁州属“南京都市圈”核心层、长江三角洲经济区成员城市、国家级“皖江城市带承接产业转移示范区”第一站、安徽省东向发展的桥头堡。滁州依滁河而生，自古便为长江下游临江近海的“鱼米之乡”。

三、地形地貌

滁州市域跨长江、淮河两大流域，主体为长江下游平原区及江淮丘陵地区。

滁州市区与来安、全椒2县以及天长部分地区属于长江流域，明光市、定远等县属于淮河流域。

全市地貌大致可分为丘陵区、岗地区和平原区三大类型，地势西高东低，全市最高峰为南谯区境内的北将军岭（海拔399.2米），围绕丘陵分布的平台和波状起伏地带构成岗地区，滁河、淮河沿岸和女山湖、高邮湖的滨湖地带主要是平原区和圩区。

四、气候环境

滁州市地处长江中下游平原及江淮之间丘陵地带，为北亚热带湿润季风气候，四季分明，温暖湿润，气候特征可概括为冬季寒冷少雨、春季冷暖多变、夏季炎热多雨、秋季晴朗气爽。全市年平均气温15.4℃，年平均降水量1 035.5毫米。梅雨期长23天。年日照总时数2 073.4小时。初霜为11月4日，终霜为3月30日，年无霜期约210天。

五、山川河流

连接秦岭-大别山脉的皖山山脉绵延向东北，经合肥市东北部延伸于滁州市境五尖山、皇甫山、磨盘山、张八岭、老嘉山、长山、芝麻岭，形成江淮分水岭。位于定远、肥东、南谯、全椒等4县（区）交界处的五尖山脉除自西向东延伸的主脉外，分别向东北和西南方向伸出两支余脉，其中东北余脉蜿蜒进入凤阳县境，西南余脉逶迤进入全椒县境。市境地貌分丘陵、岗地、平原三大类型，平原较少，主要分布在沿河沿湖的狭窄地带，其余均为丘陵与岗地。

滁州市境地跨长江、淮河两大流域，境内河流分属三大水系，即淮河干流水系、滁河水系和高邮湖水系。市境淮河干流水系主要支流有窑河、天河、濠河、板桥河、小溪河和池河。

长江以北有一条自西向东流淌的河流，发源于安徽肥东，蜿蜒270千米，汇集了江淮分水岭以南诸水，浩浩荡荡，从南京六合汇入长江，这就是长江下游最大的一条支流，滁州的“母亲河”——滁河。

滁河水系主要支流有小马厂河、管坝河、大马厂河、襄河、土桥河、清流河、来安河、沛河、皂河等。高邮湖水系主要支流有白塔河、铜龙河、杨村河、王桥河、秦栏河以及白塔河的主要支流川桥河等。市境湖泊不多，主要有花园湖、女山湖、七里湖以及与周边市县的界湖高邮湖、高塘湖等。水利工程众多，有大型水库2座（沙河集水库、黄栗树水库），中型水库45座，小型水库955座，成为星罗棋布的人工湖泊，点缀在绵延起伏的皖东丘陵上，发挥着灌溉、防洪、生产和生活用水及游览观光休闲等多种功能。

六、自然资源

滁州是国家重要商品粮生产基地，盛产水稻、小麦、鱼虾、油菜籽等农产品。

著名土特产有滁菊（中华四大贡菊之首）、来安花红、南谯贡茶（西涧春雪）、明光绿豆、凤阳花生等。

特种水产有女山湖大闸蟹、花园湖大闸蟹、高邮湖大闸蟹、银鱼、梅市梅鱼、雷官板鸭、天长芡实等，传统特色食品有琅琊酥糖、马厂酥笏牌、天长甘露饼、炉桥桥尾、恒裕酱品等。

动物资源、次生林木竹、中药材资源丰富。

非金属矿产资源丰富，种类多，储量大。其中，硅石、凹凸棒石、铸石玄武岩、岩盐、芒硝、石膏、石油等，滁州拥有安徽省全部或大部分储量，部分矿产在华东甚至在全国占有重要地位。石英岩储量居华东之冠，保守估计约100亿吨。其他特色非金属矿产有绢云母、凹凸棒石黏土等，开发前景十分广阔。

七、经济状况

（一）综合

2014年，全年实现生产总值（GDP）1 184.8亿元，比上年增长9.4%，保持平稳较快的增长势头。在生产总值中，第一产业增加值218.4亿元，增长4.9%；第二产业增加值633.7亿元，增长11.1%；第三产业增加值332.7亿元，增长8.9%。三个产业增加值之比为18.4∶53.5∶28.1。工业化水平47.4%，比上年提高0.6个百分点，人均GDP约30 086元，比上年增加2 344元。

（二）第一产业

2014年，全年农作物播种面积88.2万公顷，比上年增加5 161公顷，增长

0.6%。其中：粮食作物播种面积72.3万公顷，比上年增长1.5%；油料作物播种面积7.3万公顷，比上年减少6.3%；蔬菜播种面积4.6万公顷，比上年增长2.0%。

全年粮食总产量430.7万吨，比上年增产4.1%。经济作物有增有减，其中：全年棉花产量9 350吨，比上年增产1.5%；蔬菜产量142.2万吨，比上年增产2.2%；水果产量64.1万吨，比上年增产2.6%；油料产量20.1万吨，比上年减产2.7%。

全年肉类总产量39.0万吨，比上年增长2.7%；禽蛋产量11.4万吨，比上年增长3.3%；牛奶产量10 812吨，比上年增长4.3%；水产品产量33.4万吨，比上年增长5.2%。

2014年，全市农业机械总动力678.3万千瓦，比上年增长3.8%；农用拖拉机44.2万台，比上年减少3.8%；排灌动力机械9.0万台，比上年增长1.9%；化肥施用量（折纯）35.1万吨，比上年增长2.2%；农村用电量9.7亿千瓦时，比上年增长4.0%；农田有效灌溉面积48.7万公顷，比上年净增900公顷。全年完成重点水利工程19项，比上年增加2项，完成投资8.6亿元，比上年减少5.5亿元。

（三）第二产业

2014年，全年全部工业实现增加值561.9亿元，比上年增长11.6%。其中，规模以上工业比上年增长12.2%。在规模以上工业中，重工业、集体企业、股份合作制企业、股份制企业增长较快。

在规模以上工业中，35个工业行业大类29个增加值实现增长。其中，有色金属冶炼和压延加工业增长3.2倍，酒、饮料和精制茶制造业增长21.6%，食品制造业增长20.0%，印刷和记录媒介复制业增长30.0%，计算机、通信和其他电子设备制造业增长31.0%，金属制品业增长18.9%，化学原料和化学制品制造业增长14.5%，文教、工美、体育和娱乐用品制造业增长23.1%。

年末，全市共有463家企业列入高新技术产业行业目录，占全市规模以上工业企业数的36.5%，全年完成产值1 025.2亿元，实现增加值256亿元；战略性新兴产业企业223家，全年完成产值421.9亿元；亿元以上工业企业481家，比上年增加31家，全年完成产值1 891.6亿元，完成增加值476.8亿元，亿元企业对全市规模以上工业增长的贡献率达到96.9%。

全市六大支柱产业规模以上工业企业929家，实现增加值466.7亿元，占全市规模以上工业的82.7%,增加值同比增长14.4%,对规模以上工业增长的贡献率达到95.6%,拉动规模工业增长11.7个百分点。

和2013年相比,主要工业产品产量大多保持增长。其中,农用化肥18.9万吨,增长77.4%;白酒4 079.6万升,增长26.3%;光缆168 383芯千米,增长22.4%;改装汽车1.2万辆,增长13.1%;房间空调器119.9万台,增长9.6%。

全年规模以上工业企业经济效益综合指数为318.0%,规模以上工业实现主营业务收入2 187.1亿元,比上年增长11.2%;实现利税总额343.3亿元,比上年增长11.6%,其中利润237.3亿元,比上年增长8.9%。全年完成固定资产投资1 248.2亿元,比上年增长16.0%。

(四)第三产业

1.国内贸易

2014年,全年实现社会消费品零售总额382.3亿元,比上年增长13.3%,扣除价格因素,实际增长12.8%。分实现区域看,城镇实现消费品零售额311.5亿元,乡村实现消费品零售额70.8亿元,分别比上年增长13.3%、13.7%。分行业看,批发零售贸易业实现零售额332.3亿元,增长13.1%;住宿和餐饮业实现零售额50.0亿元,增长15.2%。分构成看,商品零售额329.7亿元,增长13.2%;餐饮零售额52.6亿元,增长14.2%。分经营规模看,限上单位零售额211.6亿元,增长15.2%;限下单位零售额170.7亿元,增长5.7%。

2.对外经济

2014年,对外经济保持较快发展。全年商品进出口总额220 430万美元,比上年增长18.8%。其中,出口总额151 523万美元,增长9.6%;进口总额68 907万美元,增长45.8%。从进出口经营主体看,内资生产企业完成167 669万美元,增长29.5%;外商投资企业完成52 761万美元,下降5.3%。出口国家及地区达166个。

全年招商引资市外亿元以上项目到位资金700亿元,增长18.2%。其中:境内省外到位资金563.6亿元,位列全省第6位;来自长三角区域355.3亿元,占引资总量的50.8%。

3.金融业

金融保险业务快速发展。2014年年末,全市金融机构人民币各项存款余额

1 421.8亿元，比年初增加137.1亿元，增长10.7%。其中，单位存款527.2亿元，比年初增加17.1亿元；城乡居民储蓄存款828.5亿元，比年初增加116.5亿元。年末，金融机构人民币各项贷款余额1 037.9亿元，比年初增加143.5亿元，增长16.3%。从贷款期限看，短期贷款余额545.0亿元，比年初增加54.3亿元；中长期贷款465.7亿元，比年初增加76.1亿元。

2014年年末，全市保险公司29家，比上年增加1家。其中，寿险公司14家，财产险公司15家。全年保费收入31.44亿元，比上年增长17.0%。其中，财产保险保费收入13.69亿元，增长15.6%；人身保险保费收入17.76亿元，增长17.8%。全年保险赔款和给付12.2亿元，比上年增长22.0%。

第二章　滁州市城市空间演变

随着经济全球化的发展、全球范围内竞争与合作格局的建立以及信息网络带来的深度影响，城市空间的发展与优化从某种意义上来说，已成为现代大城市提高驾驭资源能力和竞争实力的重要途径。全球化、信息化的时代背景也赋予我国城市新的发展契机与挑战。城市的形成与发展就是其功能和空间不断生长的过程，这一过程主要取决于城市内部的经济、社会、文化活动及结构，同时也受到城市外部区域自然、经济等因素的影响。

城市空间的扩展过程是城市中心区、市区以及郊区边缘地区城市化过程在空间布局上的具体表现，是一个“打破平衡、恢复平衡、再打破平衡”的动态过程，这一动态的演化过程具有一定的规律性。

第一节　基本概念

城市地域空间范围的扩大即城市地域空间扩展，是城市开展的各种社会经济活动与自然因素合力作用下的结果，是城市发展在物质形态上的体现。目前，我国正进入城市化高速发展阶段，呈现出世界罕见的“中国城市发展现象”，研究这一特殊社会经济背景下具有一定代表性的城市地域空间扩展的规律与特征，有助于正确把握同类型城市发展的历史阶段，预测城市的发展方向，制订正确的城市空间发展政策。研究城市地域空间扩展的影响因素是掌握城市地域空间扩展规律的前提，因势利导地引导城市向合理的空间形态模式演进，对促进城市的可持续发展和构建和谐城市具有重要意义。

滁州市是南京都市圈的重要城市之一，随着城市空间的迅速扩展，城市的内部结构与外部形态都发生了巨大变化。特别是近20年来，滁州市城区面积空前膨胀，城市规模急剧扩大，分析其城市空间变化的特征及影响因素，对未来滁州市经济和社会发展具有重要意义。

一、城市形态

城市形态是聚落地理中的一个十分重要的概念，它包含了城市的空间形式、人类活动和土地利用的空间组织、城市景观的描述和类型学分类系统等多方面的内涵。城市是人类聚居的一种形式，城市形态伴随城市的发展而不断丰富、完善。城市产生以来，世界上各学科的学者分别从不同角度研究城市和城市形态，相继形成了一系列的理论假设和研究模型。关于城市形态的概念，国内外学者的研究中主要有狭义和广义之分：狭义的城市形态是指城市实体所表现出来的具体的空间物质形态；而广义的城市形态不仅仅是指城市各物质组成部分有形的表现，也不只是指城市用地在空间上呈现的几何形状，而是一种复杂的经济、文化现象和社会过程，是在特定的地理环境和一定的社会经济发展阶段中，人类各种活动与自然因素相互作用的综合结果，是人们通过各种方式去认识、感知并反映城市整体的意象总体。具体来说，主要包括城市各有形要素的空间布置方式、城市社会精神面貌和城市文化特色、社会分层现象和社区地理分布特征以及居民对城市环境外界部分现实的个人心理反应和对城市的认知。

二、城市空间

城市空间作为人类一切活动的载体，具有物质属性、社会属性、生态属性以及认知和感知等多种属性。其中，空间内的生态因子，种群、群落的分布格局及其通过相互作用而呈现的动态变化，都影响到城市的整体空间环境。从范围上来看，城市空间可分为以下三个层次：一是城市的内部空间，它以城市建成区为主体，包括城市各功能区及其变化，是城市空间中最基本的空间实体，也是城市空间集聚与扩散的核心；二是城市的外部空间，包括城市的郊区卫星城及城市的边缘乡村，这个区域是城市最为活跃、演变最为剧烈的地区，反映了城市的发展以及可能的演化方向；三是城市的群体空间，包括城镇空间与区域基本空间在内的地域系统，反映的是城市与城市、城市与区域之间更为宏观的关系。这种划分涉及城市功能作用及生态机制，但随着城市化的普遍发展及城市地域空间的不断开拓，城市活动越来越走向区域化，理论界目前更倾向于采用涵盖整个城市地区的“城市地域空间”概念，而区域城市空间只是城市群体发展到高级状态时的一种空间形式。

三、城市结构

城市结构是指城市各组成要素相互联系、相互作用的形式和方式，主要包括经济结构、社会结构和空间结构。城市的发展过程并不只是建筑物的增加和居民的聚集，而是城市内部产生各具功能的区域，如商业区、住宅区、工业区，同时各个功能区之间存在着有机的联系，构成城市的整体。这种城市内部各种区域的形成以及它的分布与配置情形被称为“空间结构”或“内部结构”，简称“结构”。

四、可持续发展与城市演变的关系

可持续发展的思想可以追溯到久远的古代。1992年世界环境与发展大会通过《里约环境与发展宣言》等3个文件，标志着可持续发展在各国得到了普遍认可。可持续发展是既满足当代人发展的需求，而又不危及后代人满足其需求能力的发展。可持续发展思想的产生是人类发展观的一大进步，它赋予发展以新的内涵：发展不仅仅指经济的发展，同时还包括生态环境和人类社会的发展；不只求当代人的发展，还要考虑到后代人的发展；不仅指某一个国家或地区的发展，而是全人类的共同发展。可持续发展的理论核心即为研究PRED系统。PRED系统是人口(Population)、资源(Resource)、环境(Environment)和发展(Development)四大要素融合而成的人地关系地域系统。人口与社会经济发展为系统一端，自然资源和环境为另一端，双方之间以及各自内部存在着多种直接和间接的反馈作用并相互交织在一起。所谓PRED协调发展就是区域PRED系统中诸要素和谐地、合理地使总效益达到最佳的发展，具体包括：在自然资源和生态环境的承载力之内经济获得最大限度的发展，人口规模及增长率维持在经济、资源和环境的承载力之内，合理地开发利用自然资源，人的一切活动对环境的负影响应在环境承载力之内等。

没有理想城市形态的指引，是产生当今城市种种问题(如交通拥挤、环境恶化等)的重要原因之一。探索理想的城市形态，解决建成区环境与自然环境的发展所存在的矛盾,一直都是城市形态演变特征及影响因素研究的重要内容。近百年来,学者们从技术、生态、有机生长等角度对理想城市形态进行了不懈探索,产生了多种思想与学说,大致可分为集中论和分散论两种类型。可持续发展目标要求城市形态便于步行和非机动车通行以及建立公共交通的形态和规模,并具有一定程度的紧凑性以便于人们之间的社会性互动。紧凑城市、生态城市、多中心城市等是可持续城市形态模式的有力探索。

第二节　城市空间扩展历程

滁州市位于皖东江淮之间,与南京市山水相连,是南京"一小时都市圈"的主要成员和皖江城市带承接转移示范区的重要一翼,也是合肥经济圈的重要城市之一。

滁州市城市空间是在原晋朝初期小城的基础上发展起来的,具有悠久的历史。滁州市现代城市发展从20世纪中叶开始,改革开放以后,滁州市城市发展动力发生剧烈变化,城市空间扩展的速度也随之加剧,20世纪90年代中期以后城市空间扩展迅速发展。因此,滁州市城市空间扩展历程可以按照发展速度和特征大致分为三个阶段。

一、起步期——新中国成立前

滁州的城市建设史最早要从1700年前的东晋开始算起。晋初滁州始有小城,城周长仅有3里。滁州古城大规模建设首推唐代所建的州城,城周始达7里258步。滁州城第二次大规模建设是在宋代。元至正十三年(1353),朱元璋占领滁州后,"以城廓不完,辄命郭景祥董治之重建城墙,增扩城周,东北仍旧,惟由大圣塔左跨通济桥而南增廓,为9里18步"。明朝、清朝仅在城内修建了几座建筑及对部分老建筑进行了修缮,拓宽了护城河,外部形态和面积变化不大。到光绪年间,滁州城基本定型[①]。

从清末开始,滁州的城市空间已开始突破城墙,以城市"十"字型的对外道路

① (清)熊祖诒.滁州志(光绪)[M].北京:方志出版社,1994:87.

为伸展轴向外扩展，其中向东扩展最为迅速，原因是火车站在东关，火车站周边逐渐有了一些服务设施，但伸展轴间依然为大片农田。此期间城市空间形态已由团块状开始向四角星状逐渐演变。到了民国时期，滁州城区总体发展虽较过去有较大变化，但由于战乱等因素的影响，城市向外扩展的动力不足，城市空间扩展较为缓慢。

二、调整期——新中国成立到改革开放前

20世纪中叶以后，因滁州城市近现代工业的发展，工业用地增长便成为城市空间扩张与土地利用结构转换的主导推动力。另外，由于人口的不断增加，居住区的面积也在不断增加。

1949年1月，滁城解放，城市建设开始起步。1958年起，滁州市掀起了大办工业、大炼钢铁的热潮，上了很多新项目、新工程，地方工业的发展势头很大。市区规划建设面积由新中国成立初期的1.7平方千米陡增至2.7平方千米[①]，是滁州城市空间发展史上一次跳跃性扩展。到1969年，滁州市建成区面积扩展到近2.9平方千米，城市在向南扩展的同时也向东扩展。随着1973年滁州新火车站在滁州城东现琅琊大道东首建成，滁州城市空间开始向东扩展。到1978年，滁州市建成区面积达到4.54平方千米，城市人口达到74 300人，城市建成区面积逐年增加。这一时期，市区沿琅琊山与京沪铁路（或清流河）之间向南急剧扩展和延伸，属于沿山河之间向外围扩展的轴向发展期。空间扩展方式为扩张与填充过程并行，城市性质明显地转变为工业、居住相结合的综合性城市。

三、快速期——改革开放到现在

改革开放以前，滁州市经济发展缓慢，城市空间形态多年来并未发生明显的变化。随着改革开放的深入，滁州市经济迅速发展，城市化进程加快，城市人口迅速增加，城市空间扩大，城市空间形态在一定程度上也发生了重大的改变。全市人口从1978年的333.99万人发展到2014年的449.6万人，增长了34.61%。建成区面积从1978年的4.54平方千米扩展到1995年的17.5平方千米，后来由2005年的30平方千米迅速扩展到2008年的40平方千米，到2014年迅速扩展到120平方千米。建成区面积在不断扩大，城市空间也在不断改变。本书这一部

① 滁州市（县级）地方志编纂委员会.滁州市志[M].北京：方志出版社，1998：102.

分主要从以下几个时期研究改革开放至今这30多年来滁州城市空间的演变。

(一)三角形形成期(1978—1985)

随着改革开放的到来,滁州经济迅速发展。在此期间,滁州市的建成区面积从1980年的5.7平方千米扩展到1982年的8.8平方千米,后又迅速扩展到1985年的13.5平方千米。虽然城区面积不断扩展,但是经济并未同步发展,新的建成区大多经济发展相对落后。在经济条件不发达的情况下,滁州城市发展主要是向南偏东方向呈三角形式扩展。城市主要分为两大区:(1)城市北部为老城区,是主要以琅琊大道为南界的城市繁华区;(2)琅琊路以南至南营房以北为城西区,是这一时期的新开发区。在此期间,城区大致形成了三角形的轮廓,这是改革开放后滁州城市空间扩展的初期形态,主要是以粗放型的扩张为主,对各区的规划不到位,建设随意性较大。

(二)L形内部更新期(1986—1995)

从1986年到1995年,滁州城区建设由粗放型扩张模式逐渐向内部更新模式转变,致使城市发展主要以内部结构更新的形式前进,同时建成了大批城市公共基础设施,也为城市的发展奠定了基础①。

这一时期滁州城市空间发展逐步向内部填充和组团式分区布局演变。滁州建成区面积从1990年的14.5平方千米发展到1995年的17.5平方千米,城市面积不断扩大,城市结构呈现出北部住宅区、中部住宅与商业区混合、西部旅游区、南部科技园区和东部工业区的具有明显分区的城市总体形态。

城市布局由原来的三个区向四个区的组团式结构演变,即城北区、城西区、城东区、城南区。城北区为老城区,是滁州医疗和教育资源配置最完备、最集中的地区,这一地区经济稳步发展,同时逐步由原来的城市中心区向住宅区发展;城西区为这一时期滁州市的城市中心区,城市建设发展主要表现在不断填充内部基础设施建设上;城东区以扬子集团为基地,以扬子工业园为龙头,逐步发展起了与之相关联的工业产业群和相配套的基础服务设施;城南区是未来的城市中心区,而滁州今后的发展主要趋势是向南发展。这四个分区的发展为未来滁州的城市功能分区奠定了一定的基础,也为滁州城市空间形态的发展指明了

① 滁县地委,滁县城乡建设与环境保护局.滁城总体规划(1986—1995)[C].1986:6-9.

方向。

(三)L形内部调整期(1996—2007)①

由于资金不足,城北区的旧城改造工作一时难以施行,在1995年版城市总体规划中拟拆除的建筑和厂矿均未能按原定时间完成,主体工程直到2008年年末才完成。由于在老城区开发管理过程中,未注意对护城河及其周边景观的保护,使护城河水面部分被污染,后来由于及时采取措施才没有造成更严重的后果。这些都制约了老城区的发展和城市空间的扩展。

在这一时期,城西区是滁州的城市中心区,商业最为发达,但由于铁路的阻隔,铁路周边地区开发难度较大,因此对城区经济和市政建设的发展制约性很大,在一定程度上阻碍了滁州最重要的经济区的发展和建设,政府也在努力解决这一重大问题。

城南区的公共设施建设资金投入较少,基础设施不够完善,阻碍了这一地区的发展。它作为滁州城区发展的主方向,发展速度逐渐减慢,虽然建成区面积从1995年的17.5平方千米增加到2000年的24.3平方千米,又增加到2005年的30平方千米,但建设的多是“花瓶工程”,城市质量没有得到根本提高。城南区是这一时期发展较滞后的城区之一。

在城东区拟建的扬子工业园,因内部发展出现困难,导致工业园建设缓慢。由于效益不好,其对城东区经济发展的带动作用很有限,城东区成为滁州城市四个区中发展最落后的地区。这也反映出像滁州这样中小型城市的发展与大城市相比更易受到诸多不利因素的影响,发展的道路更加艰难。

(四)大滁城建设快速扩展期(2008年至今)②

近年来,在市委、市政府领导带领下,滁州发展迅速,并提出了“大滁城建设”的发展战略,其规划布局和思路令人耳目一新。在大滁城建设的推动下,随着滁州作为安徽省东向发展战略桥头堡地位的确定和南京都市圈发展规划的提出,滁州的经济发展逐步迈上新的台阶。滁州市建成区面积已经由2005年的30平方千米迅速扩展到2014年的120平方千米(不含已划入大滁城建设用地范围内

① 滁州市人民政府,中国城市规划研究院.滁州市城市总体规划纲要(1995—2010)[C].1995:12-17.

② 滁州市人民政府,中国城市规划研究院.滁州市城市总体规划纲要(2008—2020)[C].2008:4-10.

的周边城镇)。全市人口也从1978年的333.99万人发展到2014年的449.6万人,增长了34.61%。

大滁城地域由琅琊、南谯二区和来安、全椒两县构成。在规划期内,大滁城地域应形成一个相对完整的城市区域,促进来安、全椒县城与滁城的协同发展,形成一个完整的城镇群。结合滁州的发展情况,其城市化的重点应该是积极引导农村人口进入城镇。考虑到滁州本地的财政实力及城市化对基础设施、环境设施等建设的要求,滁州城市化发展应采取核心集聚、轴向带动、东向发展的战略,促进滁州—全椒—来安一体化建设,促进大滁城地域的扩展,加强区域联系,推进发展轴上县城及重点镇的建设,积极参与区域分工协作,形成东向发展、开放融合的城市发展形态。

在2012年新版城市总体规划中,中心城区总体规划划分为已建成区、禁止建设区、限制建设区和适宜建设区四种基本空间单元。

(1)已建成区:截至2014年年底,规划区内已建成区面积120平方千米,其中,城镇、农村居民点及工矿用地面积31.4平方千米,包括滁州腰铺镇、大王、南谯办事处等在内的中心城区建成区面积达到80平方千米。

(2)禁止建设区:规划划定的禁建区总面积为580平方千米。

(3)限制建设区:规划划定的限建区总面积为212平方千米,主要位于规划区南部和北部。

(4)适宜建设区:规划划定的适建区面积为153平方千米。适建区的城市建设应严格按照城市总体规划要求进行,满足公共绿地、水系的景观控制要求,且优先满足基础设施用地、社会公益设施用地需求。当城镇建设和产业发展需要时,在法定条件下,部分限制建设区可转为城镇建设空间。

中心城区发展方向:东进、南拓、北扩、西优、中提升。

主体向南:以城南组团、高铁站北组团、科教园组团、明湖组团建设为重点,将南谯工业集中区腰铺片区用地置换为商务设施与产学研中心,构建集城市商务、创意产业、信息服务、文化教育、交通物流为一体的核心区域;重点向东:以产业空间载体建设为重点,承接长三角及更大区域内产业转移,作为滁州市核心经济增长点;适度向北:建设琅琊新区,打造城市北部经济增长点;优化西部:在满足琅琊山生态要求的前提下,适度发展旅游休闲度假产业,控制开发强度;提升老城:以改造与提升为主,加快老城行政中心、工业用地外迁,提升生活配套服务设施,增设开敞空间,优化宜居环境,疏解老城压力。

规划期内，中心城市形成"一带二核三片二轴"的空间结构。

通过大滁城、新滁城建设，将滁州建设成为以工业为主导，工业、商贸、旅游协调发展的产业基地，成为经济发达、环境优美的现代化城市。大滁城、新滁城建设使滁州城市空间形态发生了前所未有的巨大变化（图2.1，图斑为非比例关系）。

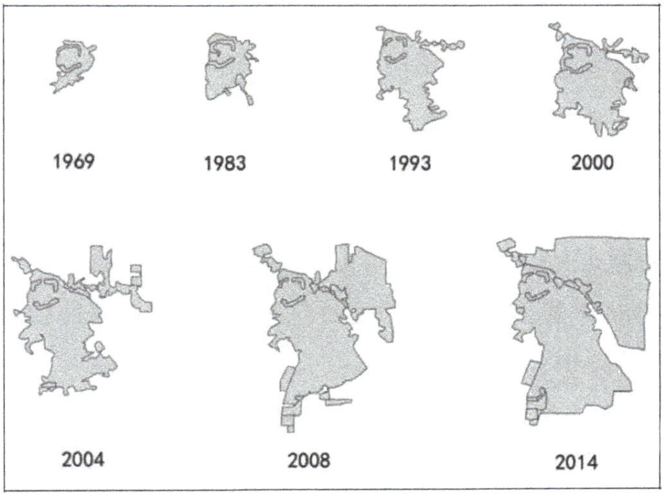

图2.1　滁州市城区建设发展示意图（1969—2014）

第三节　城市空间扩展影响因素

一、自然地理条件

自然地理条件如地质、地形地貌、气候、水文、土壤、植被首先作为人类生存环境的一部分，通过影响人口分布而影响城市的形成发展。这些自然地理条件相互交叉在一起，构成城市存在和发展的物质基础，成为城市空间扩展的基础条件。自然地理条件直接影响城市空间扩展的潜力、方向、速度、模式以及空间结构，是城市空间扩展的先决条件之一。

在滁州城市空间扩展的过程中，滁州"东河、西山、北水库"的自然条件对城市空间扩展的制约作用较为明显。滁州市区西面是面积达240平方千米的琅琊山国家森林公园，东面是长江一级支流滁河的左岸支流清流河，全长84千米，北面是城西水库，因此，滁州市区多年来的发展形态是沿琅琊山、清流河之间向南扩展。

二、人口增长与社会经济发展因素

城市化就是人口向城市集中的过程，城市人口与经济增长是城市空间扩展的最初动力。土地需求的本质是人口增长对土地的需求。城市经济的增长需要更多的土地作为支撑，农村人口向城市的流动加剧了城市承载压力，城市用地推动了城市住房、工业、交通和公共设施等产业的建设，从而加快了城市的外延扩张。滁州成为省辖市后，其经济得到迅速发展，特别是2008年后的"大滁城"建设的开展。1985年滁州市GDP为22.22亿元，2014年滁州市GDP已经达到1 184.8亿元，年增长40.10亿元(表2.1)。

表2.1 1985—2014年滁州市主要经济指标

年份	1985	1990	1995	2000	2005	2009	2014
GDP(10^8元)	22.22	53.97	155.91	255.73	328.08	576.18	1 184.8
工业总产值(10^8元)	13.17	26.05	52.21	71.36	90.12	227.59	633.7
固定资产投资(10^8元)	1.42	3.57	17.74	48.67	19.75	524.85	1 248.2
财政收入(10^8元)	1.61	3.62	10.01	17.10	22.32	68.32	203.6
财政支出(10^8元)	1.40	3.39	8.22	16.18	31.30	105.95	268.4
非农业人口(万人)	47.35	56.36	83.13	94.56	93.64	98.93	97.2

注：根据1985—2014年《滁州市统计年鉴》《滁州市统计公报》整理。

三、交通因素

交通的发展促进了城市空间扩展并改变着城市的外部形态，是城市空间扩展的牵动力，对城市空间扩展具有指向性作用。另外，交通运输速度的提高也使城市空间扩展速度加快。交通因素与城市空间扩展关系密切。为了促进城市环境与自然的协调，促进城市经济发展，增强城市的活力，城市各组团之间、各分区之间的结构有序、联系紧密尤为重要。交通线路以其高经济集聚性影响着城市空间扩展方向、速度和城市空间结构的建构。一方面，对外交通线路的改善可以加速城市空间向外扩展；另一方面，城市交通建设如落后于经济发展，就会成为城市继续发展的“瓶颈”。目前滁州市城市交通设施水平低，人均铺装道路面积、每万人拥有公共汽车数量均低于我国城市人口的平均水平，这是导致城市道路拥挤、交通堵塞等城市问题产生的主要原因之一。

从建成区道路系统结构来看，滁州市目前形成了以新华书店为中心，3条南北干线、6条东西干线、2条环形干线为主体的格局。现有路网格局使以前历史上交通成为滁州市发展瓶颈的问题有所缓解，其中二环线的建成实现了对城市内外交通及内部交通设施的联结作用，特别是提高了过境车辆和进出城区车辆的通行能力。

四、城市化和工业化因素

城市化和工业化因素是滁州市城市空间快速扩展的主要因素。城市空间扩展实际上是城市化进程的一个方面，农村地域景观的城市化过程是农村社区向城市社区集聚和转化的过程。所以，城市空间扩展速度与城市化水平密切相关。依据城市化发展速度，可将城市化过程划分为3个阶段，第一阶段为初始阶段，城市化率低于25%；第二阶段为加速阶段，城市化率为30%~60%；第三阶段为终极阶段，城市化率为60%~70%。2007年滁州市的城市化率是37.7%，从城市化率看，滁州市正处于城市化的加速阶段。2008年开始的“大滁城”建设和2012年提出的“新滁城”建设正顺应了这一发展趋势，建成区面积由1985年的13.5平方千米，到2005年的30平方千米迅速扩展到2008年的40平方千米、2012年的78平方千米，再到2014年的120平方千米。滁州市城市化的浪潮与国内外其他地区一样，是经济发展内在规律作用的结果。

开发区是工业化与城市化的载体，是加速我国城市化进程的重要动力源泉。1992年6月，滁州经济技术开发区成立，为安徽省首批省级开发区之一；2011年4月10日，国务院正式批准滁州经济技术开发区升级为国家级开发区。开发区位于滁州市区东南至东北部，围绕市区呈半环状，现开发管理面积为50平方千米。开发区的建设与发展，核心体现为要素的集聚，直接决定了滁州市城市空间扩展的方向。滁州市的工业经过多年的发展，工业生产向园区集中，形成以城南区、城东工业区和城北新区三个连续板块等为主体的园区经济。

表2.2 1985—2014年滁州市建成区面积一览

时间(年)	1985	1990	1995	2000	2005	2008	2012	2014
面积(平方千米)	13.5	14.5	17.5	24.3	30	40	78	120

五、政策与规划的引导作用

现代城市一般是通过法律、政策(尤其是城市发展政策)和规划对城市建设加以控制。改革开放以前,我国的财政体制、人口迁移和户籍管理政策、住房政策、城市发展政策对城市空间扩展的影响很大。改革开放以来,我国经济体制与行政管理全面调整,如城市发展政策的变革、行政区划的调整、城市规划法律法规的颁布与实施等,都对城市空间的扩展产生了巨大的控制导向作用,尤其在体现政府意志方面,作为政府行为的城市规划,其控制作用更为显著。

1981年10月,滁州市(原滁县)首次制定了《滁城总体规划》,后来又根据城市发展的实际,陆续对规划进行了多次修订。通过对滁州市历年来城市总体规划及其实施结果进行评价分析,在滁州的城市建设历史中,城市规划一直对城市空间扩展起着积极的引导和促进作用。城市空间扩展经历了团城—喇叭口型扩张—组团式分区布局—“131”城市组团发展布局等多个阶段性发展状态。

2008年滁州城市总体规划(2008—2020)分为近期(2008—2010)和远期(2011—2020)两个阶段。规划到2020年,滁州市城区人口规模95万人,建设用地95平方千米,人均建设用地100平方米。城市发展的总体目标是成为长江三角洲城市群有机组成部分,成为经济发达、环境优美的现代化城市,成为以工业为主导,工业、商贸、旅游协调发展的产业基地。城市性质是皖东中心城市、长三角区域现代制造业基地和生态旅游城市,主要职能是南京都市圈门户城市、区域性制造业、旅游业和专业性商贸业基地。规划期内城市建设用地发展方向主要是向南、南东,中心城市总体布局结构为三大片区、六个组团和一个风景区构成的开放型、生态化的布局结构。

2012年滁州市最新版城市规划如下:

(1)城镇化水平。近期:2015年,滁州市域总人口达450万人,其中城镇人口220万人,城镇化水平达49%;远期:2030年滁州市域总人口达560万人,其中城镇人口392万人,城镇化水平达70%。

(2)人口规模。近期:2015年中心城区人口70万人;远期:2030年中心城区人口140万人。

(3)中心城区建设用地规模。近期:2015年控制在80平方千米,人均城市建设用地114平方米;远期:2030年控制在140平方千米,人均城市建设用地100平方米。其中,安徽产业升级示范区苏滁现代产业园35.18平方千米、承接产业转移示范园区15平方千米用地不纳入中心城区建设用地统计范围。

六、南京都市圈影响因素

南京都市圈最早包括南京、镇江、扬州、芜湖、马鞍山、滁州以及淮安的南部(金湖县、盱眙县)和巢湖的部分地区(巢湖市区、和县、含山县),其空间半径为100千米,高速公路行程在1小时左右。现在的南京都市圈城市指的是南京、镇江、扬州、淮安、芜湖、马鞍山、滁州和宣城。

南京是滁州周边城市中与其空间距离最近的城市,两座城市之间的直线距离不到40千米。长期以来,滁州与南京的联系最为密切,主要体现在居民日常生活和各类要素的流动上,远远超过了滁州与其他各地市的联系。从历史渊源上来看,两市之间交往深厚,也正因为如此,滁州自古就有"金陵锁钥"之称。

滁州位于南京都市圈的核心圈层和宁蚌发展副轴上。但是,滁州目前城市规模偏小,经济发展水平不高,工业化处在初级阶段,城镇化发展与都市圈平均水平有较大差距。通过南京都市圈的建设,滁州市可以充分利用南京市的教育、人才、技术、信息、金融等公共资源,积极承接南京的产业扩散和转移,促进本地产业结构的提升和发展水平的提高,加快经济赶超的步伐。

2010年初,滁州市成为国家级"皖江城市带承接产业转移示范区"的重要组成部分。在"东向发展"、迎接"长三角"产业转移的过程中,为了能主动接受南京的辐射,滁州市在"大滁城"战略中,以滁城主城区为中心,以来安、全椒和乌衣为副中心,以琅琊山风景区为依托,直接围绕着南京形成扇面结构。"大滁城"意味着滁州的市区面积不再囿于原有的老城区。在这一战略部署中,包括现有城区、南谯区乌衣镇、琅琊山风景区和来安、全椒两县均被纳入了"大滁城"的范畴。"大滁城"意味着滁州的城市化进程进入了加速期,以新区建设带动老城改造,在"东向发展"中谋求与江苏省南京市的"同城化"。总而言之,滁州城市建设用地及城市空间扩展在南京都市圈的辐射影响下向南、向东发展,以期在空间上更加接近南京。

通过对1700年以来滁州城市空间扩展的回顾，归纳其演进史为新中国成立前的起步期发展、新中国成立到改革开放前的调整期发展、改革开放到现在的快速期发展三个过程，亦是突变和整合的交替过程。历史上滁州城市空间扩展的方向是以老城为依托，稳步地在铁路和琅琊山之间向南扩展，形成了滁城东北—西南方延伸为主的路网结构和城市空间形态。改革开放后，滁州的城市化程度不断提高，城市空间也快速扩展，逐步由向南单边扩展转变为向三大片区、六个组团和一个风景区构成的开放型、生态化的扇形城市总体布局结构。因此，在滁州市城市空间扩展的过程中，经济是城市空间扩展的决定性因素，而南京都市圈的辐射因素等则是重要的影响因素。

在经济全球化、中部崛起、"皖江城市带承接产业转移示范区"建设和"南京都市圈"规划等国内外发展背景下，滁州市城市空间扩展既面临着各种现实的挑战，又存在着各种发展机遇。只有积极应对挑战，充分利用各种机遇，变可能的机遇为现实的发展，才能有效促进滁州市城市空间扩展的优化。

第四节　城市发展的基本思路

针对滁州市城市空间演变过程中出现的问题和城市发展的主要制约因素，滁州市城市发展要做好以下几个方面工作。

一、调整产业发展策略

滁州与经济发展迅速的地区相比，工业化差距较大。2006年，宿迁市财政收入38亿元，滁州市财政收入35亿元，两地基本相当。2007年，滁州市财政收入45亿元，而宿迁市达到61亿元，同期宿迁市工业增加值达到249亿元，滁州市只有179亿元。2014年，滁州市财政收入203.64亿元，而宿迁市达到438.5亿元。几年的时间，两市的工业增加值差距就拉大了。当前滁州工业发展要考虑到根本性问题，即如何将滁州产业做大做强？滁州现在提出发展六大支柱产业，但发展仅靠规划是行不通的，关键是要引进行业内龙头企业，如果滁州各产业都有像博西华、康佳这样的企业，整个工业局面将彻底改变。每个产业成立一个办公室，专门负责跟踪行业发展趋势和企业投资意向，列出一批重点龙头企业名单,每个企业安排专业小组长期跟踪联络。全市11个工业园区和开发区,除天长、凤阳的产业外,其他的产业特色都不鲜明,特别是滁州市附近工业园区的整合问题,应该及时开展和落实。

二、调整交通等基础设施和社会设施配置

为加强滁州市内部交通一体化和对外联系的便捷性,对于滁州市交通等基础设施的配置意见有:(1)加快区域高速交通网的建设,提升滁州至南京一桥的道路等级,形成蚌宁、合宁、滁宁的高速交通网。(2)建设连接滁州、来安、全椒及合宁高速、蚌宁高速的城市高速交通线。(3)逐渐实现区域内统一供水、供电、供气。(4)社会服务设施在空间上要实行等级配置的原则,中心区社会服务设施的配置要着眼于全市,配置服务设施要具有市域意义;片区主要按照服务区域的范围,实现等级配置各类科教、商服、医疗机构等社会服务设施。

三、加速社会经济发展,推动城市建设

社会经济发展是城市空间形成和演化的主要推动力,它最终会在城市空间形态上体现出来。国民经济的快速发展能够为城市空间形态的优化提供雄厚的物质基础。农业是滁州的基础产业,要在改善农业生产条件,提高农业抗灾能力的同时,以农民增收为核心,实行农业结构的战略性调整,提高粮食产量,大力发展蔬菜、水产、家禽、林果业以及特色农业、有机农业、订单农业、创汇农业,积极提高农副产品加工能力,培育农民经纪人队伍,着力推进农业产业化经营进程。工业化在城市化的进程中起着非常重要的促进作用,但滁州市刚步入工业化前期,基础较为薄弱,工业化水平低,故必须加快工业化进程,通过加大技改投入、产权改革、强化管理、信息化带动等措施,增加工业发展后劲,提高工业整体的实力。

四、进一步融入南京都市圈,实现同城化发展

滁州作为南京都市圈江北的城市,距南京仅60千米,行程不到1小时,两地经济联系紧密,人员往来密切,互补性强,合作潜力巨大,具有得天独厚的优势。主要体现在以下几个方面:

一是从农业角度看,在都市圈的城市中,滁州市的农业比重较大,优势明显,

土地、劳动力资源丰富，一些特色产业正在形成，一批国家级、省级名牌农产品也正在拓展国内外市场，如滁菊、明光绿豆、日月牌粉丝、女山湖螃蟹、龙丰一号西红柿、雷官板鸭等。滁州市正在通过积极调整结构，提高农业的科技含量和产品质量，打入南京市场和都市圈城市的市场。同时，还应加大对滁州市名牌农产品的宣传推介力度，提高其在南京都市圈的市场占有率。二是从资源共享角度分析，通过圈内统一市民待遇，可以将南京的国际机场和大型展览中心等公用设施和高校、科研机构等公共资源“为我所用”，减少重复建设，实现资源的最优配置。三是从经济交流角度分析，能够在更多领域加强与南京等圈内城市的联系与合作，推进滁州市外向型经济和规模经济的发展，抓住南京产业转移的机遇，吸引一些大企业来滁投资置业，促进产业结构调整和升级，将滁州市建成劳动密集型产业和制造业基地。四是整合滁州市的旅游资源，与圈内城市合作开发，构建新的营销网络、旅游热线，拓展客源，把滁州市变成南京等周边城市的“后花园”和旅游观光、休闲度假基地。

五、城市空间扩展发展趋势

无论是发达的东部地区，还是正在奋力直追的中部地区和西部地区，中国正经历着人类史上空前绝后的城市大建设时期。随着城市化的快速推进，城市空间与生态环境、交通、产业用地布局不协调所带来的城市问题，越来越多地暴露在我们面前，其所带来的影响也是巨大的。滁州市应在梳理自身空间演变历程的基础上，对自身问题透彻了解后，合理选择城市空间模式，通过规划手段，加以引导。

未来滁州将形成“一区三轴”的扇形空间模式和“两主一副”的发展轴线。“一区”是由中心城区、来安、全椒、乌衣组成的大滁城地域，是一个城镇密集区，也是一个大核心。“三轴”是滁来全天发展轴、滁乌明凤发展轴、滁定发展轴。大滁城地域由滁州市琅琊、南谯二区和来安、全椒两县构成，总面积为4 472平方千米，应在大滁城地域统一规划，高效利用土地资源，打造城镇密集区，提高区域竞争力。

滁州市城镇体系规模结构分为四个等级。第一级为滁州中心城市——中心城区，目标是发展为95万人口的大城市。第二级为天长、明光、全椒、定远、来安、凤阳、南谯(乌衣)等各县域中心城区7个，人口规模达到15万～30万人。第三级为一些现状规模较大或发展条件较好的重点镇，其人口规模分为5万～10万人的炉桥、汊河，2万～5万人的铜城、古河、半塔、武店、二郎口、藕塘、汊涧、张桥、秦栏、张八岭、管店、沙河两个等级，共14个。第四级是人口规模为2万人以下的其他建制镇，共28个。

滁州市区大型居住区用地主要分布在滁东、滁南，滁西主要是改造城中村和破旧平房区。在琅琊山麓和清流河沿岸布置少量高档住宅区，在各片区建设一定数量的经济适用房和廉租房。市级公共设施用地与公共中心主要布置在滁西、滁南城市双中轴线上和两侧，由行政中心、商业金融业中心、大型综合市场、体育中心、医疗卫生中心和教育文化科技中心组成。工业用地主要布置在城市的东部、南部，形成四大工业组团：城西工业组团、城东工业组团、城南工业组团和城北工业组团。有毒、有害、易爆化学品库布置在城区外北部，油库布置在清流河下游，与城区之间应留足隔离防护距离。搬迁、拆除油库及其铁路专用线，油库搬迁至担子南部铁路沿线。铁路专用线拆除后作为绿化和城市道路用地。

滁州将成为南京都市圈西北门户城镇密集区、承接长三角地区产业转移先导区、长三角优质农产品供应基地、休闲后花园之一。

城市是人类社会发展到一定历史阶段的产物，是人、财、物集中的地区。它是一种区域现象，虽然在地球表面占据着面积不大的土地，但作为社会经济活动中心，同周围广大区域保持着密切的联系，具有控制、调整和服务的功能。尤其是城市作为区域的中心，对整个地区经济发展的作用是举足轻重的。

在经济、生态、产业和南京都市圈辐射等因素的发展背景下，滁州市城市空间扩展既面临着各种挑战，也存在着各种机遇。只有积极应对挑战，抓住各种机遇，变可能的机遇为现实的发展，才能实现滁州市城市空间扩展的优化和提高。

第三章　滁州市城区地名规划与发展

地名作为一种使用频率很高的基本公共信息，与人们的生产、生活密切相关，也显示着城市品位和管理水平。对地名进行规划，是城市建设发展、社会文明进步的需要，也是着眼长远，全面改善、提高城市地名网络结构水平的关键。

第一节　地名及地名规划

地名是人们对地理环境中具有特定位置、范围及形态特征的地方所共同约定的语言代号，是现代社会进行各种联系、交流必不可少的基本工具和纽带。地名作为各类地理实体的名称，常常受到当地地理环境、民俗文化，甚至行政人为等特定因素的影响，在被广泛应用于各个领域的同时，具有很强的历史延续性。在当前中国快速城市化的进程中，地名已经成为社会进步、城市文明、文化发达的表现形式。地名规划是在一定时期内，对规划区域内各种自然、人文地理实体名称（音、形、义方面）进行符合法规和标准化要求的设计及对地名体系的总体设计。

城市地名是构成城市社会环境、文化环境的因素之一，是城市历史文化和精神风貌的重要体现。构建等级层次清晰、性质类别明显、文化内涵丰富、地理指位确切、排列有序、体现一定特征规律的城市地名体系，对提高城市软环境质量，反映当地历史文化、精神和气质等，有言传文载的“口碑”作用，对方便交往交流、提高管理效率有不可忽视的作用。

一、地名是一种社会文化现象

作为表称地点的文化符号，地名积淀了丰富的历史文化内容，从一个特定的侧面记录了人们的社会实践活动。地名是活跃的文化细胞，组成一道道文化脉络。地名打上了出生地之自然和文化的胎记，体现了自然与人文的交融。

地名是一种文化遗产。从人文地理学角度来说，民族文化变迁的内容以语言的形式在地名上存留，使其打上了深深的历史烙印。地名作为世世代代流传下来的反映一地品格的特殊信息系统，留存着人们对特定自然和人文环境的独到认识，是人类宝贵的文化财富。重视地名，是人类激活历史文化记忆的一种努力。

二、地名含义

第一，地名是人们所赋予的，而不是其本身自有或天然的，这种赋予从历史发展看，经历了从当地少数人使用到逐渐为众人所知直至被社会大众广泛使用的过程，从赋予语言到文字再到数字代码，从约定俗成到标准化、法定化。

第二，在空间上，地名既包括陆地，也包括海洋和海底。随着人类对宇宙探测的进展，地名命名的空间范围逐步从地球不断向宇宙中的其他天体扩展。

第三，这里所称的特定，包括特定的主位、特定的范围、特定的时间，也就是特定的时空。

第四，所谓的代号，既包括语言代号、文字代号，也包括早期的图画、图形符号，以及信息时代的数字代号，反映了人类社会的进步与发展的历程。

三、地名特性

地名具有社会性、时代性、民族性、地域性及代表性等特性。

（一）社会性

地名是社会的产物，它的命名、演变始终都受到社会发展水平的制约。如果没有航海知识的积累和15—17世纪的地理大发现，就不会有像太平洋、印度洋等海域的名称。地名由少数人称说到为广大社会成员所公认，要经过一定的传播和筛选过程。

（二）时代性

恢复有历史文化内涵的地名，能够体现一定区域内地名的序列化。调整更新重名、名称不雅、有歧义的道路名称，有助于保持与周边道路名称的协调性。以时代特征为主题创意地名的命名，通常反映命名时代的特征。

（三）民族性

不同民族分布区域内的地名，一般总是由生息在当地的居民以其语言命名。地名的命名依据还能反映一个民族的心理状态、风俗习惯和其他文化特征。

（四）地域性

地名是地方的指称，它的命名常反映当地当时的某些自然或人文地理特征。

（五）代表性

地名：地名是人们对具有特定方位、地域范围的地理实体赋予的专有名称。

地名专名：地名中用来区分各个地理实体的词。

地名通名：地名中用来区分地理实体类别的词。

专名化的通名：转化为专名组成部分的通名。

地名的汉字译写：用汉字书写的其他语言的地名。

标准地名：是根据国家有关法规经标准化处理，并由有关政府机构按法定的程序和权限批准予以公布使用的地名。

（六）指位性

地名之所以被称为地理实体的专有名词，主要原因是它所代表的地理实体在地球表面上具有一定方位和范围，即具有一定的空间位置。

四、地名功能

地名的功能即地名的作用和效能，主要有两个方面：(1)地名是人们工作、生活、交往不可缺少的工具；(2)地名为语言学、地理学、历史学、民族学等学科的研究提供了宝贵的资料。

五、地名文化意蕴

(一)地名是人们在社会交往和经济活动中广泛使用的媒介

每个人在每天的生活中都离不开地名。地名作为人们在社会交往和经济活动中广泛使用的媒介，随着城市现代化和信息技术的迅速发展，社会各界对快速传递和获取地名信息的要求越来越高，地名的功能已经远远超出了原来意义上的指位功能，人们越来越关注地名的社会属性和文化属性，地名成了城市的名片。编制城市地名规划，对地名作出科学规划，实现地名超前管理，有利于加强城市地名管理的计划性和科学性，提高地名标准化水平，优化城市地名环境，对现代城市文明建设和管理具有重要意义。

(二)地名是文化的传承

地名文化是祖国先进文化的组成部分。“上有天堂，下有苏杭”，不仅仅因为杭州的山水美丽，苏州的园林迷人：全国山水好的地方很多，但许多地方由于缺少深厚的历史文化底蕴，魅力就不及苏州；杭州的一山一水一路一桥都有美丽的故事和传说，如保俶塔有吴越王钱俶的故事，雷峰塔和断桥有白娘子和许仙的故事，灵隐寺有飞来峰的传说，岳庙有岳飞抗金的故事，等等。因此，继承和发扬地名文化，对于弘扬中华文明，弘扬爱国主义精神，传承先进文化，振奋民族精神，有着深远的历史意义和重要的现实作用。

(三)地名是维护国家主权和领土完整，维护社会稳定的需要

在处理国际事务过程中，有一个“名从主人”的原则。因此，在一些特定情况下，地名往往体现一个国家的领土主权。在处理领土纠纷时，各国为了维护主权

和领土完整，都把自己对边界地理实体的命名作为拥有主权的有力证据。在国际关系中，因地名引发的政治和外交问题并非闻所未闻。

（四）规范地名信息，促进经济社会协调发展

实现经济快速高效、持续健康发展，是构建和谐社会的物质基础。地名信息是社会基础信息，经济社会的发展和政府对社会的有效管理都需要完整、准确、方便、规范的地名信息。经济建设对地名信息的需求量越来越大，对快速获得和传递地名信息的要求越来越高。规范地名信息，创新服务方式，提高应用水平，不仅可以为经济社会发展提供便捷、及时、规范的服务，为公众参与政治经济和文化活动创造良好的条件，还可以为国际、国内交流创造和谐的社会环境。

六、地名规划

（一）地名规划的概念

地名规划是在一定时期内，对规划区域内各种自然、人文地理实体名称（音、形、义方面）进行符合法规和标准化要求的设计及对地名体系的总体设计，是使其发挥多种功能和作用而进行的各项地名要素的统筹部署和具体安排。

城市地名规划是城市建设规划中的专题规划，是在城市建设现状和发展规划的基础上，按照城市的发展历史和地名现状、特点及地名变化规律，依据国家地名管理法规和有关规范，并结合城市发展建设的空间布局，对城市建设规划区一定时期内的新生地名以整体、系统的方式所作出的城市地名标准化的总体安排和超前控制。

（二）地名规划的特点

1.地名规划的时空性

规划从根本上讲是一种计划安排，属于比较全面、长远的发展计划。地名规划与一定时期的城市规划相联系，有明确的规划期，并与城市规划保持同步。

每个地区由于所处的地理位置不同，在自然环境、社会条件、城市性质上也存在不同程度的差异。地名规划是一定地域内历史、文化特征的反映，是在一定

的时空范围内因地制宜、因时制宜所制定的科学规划。

2.地名规划的综合性

地名规划几乎包括了地名工作的各项业务，也就是说其大量工作就是按照国家法规和有关原则、规定、方法等对地理实体命名、更名。与日常工作不同的是，地名规划中需要命名、更名的地理实体数量较大，而且很多地理实体是在城市规划中设计的，尚未在实际中出现。此外，地名规划还涉及地名拼写、地名标志设置、地名档案建设等相关工作。

地名规划的综合性还体现在地名规划的目标、方针、策略、政策、程序、规则等内容方面。地名规划是一个科学的规划体系，其工作内容具有很强的综合性。

3.地名规划的政策性

地名规划是政府组织的一项行政工作，中心任务是对未来地名作出科学的设计，其实质就是超前地名管理工作。地名管理涉及国家主权，影响经济和社会管理、服务等方方面面，关系到人们的日常生活和社会安定。地名规划涉及各方面的意见和利益。因此，编制地名规划必须遵守有关法规政策的规定，并在实际工作中切实贯彻执行。

4.地名规划的专业性

地名规划作为一项地名领域的科学规划，其核心是地名问题，必然要依赖地名的理论、法规、政策和专业知识，才能体现出突出的专业特征。

地名规划编制还涉及语言、文字、历史、地理、城市规划等方面的理论和知识，体现出多学科参与的特征。但是，其他学科的参与必须服务于地名命名的基本需要，服从于地名命名的规范性要求。

5.地名规划的程序性

编制地名规划是一项重要的行政工作，也是一项较为复杂的社会系统工程，要有众多人员的参与，要处理众多方面的意见和信息。因此，为了使地名规划编制工作顺利达到预定的目标，必须制定出完整合理的编制程序，这样才能使地名规划编制工作科学化、合理化、清晰化，才能科学划分工作阶段，加强对整个工作的把握和控制，协调各方面的力量，保证各项工作计划的落实。

（三）地名规划的范围

地名规划的范围，也就是地名规划的对象，就其内容来讲，凡是在规划区、规划期内需要命名的地理实体都属地名规划的范围，包括片状地名（市辖区、街道办事处、乡镇、社区、居民住宅区、湖泊等）、线状地名（街、路、巷、河流等）和点状地名（居民点、名胜古迹、纪念地、大型建筑物、桥梁、广场等）。

从地名规划编制的行政区域单位来说，地名规划的范围包括市、县、乡、村四级地名规划。按当前地名公共服务工程的重点任务来说，地名规划的范围主要是各级建制市及县人民政府驻地镇，即地级市、县级市及县城地名规划。

第二节　地名规划编制的原则和要求

按照地名管理和城市规划理论，总结归纳城市地名的分布规律，结合城市建设现状和分期发展规划，构建地名空间布局网络，使地名规划达到特色鲜明、点线面层次清晰、区块主题明确、相互联系规律、空间覆盖完整的要求。

一、地名规划编制的原则

（一）地名规划与城市规划相同步的原则

城市地名规划必须在城市建设现状和发展规划的基础上，遵循城市总体规划的基本原则和要求，根据城市的性质和功能定位，对各类地名的布局、采词、用词作出科学规范的综合规划，做到城市地名规划与城市建设规划同步。

地名规划是地名理论的具体运用，在编制地名规划的过程中，不仅要尊重地名产生和发展的规律，准确把握地名体系的运动趋势，而且还要参照城市规划的层次和深度对区域地名进行规划，这是在编制地名规划过程中需要特别注意的。随着城市的发展和规划的深入，地名规划的层次和深度也相应地发生变化。不同城市的规划和不同的规划时期，因限制性因素不同，规划的层次和深度也就不同。因此，准确把握地名规划的层次和深度，有助于在编制地名规划过程中避免盲目的求细求全，避免脱离实际，造成资源浪费，避免给地名工作和城市建设带来被动。

（二）局部与整体相衔接的原则

地名规划的局部与整体相衔接的原则，实质上就是地名规划的继承性原则。

地名规划的继承性原则包括两个方面，一是对规划区已经形成的命名方式的继承，二是对原有地名的有选择的继承。

首先，要将各分区地名规划纳入整个城市地名规划中通盘考虑，突出全局性和整体性。同时也要考虑分区情况，使每个分区的命名与全市的整体布局和谐一致，体现地名的层次化、系列化要求。

其次，在深入分析规划区内原有地名命名方式的基础上，结合当地语言特点等因素制定命名方式。对规划区域中的原有地名，应采取尽量保留的原则，在规划需要的情况下对个别地名适当改造。

第三，根据区域地名群或板块的思想内涵和外在特征，确定不同的地名采词。地名板块的划分既要顾及城市的功能分区，又要考虑在地名采词上操作的可行性。每个板块不仅要各具特色，还应具有较强的内在联系，通过相互之间的区别和联系来体现地名的方位特征。

（三）规范通名与优化专名相结合的原则

地名规划中通名的规范，是指在城市规划区内各层次、各类别的个体地名应根据实际严格界定和规范地名通名，采用不同等级的通名，对地名进行有规律的组合，使群体地名规范化、序列化，从而达到方便实用的目的。

地名规划中专名的优化，是指在城市规划区内的个体地名，应该尽量反映城市特色，做到音、形、义的美化，使规划区内地名系统反映出自然景观、历史文化、地理要素、民族民俗、社会经济等特征。

编制地名规划中要做好规范通名与优化专名相结合，就要处理好群体地名与个体地名、文化与实用、文化传播与定位指代之间的关系。

二、城区地名命名的基本要求

城区地名命名的基本要求如下：

(1)规范性。必须遵循国家和地方有关地名管理的法规、规章和文件，贯彻地名命名的规范化原则。

(2)层次性。按地理实体的规模、等级、地位确定相应的通名和专名。

(3)准确性。地名的通名应准确,地名的指位应与地物实际位置和范围相一致,或关系密切,或地位相当。

(4)特色性。命名方式以反映当地自然地理环境特征为首选,特别注意保留、继承和采用反映当地山水风貌的特色地名。各类地名应适当分工,各有侧重。

(5)历史性。凡有一定人文历史价值的地名都应尽量保留,尤其对一些具有典故的名街、名路、名村、名庄等应采用适当方式尽量保留。

(6)稳定性。保持地名的稳定性,做到新老地名的和谐协调。

三、城区地名通名的主要类别

城区地名通名体系由人文地理实体和自然地理实体两大类通名体系组成。

(一)人文地理实体通名体系

城区的人文地理实体通名体系包括道路、住宅区、桥梁、广场、园林绿地、公园、专业市场、名胜古迹、纪念地、高(大)型建筑物和构筑物等各个地名类别的通名所构成的通名系统。

(二)自然地理实体通名体系

城区的自然地理实体通名体系有:

(1)山体通名一般使用“山”“峰”“岭”“岗”等;

(2)水体通名一般使用“江”“河”“湖”“池”“潭”“塘”等。

一般将本城区范围内的人工河渠按功能和景观融合原则,也纳入自然地理实体的通名体系中。

四、滁州市城市分区地名规划导引

根据2008年滁州市城市规划,城区分为老城区、城南新区、城北分区、城西区、城东分区、高速铁路站前地区。

(一)老城区地名规划

老城区为城市中心区，规划以行政、商业、居住和文化娱乐功能为主，与政治、文化、商贸中心的地位相协调，反映城市历史的变迁和时代精神，反映滁州悠久的城市历史、生态环境、良好的人居环境和独具特色的山水城市风貌，保护、发掘和恢复优秀的传统地名，传承和延续城市历史文脉。老城区地名应尽可能多地使用传统地名，使城市中心区保留历史的真实性、风貌的整体性。

(二)城南新区地名规划

城南新区拟建为市级行政办公中心，同时依托领带工业园区和领带特色商贸区，地名布局应充分体现时代精神，地名命名要反映新区特色。

(三)城北分区地名规划

城北分区立足于承接产业转移，并通过合理的组织功能布局、道路交通、绿化景观，引导可持续经营的“生态-知识型”开发模式，力求将园区塑造成品质一流、科技先进、功能复合的现代化新城和皖东现代制造业高地。

城北分区应发展成为以发展机械、家电等先进制造业为主导产业的低能耗、低排放、高产出的现代工业新区，同时具有商贸、生活服务功能的特点。

(四)城西区地名规划

城西区应体现科技教育、文化娱乐、商业购物和居住等人文环境，展示滁州特色科教和文化休闲风貌，延伸老城区，衔接琅琊山。

(五)城东分区地名规划

城东工业园区建设已初具规模，规划将以市场经济为导向，充分考虑并发挥园区的区位优势，承接东部发达地区的产业、资金、人才、技术的辐射，合理进行功能布局，将其打造成为滁州市工业项目建设的一个重要载体、对外经济发展的综合产业基地，建设成为功能完善、配套齐全、高品质并具特色的现代新型工业园区。

(六)高速铁路站前地区地名规划

京沪高速铁路以北、洪武路以南为高速铁路站前地区,主要布置公共设施、居住用地。目前还在建设之中。

第三节 滁州城区地名现状

近5年来,随着承接产业转移力度的加大,滁州各类工业园区快速发展,如中新苏州工业园区开发集团股份有限公司在滁州市投资100亿元建立的"苏滁现代产业园"面积达36平方千米,加速了滁州城市化的速度。2012年年底,城镇化率已达44.5%,主城建成区面积已由2007年的30平方千米扩大到2014年的近83平方千米,新建道路657千米,新增人口20多万,城区面积的增加已经超过滁州建城1 700年来的面积,住宅小区数量由35个增加到100个以上。随着城区面积的快速扩大,滁州城区对地名的需求越来越多。

一、滁州城区地名的发展特点

滁州位于皖东江淮之间,与南京市山水相连,是南京"一小时都市圈"的主要成员和皖江城市带承接产业转移示范区的重要一翼,是安徽省东向发展战略中的"桥头堡",也是合肥经济圈的成员之一。

地名随着人类社会的发展而发展,蕴涵着社会各个历史阶段的政治、经济、文化、语言和地理环境的发展轨迹。滁州市地名特点有以下几个方面。

(一)地名古老,文化深厚

滁州市至今还保留着不少沿用已久的地名,尤其是老城区范围内的很多地名是以前老地名、古地名,年代久远,它们是滁州市地方文化在不同历史时期的重要体现。老地名的地域分布以老城中心片区最为集中,同时还有大量老地名散布在周边城乡。从地名的类别统计看,老地名主要以街、巷、桥等名称占较大比例。

滁州市老城区的地名大多是在特殊的地理、历史环境下形成的，所以几乎每一个地名都有其深厚的文化内涵，承载着历史的印记，仅从街、巷地名形成的渊源分析就有事项地名、水文地名、桥梁地名、姓氏地名等。如遵阳街、柴禾巷、半条巷、张家巷、码头巷、上水关、下水关、通惠桥……

行政区域名称“滁州”本身就是个古地名，它是隋开皇九年(589)正式设置滁州就使用的名称，已有1 400多年历史。

(二)地名指位跨度增大，路、大道通名增多

地名和任何事物一样，有形成、消亡的过程。历史上很长时期内，滁州市城区的范围较小，城市建设步伐慢，道路街巷短小狭窄，地名指位跨度小，导致地名数量多、密度大。

近20年来，特别是近5年，在建设现代化“大滁城”的背景下，滁州市城市建设速度加快、旧城改造力度加大，大量的小街、小巷随之消失，众多地名也随之消失。滁州市城区内拓建、新建的道路宽度增大，主要以“路”作为道路通名，以“大道”作道路通名也日渐增多，如丰乐大道、洪武大道、世纪大道、龙蟠大道等。2008年城区地名更名、命名，其中新增、更名139条，河流1条，水库1座；至2012年又新增道路35条。

表3.1　2008年滁州城区地名更名、命名数量统计

名称	更名	原有道路命名	规划道路命名	河流	水库	合计
数量	34	8	97	1	1	141

(三)聚落地名由单一到丰富多彩

滁州市以前的居民住宅多散布在街、路、巷两侧，往往以街、路标识。而今新建的住宅楼多采用封闭式组团形式，形成大小不一、形态各异的住宅小区。近些年来，随着城市化速度的加快和“大滁城”建设的推进，大拆迁和大建设同时进行，产生了更多的新地名和新的住宅小区。1995年以前，滁州的住宅小区不过30个，至2012年6月，滁州市城区住宅小区增加到106个。此类地名的增加也使地名的总量越来越多。

滁州市城区20世纪90年代以前的住宅区数量较少，通名一般为村、新村、小区，由单位承建的称为“某某职工宿舍”。90年代后期兴建的住宅不仅规模大、

配套设施齐全，且专名与通名都发生了较大的变化。地名通名主要有苑、园、花苑、花园、公寓、家园、山庄、城、府、庭、景等。专名也丰富多彩，更加注重名称的美化。

此外，滁州市商用楼宇在80年代时因为稀少，所以未列入地名规划及管理的范畴。近年来，各类商用楼宇林立，目前已建成、在建和规划的高层建筑达300多栋，楼宇的名称也将纳入地名管理中，楼宇的通名也有较大变化，使地名在数量上有较快增加。

（四）地名挖掘与传承历史文化

随着2010年1月国家批复的“承接产业转移示范区”建设的快速推进，滁州市城区面积日益扩大，城市道路里程迅速增加，道路地名的数量也大幅增加。滁州市近年产生的街路名称，在挖掘地名文化、传承历史地名方面做了较为重要的贡献。在近年命名的新地名中，高品位的文化意蕴已成为共同的追求目标，从而产生了一批具有滁州历史文化内涵的地名，为城市地方文化增色。许多居民住宅的新命名充溢着诗情画意，如丰乐山庄、山水人家等。又如新城区的新建道路起名龙蟠大道、龙兴路、醉翁路、敬梓路、洪武大道等，寓意着经济的繁荣兴盛与滁州悠久的历史、深厚的文化紧密相连，也体现了现代意识与典雅文化的融合。

二、滁州城区地名的发展与变迁

（一）街巷地名的减少

地名和任何事物一样，有形成和消亡的过程。近20年来，特别是近5年，滁州市由于旧城改造、道路拓展，大量的小街、小巷、小里弄随之消失，众多地名也随之消失。虽然也拓建、新建了不少道路，但是新建道路跨度大，所以总体上街、巷、弄地名出现负增长。

（二）道路通名的变迁

滁州市规划区内道路通名从数量上而言，主要是“路”的增加，“巷”“街”的减少。20世纪80年代，“路”“街”的数量较少，近年来新建的道路基本上以“路”作为道路通名,"巷"用的很少。伴随着新建道路宽度与长度的增加,以"大道"作道路通名的现象日渐增多。

(三)聚落通名的变迁

滁州市旧时的居民住宅多分布在街、路、巷两侧,往往以街、路标识,而今新建的住宅楼多采用封闭式组团形式,形成大小不一、形态各异的聚落地。

滁州市地名发展演变的总体趋势是:地名用词典雅化,地名结构方式科学化。但是变化中也有继承的成分,如传统的通过词语意义关联表示地名系列特点的命名法,仍然是很好的现代地名取名方式。滁州市地名蕴涵了丰富的文化特征,体现出滁州市文化共存、兼容并包的特点。

三、滁州城区地名规划的数量

有资料显示,滁州市曾对城区的393条各类地理实体名称进行了全方位的地名规划,其中新命名地名42条,调整或更名地名39条,保留原地名312条。具体参见下表。

表3.2 滁州城区地名规划数量统计

序号	各类地名	地名规划条数	新命名条数	调整或更名条数	保留原地名条数
1	交通路网类地名	247	38	36	173
2	楼盘宅第类地名	73	0	0	73
3	广场绿地类地名	27	4	0	23
4	自然实体类地名	46	0	3	43
	合　计	393	42	39	312

四、滁州城区地名存在的问题

滁州市地名问题主要集中在道路、住宅区的名称命名上。

(一)道路临时用名"先入为主"

当前,迅猛的城市空间扩展速度带来了大量规划区块的地名命名工作。滁州市的地名工作尽管已开展了几十年,但地名命名都是在城市规划及建设工程正式竣工之后进行，处于被动地位，地名管理部门与城市规划部门的衔接不及时，使得地名命名严重滞后。由于临时用名是相关设计、规划人员临时拼凑而成，随意性大，缺乏科学性、系统性、序列性，文化底蕴不高，易带来异地重名、跟风趋同、过度无序等一系列问题，易对城市和市民产生较多不好的影响，并且以后纠正起来非常困难。

（二）住宅区名称追大求洋，通名缺失

住宅区名称不仅要与属性相符，还要名实相符。一些住宅区选用“御”“国际”“世界”等字眼来彰显地位、身份和财富，名称上过分追大求洋，只在表面显示了一定的居住档次。另外，通名缺失也是目前滁州市住宅区地名中存在的普遍问题之一，如“维也纳春天”“左岸香颂”“君安地中海”“凯迪塞纳河畔”“御天下”等，此类住宅区的名称创意独特，令人产生许多遐思，但是从地名命名规范化的角度而言，以上所列地名只可以作为销售名词，不能成为住宅区的标准名称。

（三）地名规划滞后，管理不严

城市化速度的加快、城市规划编制的频繁变动以及部门间的协调不够，导致地名规划与城市规划脱节现象日益突出。滁州市2004、2008、2012年分别做了城市总体规划，而地名规划近几十年只在2011年做过一次。

此外，滁州市地名管理还存在地名命名滞后，认识不到位，管理不严，未能严格执行相关地名管理法规和文件精神等问题。如部分住宅区从商业销售的方面考虑，先自行起个好听的名称对外宣传，签订销售合同，等到需要办理有关证件时再到行政管理部门报批，造成不规范地名既成事实，变更处理十分困难，更改之后给社会、居民都造成很多麻烦和问题。

五、滁州城区地名规划的基本思路

针对以上问题，滁州市地名主管部门应加快地名管理法制化建设步伐，采取行之有效的管理措施和行政手段，在此基础上，扎实推进滁州市城区地名的标准化、规范化工作。

(一)加强规划,提前介入

城市地名规划与管理工作同城市的市政、交通、通讯等事业的建设与管理一样,应成为城市规划体系中专项规划的重要组成部分,逐渐改掉工程暂用名"先入为主"、住宅区乱用地名的被动地位,防止地名产生新的混乱,有计划、有步骤地实现地名标准化管理,建立科学有序的地名结构体系,最大限度地发挥城市地名的社会效应,以防不当地名对经济发展和人们的日常生活产生不良影响。

(二)加强管理,依法行政

城市地名是涉及社会面极广的公共、公益事物,地名管理事务必须依靠多部门协调。地名管理工作是国家行政管理工作中一个不可分割的重要组成部分,在引导城市管理中有不可推卸的责任。因此,要深化地名法制管理,全面实现地名的标准化、社会化、现代化,充分发挥地名的行政服务职能,促进和谐社会的建设和稳定。在日常工作中,要加强管理、依法行政,做到有法必依、执法必严。对部分开发商擅自取名、不及时申报,命名过程中违反规范和原则的,要坚决予以查处和纠正。

(三)加强保护,保持稳定

地名文化的内涵包括两个层面:一是地名的词语文化,属语言文化范畴,是地名文化中的基本内涵;二是地名实体文化,属地域文化范畴,是地名文化的外延,二者构成了地名文化的全貌。地名作为一定区域内人们在社会生产和生活中的工具,作为一种约定俗成的特定产物,常常受到地域环境、民俗文化等特定因素的影响,在被广泛应用于各个领域的同时,具有很强的历史延续性。因此,在对地名进行改动或命名时不仅要考虑尊重历史,更要考虑在今后相当长时间内的稳定性。

总之,地名管理部门在地名规划、管理过程中,要进行深入细致的调查研究,广泛征询市民意见,要充分考虑布局规划、当地历史文化等特色,正确把握留用、再生(派生、移植)、自然消失的尺度,构建完整、有序、富有内涵的地名系统,使滁州市城区地名全面优化,提升整个城市的地名品位,使地名成为彰显社会进步、城市文明的重要组成部分。

第四章　滁州市工业化与城市化

研究工业化发展与城市化进程之间的互动关系是协调社会经济全面发展的重大课题之一。工业化一开始便与城市化紧密地联系在一起,同时城市规模的不断扩张、城市数量的急剧增加和城市化水平的提高也是工业化生产促进人口、资金、技术创新不断高度集中的结果。这正如“循环累积因果关系原则”的含义,工业和城市的发展都以前一发展阶段为基础,形成循环互动的过程,不断推动两者向前发展。通过许多学者的研究,两者之间存在极大的相关性。

据统计分析,发达国家在1820年到1950年间工业和城市关系的相关系数达0.997。所以,经济现代化必须以工业化和城市化为基础。发达国家和地区的成功经验证明,只有同步推进工业化和城市化,才能实现地区经济的现代化。城市化与工业化两者能否协调发展事关一个国家或地区经济增长速度的快慢和效率的高低。

第一节　工业化与城市化概述

滁州市作为安徽省连接长江三角洲的“桥头堡”,正在大力推进“大滁城”“新滁城”建设,实现赶超战略。能否协调城市化与工业化发展对滁州经济发展意义重大,是“大滁城”“新滁城”建设的关键所在。

一、工业化

（一）定义

工业化通常被定义为工业（特别是其中的制造业）或第二产业产值（或收入）在国民生产总值（或国民收入）中比重不断上升的过程，以及工业就业人数在总就业人数中比重不断上升的过程。

工业发展是工业化的显著特征之一，但工业化并不能狭隘地理解为工业发展。因为工业化是现代化的核心内容，是传统农业社会向现代工业社会转变的过程，在这一过程中，工业发展绝不是孤立的，而是与农业城市化和服务业发展相辅相成的。

（二）背景

工业化是指一个国家或地区的国民经济中，工业生产活动取得主导地位的发展过程。工业化最初只是一种自发的社会现象，始于18世纪60年代的英国。这种以大规模机器生产为特征的工业生产活动向原有的生产方式和狭小的地方市场提出挑战，老的生产方式已无法满足日益增长的市场容量的需求。同时，资本积累和科学技术的发展又为工业化的产生奠定了基础。工业化是一个相当长的发展过程。初期时，一些先行的工业化国家为实现人口自由流动和提供充足、廉价的劳动力，迫切要求打破原有的社会劳动组织系统。

20世纪以来，特别是第二次世界大战后，工业化成为世界各国经济发展的目标。工业生产的空间活动范围在工业化不同发展阶段具有较明显的趋向性。初期时，工业生产活动往往局限在一定的地域范围内（点状分布），随交通条件的改善而呈线状或带状向外扩散，最终达到一个国家或地区相对的均衡分布状态。

（三）中国工业化的特点

中国提出了新型工业化的概念。所谓新型工业化，就是坚持以信息化带动工业化，以工业化促进信息化，就是一条科技含量高、经济效益好、资源消耗低、环境污染少、人力资源优势得到充分发挥的工业化道路。与传统的工业化相比，新型工业化有三个突出的特点：第一，是以信息化带动的、能够实现跨越式发展的工业化。以科技进步和创新为动力，注重科技进步和劳动者素质的提高，在激烈的市场竞争中以质优价廉的商品争取更大的市场份额。第二，能够增强可持续发展能力的工业化。要强调生态建设和环境保护，强调处理好经济发展与人口、资源、环境之间的关系，降低资源消耗，减少环境污染，从而大大增强中国的可持续发展的能力和后劲。第三，能够充分发挥人力资源优势的工业化。

二、滁州市工业化进程

根据钱纳里等人的研究成果（表4.1），即根据人均国内生产总值水平，将不发达经济到成熟的发达经济整个变化过程分为3个阶段6个时期。在人均GDP超过500美元后，工业化进程开始启动；在人均GDP超过1 000美元后，工业化进程开始加快。滁州市2007年人均GDP达1 470美元，正处在工业化进程第四阶段的工业化进程加速期。此时城市化水平必须得到一定的发展，才能满足工业化加速发展的需要。

表4.1 赛尔奎因—钱纳里模式下GDP、劳动力的三次产业构成

时期	1980年人均GDP(美元)	GDP产业构成(%)			劳动力产业构成(%)		
		第一产业	第二产业	第三产业	第一产业	第二产业	第三产业
1	<300	48	21	31	81	7	12
2	300	39.4	28.2	32.4	74.9	8.2	16.9
3	500	31.7	33.4	34.9	65.1	13.2	21.7
4	1 000	22.8	39.4	37.8	51.7	19.2	29.1
5	2 000	15.4	43.4	41.2	38.1	25.6	36.3
6	4 000	9.7	45.6	44.7	24.2	32.6	43.2

从滁州市的产业结构来看（表4.2），到2010年滁州市的第三产业占GDP比重未超过第二产业。根据表4.1可判断，滁州市工业化发展也已经到了第四阶段，即工业化进程加速期。此阶段正是城市化快速发展时期。此阶段的人口和经济活动迅速向城镇集聚，城市化迅速加快，城市经济全面崛起，第一产业就业比重持续下降，第二、三产业就业比重相继上升，双方地位交替互换。工业化是城市化的重要动力，第三产业对城市化的推动作用显著增大。

表4.2　滁州市三次产业的构成

年份	第一产业占GDP比重(%)	第二产业占GDP比重(%)	第三产业占GDP比重(%)
1985	59.29	23.60	17.11
1990	48.26	32.93	18.81
1995	33.49	43.56	22.95
2000	27.90	40.47	31.63
2005	27.47	37.70	34.56
2010	25.90	40.20	33.90
2014	18.43	53.59	28.08

注:根据1985—2014年《滁州市统计年鉴》整理。

三、滁州市城市化水平

用非农业人口占总人口的比重指标测算滁州市城市化水平,见表4.3。据表可得出滁州市城市化水平较低,发展缓慢。近几年随着出生人数的增加,城市化率反而有所降低,城市化还没有进入高速城市化发展时期。

表4.3　滁州市部分年份城市化水平

年份	总人口(万人)	城市人口(万人)	城市化水平(%)
1985	347.59	47.27	13.60
1990	378.23	56.36	14.90
1995	403.22	83.06	20.60
1998	415.37	91.78	22.10
1999	419.03	93.99	22.29
2000	424.90	93.48	22.24
2001	428.30	96.28	22.48
2002	430.60	87.80	22.71
2004	433.52	91.87	21.19
2005	435.62	93.64	21.50
2007	443.96	96.11	21.65
2010	450.80	99.61	22.10
2014	449.60	97.20	21.62

注:根据1985—2014年《滁州市统计年鉴》整理。

第二节　工业化与城市化进程

一、工业化与城市化相关性

根据统计资料，本节用年末非农业人口占总人口的比重表示城市化水平，用第二产业占GDP比重表示工业化发展水平，通过SPSS软件分析1978—2007年二者的相关性（表4.4）表明，二者的相关系数为0.930，呈现出同方向的一致性发展。滁州城市化水平与工业化水平是紧密相连的，具有明显的高正相关关系。

表4.4　滁州市工业化与城市化的相关性

相关检验		VAR0001	VAR0002
VAR0001	Pearson Correlation	1.000	.930
	sig.(2-tailed)	.	.000
	N	9	9
VAR0002	Pearson Correlation	.930	1.000
	sig.(2-tailed)	.000	.
	N	9	9

注：相关系数在0.01水平上显著（双侧）。

二、工业化与城市化进程比较

通过对滁州市改革开放以来城市化与工业化的发展速度进行拟合发现，1978—1985年，滁州市工业化与城市化的发展大体保持一定比例的同步增长，城市化水平由8.5%提高到13.6%，工业化水平由22.31%提高到23.6%，城市化与工业化的比值由0.38提高到0.59，但其比值依然较低。虽然城市化发展快于工业化发展，但城市化仍落后于工业化，处于城市化发展的第一阶段。1985—2014年，工业化水平由23.6%提高到53.49%，提高了29.89%；城市化水平从13.6%提高到21.62%，仅提高8.26%。工业化发展速度明显快于城市化发展。

这一现象表明，城市化与工业化发展水平极不协调，属于滞后型城市化发展模式。城市化滞后阻碍着农业劳动力向非农产业的进一步转移,固化了农民的生产和生活方式,限制了农村市场的扩大,不利于农业剩余劳动力向城市的转移。滞后的城市化不适应工业化的快速发展,不能给予工业化发展足够的支持,对工业化发展的拉力不足。

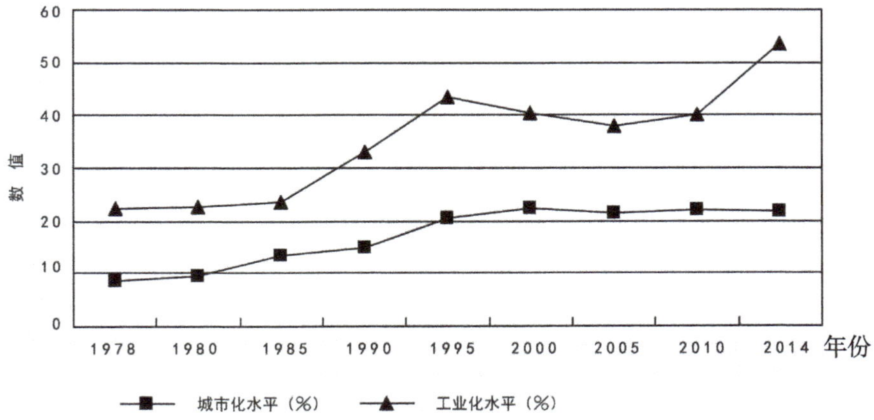

图4.1　滁州市工业化与城市化增长速度

第三节　工业化与城市化协调发展

滁州市在城市化发展过程中,受到工业化的影响较大,二者在协调发展过程中也存在一些问题。

一、发展问题

(一)城乡"二元"制度的惯性效应

改革是一个循序渐进的过程,从计划经济体制向市场经济体制的转变决非在短期内能完成的。改革开放后,阻碍城市化发展的一些制度逐渐放松和取消,如粮食供给制度已完全取消,住房制度也由福利性分房向商品房转变,户籍管理制度已逐渐放松。然而,30多年的城乡隔离所造成的影响并不能由于某一天这种政策的取消而立即消失，政策的惯性效应依然是改革开放后制约城市化发展、造成城市化滞后的根源。此外，产业结构和经济发展水平不相适应也是阻碍城市化发展的又一因素。2014年滁州市的三次产业结构比为18.43∶53.59∶28.08，其产业结构仍处在“二、三、一”的中级层次。但工业化水平还处在工业化中级阶段，存在产业结构与经济发展阶段不相适应的问题，这影响到了城市化水平的提高。滁州市工业化不够成熟，对社会总产值的贡献还远远没有发挥出来，仍有吸纳大量劳动力的能力，所以大力发展工业对城市化水平的提高仍有重要意义。同时，工业化不发达，不能很好地推动第三产业的发展，也不能促使第三产业吸收更多的劳动力，非农业劳动力人口不能迅速增加。由于第三产业发展滞后，城市发育不良，功能不全，对农村剩余劳动力的吸纳能力不强，势必影响城市化水平的大力提升。

（二）产业结构的高工业化和就业结构的低工业化

依据赛尔奎因—钱纳里模式，GDP、劳动力的三次产业构成为：当第一产业占GDP比重在10%以下时，第二、三产业就业比重达到75.8%，第一产业就业仅占24.2%。2000年滁州市第一产业占GDP比重已在30%以下，但第一产业就业仍占总就业的50%以上。这表明滁州市的非农产业转移农业劳动力的能力低，影响了滁州市的城市化进程，高工业化水平和低城市化问题严重。

滁州市工业化进程已经处在中级阶段，而城市化发展只处在中级阶段的中期，城市化滞后于工业化。低城市化水平对工业发展的拉力不足，高工业化水平对城市化发展的推动力主要是第三产业，然而处在中级阶段的城市化发展的主要推动力是工业化。总之，滁州市的城市化滞后于工业化，造成工业品市场需求不能随着工业生产的迅猛发展而同步扩大，最终制约了工业化的进程。因此，工业化与城市化必须同步推进，在相互促进中实现协调发展。当前，尤其要加快滁州市的城市化步伐，为工业化发展创造良好的外部环境。

二、发展思路

(一)要继续加大对工业的投资力度,积极推进工业化进程

通过分析可知,滁州市的工业化进程仍处在工业化中级阶段和工业化的高速发展阶段,不应因某些指标高而片面地认为不宜再重点发展工业。

滁州市的工业化程度并没有发挥出它带动城市化水平的作用,尤其是在吸纳劳动力方面。故应加大对工业的投资力度,加强国民生产总值的稳定性。工业化进程的高速发展势必会增加人均收入,进而带动第三产业的发展,这样会对城市化发展起到拉动效应。

(二)要提高非农产业就业比重

当工业化演进到较高阶段之后,工业化对城市化进程的主导作用逐步由工业转变为整个非农产业,其就业结构的变化对城市化起着更大的拉动作用。滁州市的三次产业结构已经处在较高层次,2010年非农产业产值占74.1%,而非农产业就业仅占47.36%,非农产业就业比重偏低,故积极提升滁州市的非农产业就业比重。它与滁州市的城市化水平相关性极高,能使就业结构发挥提升城市化水平的作用。

(三)要加快产业升级,优化第三产业

赛尔奎因—钱纳里模式所揭示的一般趋势表明,在人均GDP超过500美元之后,非农产业就业比重的上升明显快于生产比重的上升,这主要不是工业而是服务业的就业增长带动的。经过分析,第三产业产值与城市化水平并无太大的相关性。究其原因,主要是其产业级别不高、服务水平低,其链条产业不完善,吸纳劳动力有限,没有发挥出“蓄水池”的作用。如果完善了第三产业,使其直接作用于城市化发展进程,那么它对城市化的拉动作用会比其他产业强。

(四) 要加快信息化的发展,让其加速城市化的发展

信息化是城市化发展的加速器,将使大城市在信息交流、信息产业发展上的

作用越来越重要。它增加了城市经济的聚集度,从而促进城市化的发展,成为城市化发展的加速器。信息化还可以带动第三产业的发展,而第三产业大多是劳动密集型和知识技术密集型产业,能吸纳较多的劳动者就业。同时,信息化的发展又促进了城市化软硬件设施的完善和人民生活水平的提高,使城市化出现质的飞跃。

第五章 滁州市承接产业转移

改革开放30多年来，我国东部沿海地区与中西部地区的经济格局正在发生重要变化。东部沿海地区受国外市场需求变化和周边国家竞争加剧的影响，传统产业的发展优势逐步减弱，进一步加快发展面临着资源与环境约束矛盾、生产要素供给趋紧、产业升级压力增大等诸多问题，迫切需要通过产业转移来加快经济转型和结构升级。广大中西部地区资源丰富、要素成本低、市场潜力大，具有承接产业转移的优越条件。

第一节 皖江城市带承接产业转移示范区

国务院2010年初正式批复《皖江城市带承接产业转移示范区规划》。作为首个获批复的国家级承接产业转移示范区，皖江城市带承接产业转移示范区是国家实施区域协调发展战略的又一重大举措，对于探索中西部地区承接产业转移的新途径和新模式、深入实施促进中部地区崛起战略具有重要作用。

作为我国承接产业转移的"先行先试区"，皖江城市带产业转移示范区必将依托自身优势和政策扶持，成为承接我国新一轮产业转移的重点区域。其紧邻我国最具活力的长三角地区，主要城市都在长三角经济区的辐射半径内，因此，皖江城市带又被称为承接长三角产业转移的"桥头堡"。

一、范围

皖江城市带是实施促进中部地区崛起战略的重点开发区域，是泛长三角区域的重要组成部分，是长江三角地区产业向中西部地区转移和辐射最接近的地区。设立皖江城市带承接产业转移示范区(以下简称“示范区”)，有利于深入实施促进中部地区崛起战略，探索中西部地区承接产业转移的新途径和新模式，促进产业结构升级，优化区域产业分工，推动区域协调发展。

皖江城市带承接产业转移示范区为国家级示范区，规划范围为安徽省长江流域，成员包括合肥市、芜湖市、马鞍山市、铜陵市、安庆市、池州市、滁州市、宣城市和六安市(金安区、舒城县)共9市59个县，辐射安徽全省，对接长三角地区。

二、发展背景

国家设立皖江城市带承接产业转移示范区，主要基于以下背景：

第一，我国区域经济格局正在发生重大变化，有序推进产业转移势在必行。具体地说，一方面，珠三角、长三角和环渤海等沿海地区要素成本持续上升，传统产业的发展优势在减弱，外延型发展方式难以为继，加之受国际金融环境的影响，加快经济转型和结构调整刻不容缓；另一方面，广大中西部地区基础设施逐步完善，要素成本优势明显，产业发展空间相对较大。在此背景下，加快东部沿海地区产业向中西部地区转移，形成更加合理、有效的区域产业分工格局，已成为国家促进区域协调发展的政策取向和重要任务。

第二，设立皖江城市带承接产业转移示范区是落实胡锦涛总书记指示精神而采取的具体行动。2008年初，胡锦涛总书记来皖视察时指示，安徽“要充分发挥区位优势、自然资源优势、劳动力资源优势，积极参与泛长三角区域发展分工，主动承接沿海地区产业转移，不断加强同兄弟省份的横向经济联合和协作”。胡总书记站在区域协调发展的战略高度，提出了安徽要积极参与泛长三角区域分工合作的重大课题。为贯彻落实总书记的指示精神，安徽省委、省政府高度重视，在2008年全国“两会”期间积极谋划。2008年7月上旬，邀请国家发改委前来调研。调研组在认真调研和充分论证的基础上，提出在安徽设立承接产业转移示范区的构想。2008年10月，安徽省政府向国务院上报了关于设立皖江城市带承接产业转移示范区，积极推进泛长三角区域合作的请示。2008年11月初，国务院领导在《关于设立皖江城市带承接产业转移示范区问题的报告》上作了批示，要求国家发改委研究并给予支持。2009年1月，国务院领导同意了国家发改委关于设立皖江城市带承接产业转移示范区有关问题的请示。

第三,将承接产业转移示范区设在皖江城市带,是因为这一区域综合优势明显,承接产业转移工作走在中西部地区的前列。皖江城市带是《中共中央国务院关于促进中部地区崛起的若干意见》中确定的重点发展区域,是国务院批复的《促进中部地区崛起规划》中明确提出建设的六大城市群增长极之一。这一地区区位优势明显,是长三角向中西部产业转移和辐射的最佳区域,具有产业基础好、要素成本低、配套能力强等综合优势。特别是20世纪90年代以来,安徽省委、省政府大力推进皖江开发开放、组织实施东向发展战略,在开展招商引资、加强与长三角体制机制对接、创新与长三角区域合作机制、提高土地集约利用水平等方面做了大量富有成效的工作,积累了宝贵经验,产业承接规模不断扩大,成效日益显现,具备探索科学承接产业转移之路、为中西部地区提供示范的客观条件。

三、影响意义

设立皖江城市带承接产业转移示范区的影响意义主要有以下几个方面:

第一,设立示范区,是顺应国内外产业转移新趋势,建立承接产业转移新模式的客观需要。改革开放以来,特别是进入21世纪以来,中西部地区承接产业规模明显扩大,招商引资工作取得重大进展,促进了地方经济的发展。但总的来看,产业承接的质量还不高,地方比较优势没有得到充分发挥,重复建设、恶性竞争不时出现,可持续发展受到影响,迫切需要从国家层面选择重点区域,加强引导,探索科学承接产业转移的新模式,促进承接产业转移有序开展,为其他区域提供示范。这个历史性的任务,光荣地落到了安徽省身上。因此,站在国家的战略意图层面,在建设示范区的过程中,要充分发挥政府的推动作用,加强政策和规划引导,严格执行产业准入标准,坚决转变传统的产业承接方式,积极优化要素资源配置,提高资源节约集约利用水平,发展循环经济、低碳经济。

第二,内外产业转移,实现量的扩张,从根本上讲,是深入实施中部地区崛起战略、推动区域协调发展的重大举措。通过科学承接产业转移,引导生产要素合理流动与优化配置,可以充分发挥中部地区比较优势,集聚发展要素,壮大产业规模,加快发展步伐,同时为东部地区腾出更大的发展空间,推动产业结构升级,提升发展质量和竞争力,更好地辐射和带动中西部地区发展,促进资源要素优化配置和区域经济布局调整,形成东中西良性互动、优势互补、相互促进、协同发展的新格局。

第三，设立示范区，是更好地发挥皖江城市带综合优势，推动安徽省又好又快发展的现实要求。皖江城市带基础较好、条件优越，通过大规模承接产业转移，积极参与泛长三角区域发展分工，有利于安徽省加快构建现代产业体系，转变发展方式，推进经济转型，加速新型工业化和城镇化进程，实现跨越式发展。

第四，设立示范区，是应对复杂多变的国际经济形势，保持全国经济平稳较快发展的重大举措。为应对国际金融危机，国家采取了一系列的政策措施，确保"保增长、保民生、保稳定"的调控目标得以实现。设立皖江城市带承接产业转移示范区，通过有序承接国内外产业转移，可以进一步优化产业布局，稳定扩大就业，激发内需潜能，拓展区域发展空间，增强经济发展动力和后劲，夯实全国可持续发展基础。

第二节　承接产业转移的基础

产业转移是指在市场经济条件下，发达地区的部分企业顺应区域比较优势的变化，通过跨区域直接投资，把部分产业的生产转移到发展中地区的一种经济现象。产业转移作为生产力空间转移的一种方式，既是发达地区加快自身经济发展的需要，也是欠发达地区实现跨越式发展的强大外力。

20世纪80年代，我国东部沿海地区凭借其优越的地理位置、特殊的对外开放政策在吸引外资方面走在了全国的前列，从发达国家或地区转移来的产业大大促进了我国东部沿海地区经济的发展。随着经济的发展，用电、用水、用地、用工等生产成本开始上升，同时其产业结构也面临调整、升级，于是产业处于我国高梯度地位的东部沿海地区需要向低梯度地区转移其不再具有比较优势的产业。当前，面对第四次国际产业转移的浪潮和沿海产业的"退沿进中"的形式，安徽省适时提出并获批"皖江城市带承接产业转移示范区"，为滁州的经济腾飞带来了机遇。

一、滁州市承接产业转移的条件

近年来，中西部地区积极开展承接产业转移工作，一些地方还制订了承接产业转移的指导性意见，出台了具体的政策措施。但总的看来，由于缺乏宏观指导和政策扶持，承接产业转移的模式还有待创新、发展环境有待优化、互利共赢机制有待完善、要素支撑条件有待强化，迫切需要从国家层面选择重点区域，加强规划引导，促进产业转移与承接工作的有序开展。

2010年1月12日，国务院正式批复《皖江城市带承接产业转移示范区规划》，此规划是安徽省第一个进入国家战略层面的规划，规划明确把滁州市定位为示范区"一轴两核双翼"产业格局中重要的"一翼"。滁州在新一轮大发展时期，应抢抓机遇，超前行动，深化产业转移对接，从而推动滁州经济社会又好又快发展。

（一）地理、交通位置优势

滁州位于安徽东部，长江、淮河之间，也称为皖东，与六朝古都南京市隔江相望，是安徽东向发展的"桥头堡"、"南京一小时都市圈"的核心城市、"合肥经济圈"的重要城市，下辖全椒、来安、凤阳、定远4县，明光、天长2市和南谯、琅琊2区，土地面积1.33万平方千米，人口449.6万人。

滁州位居长三角产业辐射的主轴线上，沿江通海，承东启西。京沪、沪汉蓉、淮南、京沪高速等铁路和合宁、南洛、宁淮、合徐、马滁扬高速公路穿境而过，中心城区到南京禄口机场、合肥骆岗机场仅需一小时车程；现经京沪高速铁路，滁州到北京和上海分别只需3.5小时和1.5小时。内河航道直通长江、淮河，滁州港距南京新生圩外贸码头仅50千米。由于历史原因、交通区位优势，滁州主动融入"南京都市圈"，表现在生产、生活的诸多方面，如滁州人定南京报、看南京台、就南京医、招南京商、引南京资。

（二）资源优势

滁州农副产品、土地、劳动力、非金属矿产等资源较为丰富，土地价格低，是全国20个商品粮基地之一，耕地面积100余万亩，粮食产量占安徽省的七分之一，商品粮产量居安徽省第一。滁州每年向南京提供需求总量四分之一的粮食、三分之一的蔬菜,是南京名副其实的“粮袋子”和“菜篮子”。滁州人均土地资源在安徽省排名第一,人均占有土地量居省内前列。矿产资源十分丰富,已探明储量的矿产有25种,盐岩、凹凸棒、石英砂等储量大、品位高。

(三)人力资源优势

截至2014年年底,滁州市全市户籍人口449.6万人,有6万多名各类专业技术人才和80多万名较高素质的技术工人。全市拥有30多所中等职业学校和4所地方高等院校,职业教育在校生规模6万人,每年都有大批掌握各类专业知识的毕业生走向社会,劳动力资源充足且用工成本较低,见图5.1。南京城市居民人均收入和农村民人均收入均是滁州的近2倍。

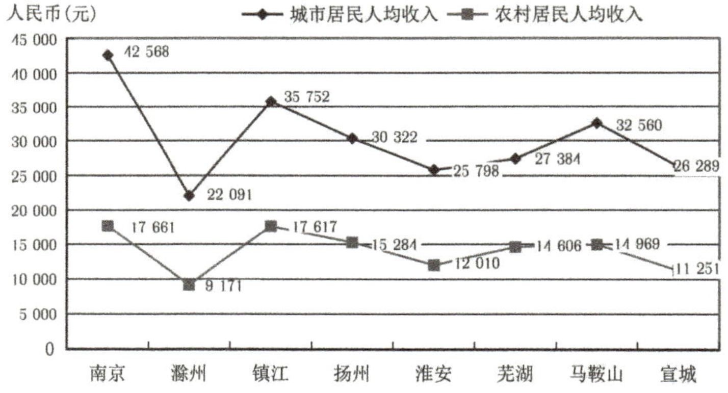

图5.1 2014年南京都市圈各市人均收入比较

(四)政策优势

皖江城市带承接产业转移示范区作为首个获批复的国家级承接产业转移示范区,是国家实施区域协调发展战略的又一重大举措。滁州作为皖江城市带承接产业转移示范区重要的“一翼”和“前沿”,承接产业大转移优势独特,是东部产业转移的第一站。安徽省委、省政府希望借助这个项目,提升对外开放和产业承接的水平,以及工业化、城镇化加速融合推进的进程和水平,并给予了诸多优惠政策。滁州市委、市政府更是高度重视,迅速部署,加快承接载体和平台建设,着力先试先行,坚持创新发展,打好金字招牌,奋力承接转移,全力承担示范区建设“重要一翼”的历史重任,努力打造皖江城市带承接产业转移“第一站”和“首选地”。

（五）滁宁合作的新机遇

当今以城市群、经济圈为标志的区域经济竞争，已成为新一轮中国经济发展的主流。滁州市作出的融入南京都市圈、接轨长三角的决策部署，正是顺应区域竞争发展的大趋势，推动滁州加快发展的大战略。特别是近年来，南京市明确提出了“拥江发展”的战略决策和发展思路，并提出要在基础设施、产业转移、商贸流通、信息交流和旅游资源五个方面进一步加大与滁州的合作和推进力度，以实现优势互补，共同发展。南京实施拥江发展，扩展战略腹地，为滁州市接轨南京、融入南京都市圈、借力加快发展提供了新的重大机遇。

二、滁州市承接产业转移的现状

滁州作为“南京一小时都市圈”的核心城市，深入推进和南京都市圈产业、交通、文化、市场等方面全方位的交流与合作，同城化是其最终发展目标。滁州要在皖江崛起中充分发挥区位、资源和环境优势，全力推进以承接产业转移的新型工业园、紧靠南京的城市新家园、吸引东部的魅力后花园为内涵的“三园”建设，走出一条立体承接、组团转移、示范首站的新路径。

滁州与南京加强共同开发、委托开发和飞地开发，推进园区共建、产业合作，加速推进南京都市圈产业一体化进程。通过扩、提、建并举，在滁州市开发区、来安工业园、汊河工业园三个省级园区之间建设一个200平方千米以上的现代产业集中区，使这一广大区域连成一片，成为一个靠近南京市的大规模先进制造业承接基地。随着南京从跨江发展到拥江发展的进一步推进，宁滁产业结合的步伐必将进一步加快。

（一）创新“园中园”模式，开展园区合作共建

以园中园、共建园等为载体，滁州市打造承接产业转移的众多平台，开展园区合作共建，吸引产业集群式转移。滁州经济技术开发区与南京高新技术开发区共同出资成立公司，在滁州建设了宁滁合作产业园。该园集研发、制造、孵化于一体，双方发挥各自优势，风险共担，利益共享，是苏皖两省、南京与滁州两市探讨接轨合作模式的首发示范“飞地园”，涵盖了新能源、汽车零部件、农产品深加工、家电等多个领域，对于滁州延伸主导产业链、培育壮大高科技产业将起到

示范和推动作用。

(二)利用地缘优势,承接第三产业转移

滁州、南京两市文化相近,地缘相邻,人缘相亲。滁州市利用地缘优势,积极承接南京产业转移,加快融入南京的产业链,第三产业转移正蓬勃兴旺。据不完全统计,截至目前,南京在滁州各类投资项目达500余个,总投资规模超400亿元,其中苏果超市、苏宁电器、五星电器等有影响力的商贸企业在滁州市城区及各县市设立门店30余家。

南京"1912"集团开创了中国"文化商业街区"的运营先河,"1912"现已成功演变为一个全国闻名的品牌街区、城市名片的代名词。2012年10月,投资近10亿的南京"1912"落户滁州,其目标是发展成为一个城市中央时尚休闲区(CFD):主题街区+时尚购物+国际院线+精品超市+连锁酒店等一体全天候的业态组合产品,其文化建设将融景观文脉化、环境生态化、设施人文化、功能休闲化和管理现代化于一体,带动滁州城市服务业转型升级。

(三)利用区位优势,争创东向发展的"桥头堡"

南京、滁州两市相邻,滁州市来安县汊河离南京市区最近,直线距离只有13千米。汊河是安徽东向发展的"桥头堡",是滁州承接产业转移的最前沿。汊河经济开发区始建于2005年9月,2009年1月被批准为省级经济开发区。汊河经济开发区采取围绕南京招商、围绕产业招商、围绕大集团大公司招商等"三围绕"的招商办法,建园过程中又特别注重培育自己园区的特色,把园区产业发展科学地定位为主要发展商贸物流和车辆配件。目前,总投资13亿元、占地2 000亩的金太阳装饰城建成,投入运营的展示区、仓储区、加工区面积合计59万平方米,装饰城还被国家建材协会授予"华东建材物流基地"称号。自2010年承接产业转移规划实施以来,汊河成为吸引南京企业转移的强磁场,在汊河开发区的宁北车辆配件产业园内122家企业中有96家来自南京,位于南京浦口的20多家汽车配套企业集体转移至汊河。

(四)利用房价、政策优势,打造南京"卧城"

随着南京一小时都市圈的交通便捷度不断提高,都市圈内的楼盘也因为低价格、不限购、升值潜力大受到南京购房者的追捧。滁州的商品住房价格一般在3 000~4 500元/平方米,而南京江北的房价都已经在10 000元/平方米以上,江南城里的房价有的已经达到30 000元/平方米以上。

围绕生态、低碳的城市特色,滁州市率先提出了打造南京"卧城"的概念,即吸引南京消费群来滁州投资置业,白天到南京上班,晚上回滁州居住。特别是离南京最近、地理位置更有优势的乌衣、汊河新城,成为主要的宜居与置业区域。

第三节 承接产业转移对滁州市的影响

一、承接产业转移的影响

(一)对社会发展软硬条件的影响

社会经济发展过程中的条件主要有硬件和软件两种形式。前者主要包括自然条件、资源状况、人口数量、资本、生产设备等各种有形要素。后者主要包括信息、劳动力素质、管理、教育、技术等无形要素。产业转移是由经济梯度较高的发达区域向梯度较低的欠发达区域转移,这种转移具有梯度性。从国际、国内的角度看,产业转移是综合性的转移,滁州市积极承接南京都市圈产业的转移,不仅带来了经济发展需要的大量资金、设备,而且还能够获得滁州经济发展所需的信息、高素质人才、先进的管理和技术。对于承接南京都市圈产业转移的产业来说,承接产业转移会带来技术溢出效应,进而提高滁州产业技术水平、创新能力和操作能力。因此,滁州能够在产业转移中迅速积累起相对缺乏的软硬实力,为经济腾飞创造条件。

（二）对全市产业结构和就业的影响

在承接南京都市圈产业转移的进程中，滁州可以通过产业转移调整产业结构实现产业结构优化的目标，南京都市圈可以通过产业转移加快产业结构升级和加速融入区域分工。

南京都市圈先进产业的移入，对于滁州意味着采用先进的生产技术实现产业成长与结构转换，有利于新的工业部门的产生与发展，有利于传统工业部门的改造和产品更新换代，对原有的相对处于较低层次的产业产生“升级转型”带动作用，能够优化滁州经济的产业结构。而南京都市圈转移到滁州的产业以劳动力密集型产业为主，因此，在承接南京都市圈产业转移的过程中，这些劳动密集型产业将为滁州创造更多的就业岗位，大大缓解了滁州劳动者的就业压力。此外，产业的转移和增加也能提高滁州企业对高级技术人才和管理人才的吸引力，见表5.1。

表5.1　2007—2014年滁州市生产产值与就业人数比较

年份	产值（亿元）				就业人数（万人）			
	第一产业	第二产业	第三产业	生产总值	第一产业	第二产业	第三产业	总人数
2007	114.95	178.57	150.41	443.93	126.7	57.5	56.5	240.7
2008	123.33	222.94	173.84	520.11	126.6	64.0	54.6	245.2
2009	134.51	262.08	179.59	576.18	123.7	67.3	61.7	252.7
2010	148.42	342.01	205.22	695.65	123.2	73.5	68.8	265.5
2011	173.3	439.2	237.6	850.5	107.5	87.6	75.3	270.4
2014	218.4	633.7	332.7	1 184.8	102.5	99.0	81.2	282.7

注：根据滁州市统计局和中国统计信息网资料整理。

（三）对滁州市城市空间分布的影响

滁州市的经济发展和城市空间分布受南京都市圈的辐射影响。滁州应该紧抓南京市提出的“跨江发展”战略机遇，和南京“相向发展”，力争用5至10年时间实现滁宁“同城化”。在“大滁城”战略中以滁城主城区为中心，以来安、全椒和乌衣为三个副中心，以琅琊山风景区为依托形成的扇面结构将直接围绕着南京市。始于2008年的“大滁城”和2012年的“新滁城”建设，使滁州的城市化进程进入了加速期，以新区建设带动老城改造，在“东向发展”中谋求与南京市的“同城化”。滁州城市建设用地及城市地域空间发展在南京都市圈的辐射影响下也开始向南、向东发展。

二、承接产业转移的意义

滁州市承接产业转移示范区具有环境承载力较高、要素成本较低、产业基础和配套能力较强等综合优势，是长三角向中西部地区产业转移和辐射的最接近区域。建设皖江城市带承接产业转移示范区，对于推动产业结构优化升级，促进中部地区崛起，推动区域协调发展，提升我国整体实力和国际竞争力具有划时代的意义。

第一，有利于探索承接产业转移新模式。随着东部沿海地区产业向中西部地区转移速度不断加快，中西部地区在承接产业转移加快发展的同时，也面临着保护生态环境、促进资源节约集约利用、推动劳动力转移等现实压力，如何通过承接产业转移推动科学发展，成为中西部地区亟待破解的难题。设立示范区，是顺应国内外产业转移的新趋势，探索建立承接产业转移新模式的客观需要。通过加强政策支持和规划引导，深化体制机制改革，充分发挥市场导向和政府推动的双重作用，探索产业合理布局、要素优化配置、资源节约集约利用的有效途径，能够在推动结构调整和产业升级、引导农村劳动力有序转移、促进资源节约集约利用、推动节能减排等方面探索新思路，为中西部地区承接产业转移提供试验示范，发挥辐射和引领带动作用。

第二，有利于推动区域协调发展。地区差距问题是我国经济社会发展面临的重大问题之一，也是实施区域发展战略和区域政策要解决的核心问题。国家始终坚持把缩小区域间在经济发展水平等方面的差距作为制定出台区域规划和政策性文件的重要立足点和出发点。解决区域发展不平衡问题，关键还在于加快发展。设立示范区，实施重点地区率先发展战略，是加快中部地区崛起、推动区域协调发展的重要途径。通过推进产业有序转移，引导生产要素的合理流动与优化配置，可以充分发挥这一区域的比较优势，集聚发展要素，壮大产业规模，不断增强自我发展能力，加快发展步伐。

第三，有利于推动安徽经济又好又快发展。安徽一直在探索和寻找皖江开发开放的路径。早在20世纪90年代，安徽省委、省政府就作出抓住机遇、开发皖江的重大决策，提出实施“外向带动、整体推进、重点突破、形成支柱”的总体战略。进入21世纪，安徽省委、省政府进一步明确了东向发展战略，皖江地区进入快速发展时期。在21世纪第二个10年开启之际，设立示范区，标志着国家关于皖江开发开放的战略决策与安徽的长期追求实现了历史性契合，是更好地发挥皖江城市带综合优势、推动安徽经济又好又快发展的现实要求，是安徽千载难逢的历史机遇。大规模主动承接产业转移，积极参与泛长三角区域发展分工，有利于安徽省在新一轮增长中抢占先机，加快构建现代产业体系，转变发展方式，推进经济转型，加速新型工业化和城镇化进程，实现跨越式发展。

第四，有利于保持全国经济平稳较快发展。当前国际经济环境仍然复杂严峻，国内经济发展正处于企稳回升的关键时期，进一步增强区域发展的协调性，加快健全促使区域协调发展的长效机制面临着新挑战，加快调整区域产业分工、改善区域产业布局、优化区域产业结构和形成区域良性互动格局的紧迫性日益增强。设立示范区，是应对复杂多变的国际经济形势，保持全国经济平稳较快发展的重大举措。通过有序承接国内外产业转移，可以进一步优化产业布局，加强区域合作的深度和广度，促进产业区域合理分工，推动区域间良性互动，稳定扩大就业，激发内需潜能，拓展发展空间，增强经济发展的动力和后劲，夯实全国可持续发展的基础。

三、承接产业转移的步骤

（一）加大招商引资力度，创造优质服务环境

滁州市要进一步加大招商引资力度，加强承接产业转移的软环境建设，提高相关办事人员的责任意识、服务意识，努力营造优质高效的服务环境、严明公正的法制环境、公平有序的市场环境、安全稳定的社会环境、健康文明的人文环境，增强对海内外投资者的吸引力。善于学习借鉴先进地区好的经验，大胆引用外地成功的做法，从有利于招商引资、有利于发展的角度出发，以企业为主体，把涉及企业发展、投资条件、投资者的经济和政治待遇等有关政策放到相对宽松的程度，用政府的职能转变、服务水平的提升优化承接产业转移服务环境，以达到企业和纳税人最满意的程度，实现产业转移的持续化和永续化。

(二)提升产业层次,提高对接产业的科技含量

滁州市要合理确定产业承接发展重点,避免产业雷同和低水平重复建设。承接重点应该是科技含量高、附加值高、污染低,同时符合节能减排等要求的相关项目。但是目前承接下来的产业转移项目中传统的劳动密集型产业的比重较高,高科技含量的企业不多。要把承接产业转移和推动产业结构优化升级有机结合起来,明确重点,有序承接。要承接能与当地企业有机结合,并能带动当地企业升级换代的相关产业和企业。对于科技水平高的产业项目,应该出台特殊政策,加大力度,人、财、物、力齐动员,确保成功引进,以提高产业转移的水平和质量。

(三)充分利用优势条件,加快宁滁同城化建设

自从"南京都市圈"概念提出以来,南京、滁州两市已经签署了诸多合作协议,也进行了较好的合作交流。滁州市应该充分利用地缘、人缘、交通区位的优势条件,加快宁滁同城化建设速度,积极采取有效措施,进一步融入都市圈。通过加强民间合作和与政府的密切关系,实现与南京都市圈经济对接、市场共享以及资源、技术、资本、人才等生产要素的对流,为实现南京、滁州产业转移的良性互动开启新局面。

滁州人文底蕴深厚,生态环境优良,区位优势明显,随着都市圈中心城市——南京拥江发展、扩展战略腹地战略的进一步实施,以及皖江城市带承接产业转移示范区的逐步成熟,为滁州市接轨南京都市圈、承接南京产业转移、借力加快发展提供了新的重大机遇。滁州应抓住机遇,深化宁滁合作,积极承接南京产业转移,打破体制机制约束,突破行政区划界线和利益分配格局,更加自觉、主动、全面地融入南京都市圈,实现滁州跨越式发展。

第六章　滁州市城市旅游竞争力

随着经济的繁荣发展，我国城市化的进程不断加快，城市已经成为经济、生活和旅游的重要依托，城市旅游的地位也愈发重要，培育和提高城市旅游竞争力已经成为共识。

第一节　基本概念

当今时代，旅游业已经成为国民经济发展的重要支柱之一，作为“朝阳产业”的旅游业在国家发展战略中的地位也越来越重要。而城市旅游作为旅游业的重要组成部分，也日益受到人们的广泛重视。随着经济全球化、区域化进程的不断加快，旅游业发展迅速，城市旅游的作用更加突出。城市旅游竞争力的研究已经成为当代热门的研究课题。

一、城市旅游

城市旅游这一现象出现较早，早在1964年斯坦菲尔德（Stansfield）在其著作《美国旅游研究中的城乡不平等》中阐述了旅游业中一个不可忽视的部分就是城市旅游 。直到20世纪80年代城市旅游这一研究领域才真正出现。80年代后期，沃波（K.Wober）等学者针对欧洲39个首都城市展开研究，从游客淡旺季变化、旅游环境承载力、游客需求和游客增长率等指标着手，构建了城市旅游竞争力空间分布图 。进入21世纪后，城市旅游竞争力的研究主要从量化、模型化等方面开展。

城市旅游是指以现代化的城市设施为依托，以该城市丰富的自然和人文景观以及周到的服务为吸引要素而发展起来的一种独特的旅游方式。城市旅游的基本要点是：(1)城市旅游是发生在特定空间范围内的活动，即发生在城市中的活动。(2)城市旅游是以旅游为目的的有关消费活动的总和，只不过有人强调其经济行为，有人强调其体验的心理状态。从经济行为方面来说，它包括了为城市旅游业服务的所有行业、人员的活动以及由旅游活动而影响的其他活动；从体验心理方面来说，它包括了城市旅游过程及为旅游体验活动提供服务的所有行业、人员的活动。

二、城市竞争力

（一）概念

所谓竞争力是由两个或两个以上主体比较而体现出来的综合能力。它是一种相对指标，必须通过竞争才能体现出来，笼统地说竞争力有大有小、或强或弱。对城市综合发展能力的比较测度就是城市竞争力。

城市竞争力是指城市通过提供自然的、经济的、文化的和制度的环境，集聚、吸收和利用各种促进经济和社会发展的要素的能力，并最终表现出比其他城市具有更强、更为持久的发展能力。

（二）特征

城市竞争力是在社会经济结构、价值观念、文化、制度政策等多个因素综合作用下创造和维持的，是城市为其自身发展在区域内进行资源优化配置的能力。其特征有以下几个方面：

1.系统性

城市竞争力是由各种因素组成的有机整体，它的强弱取决于各个要素综合作用的结果。因此营造城市竞争力将是一项系统工程，必须从整体出发，全面考虑，始终把握系统的整体特性和功能，从而达到在整体上增强城市竞争力的目的。

2.动态性

由于在经济运行过程中，各种因素总是处于不断的发展变化之中，导致城市竞争力的内涵也会不断发生变化,因此城市竞争力是一个动态平衡的开放系统,决定了提高城市竞争力将是一项长期性的任务。

3.相对性

城市竞争力是一个相对的概念,一方面,要强调与其他城市的横向比较,因为只有比较才能体现出竞争力的大小;另一方面,随着作用因素的不断改变,同一城市在不同的发展阶段竞争力水平也各不相同。

4.开放性

城市是一个开放系统,其在与外界的交流中摄入能量和物质,通过转化过程输出能量和物质,从而获得自身的发展。而城市竞争力的测度指标随着时间阶段的不同作用因素也在不断改变,因此,城市竞争力是一个开放性的系统。

5.差异性

城市的竞争力表现方式多种多样,更强的引资能力、更好的人居环境、更多的发展创业机会、更优秀的人才聚集都有可能发展成为城市的竞争优势。因此,培育城市竞争力可以从一定区域内城市的差别优势出发,权衡自身在区域的角色定位,把城市间的纯竞争关系转变为竞争—合作关系,形成优势互补、相互促进、共同发展的"双赢"局面。

三、城市旅游竞争力

(一)城市旅游竞争力概念

城市旅游竞争力不属于企业、产业、区域和国家竞争力的任何一种,是城市范围内旅游业发展过程中表现出的能够实现可持续的、快速发展的能力。其既有城市竞争力的内涵,也有旅游业发展的竞争能力的含义。

城市旅游竞争力是指一定时空范围内,一个城市相对于另一个城市在吸引游客、为游客提供旅游产品从而获得回报且实现可持续发展的能力。城市旅游竞争力与旅游资源禀赋有关,受到旅游企业的经营策略、旅游管理部门的管理水平、经济发展状况、政治局势与社会治安、城市文化环境等多种因素的制约。城市旅游竞争力是城市竞争力的重要组成部分,也是城市旅游可持续发展的动力和源泉。

(二)城市旅游竞争力的特点

1.比较性

城市旅游竞争力是各个城市在相互比较中形成的一个概念,失去了比较也就失去了概念本身的意义。从相互比较的角度看,某一城市具有较强城市旅游竞争力就是指该城市相对于其他城市所具有现存和潜在的优势,也就是说,城市旅游竞争力研究的城市一定不是单个城市,它是比较的结果。

2.相对性

城市旅游竞争力的研究结果往往是对研究对象排序,各个城市的排序位置是个相对的概念,不仅取决于城市自身的实力也取决于研究样本。城市旅游竞争力研究的目的不是客观描述比较的结果,而是要发现影响或者决定影响城市旅游发展的因素,结合城市自身的旅游资源和客源市场,研究出城市旅游发展的种种思路。

3.动态性

城市旅游竞争力体现了一个城市旅游业的综合实力,但是它又不等同于城市旅游业的综合实力。首先,城市旅游业的综合实力注重从接待规模、收入总量等来衡量,着重于当前所具有的能力高低,而城市旅游竞争力不仅注重现实状态还注重城市持续领先能力或者发展潜能;其次,城市旅游竞争力是各个不同城市比较的结果,而城市旅游业的综合实力则着眼于城市自身。由此可知,城市旅游竞争力具有动态性。

4.非替代竞争性

城市旅游竞争不像企业竞争那样,结果是“你存我亡”的局面。城市旅游功能中,各具特色的旅游资源及其差异性,使城市旅游具有非替代竞争性。每个城市的旅游业都有自己的辐射区域,都具有区域垄断性的资源,从而拥有一定空间范围的客源市场。因此,各城市都可以在自身辐射范围内发展旅游业。

从以上分析可以看出,城市旅游竞争力的研究意义在于建立科学适用的评价模型,通过该模型来比较各城市旅游业的发展现状和发展潜力,找出目标城市差距,弥补不足,而单纯得出排序结果,追求“谁强谁弱”意义不大。城市旅游竞争力研究的最终落脚点在于通过促进城市旅游业的发展进而促进城市经济的发展。

第二节 评价指标体系

21世纪以来,我国旅游市场竞争已经发展到大区域旅游目的地竞争,其区域中心城市的带动与辐射作用越来越大。研究城市旅游竞争力既要分析城市的旅游产业现状,也要研究如何提升旅游产业的比较优势。在当前我国出入境旅游快速发展的背景下,研究城市旅游竞争力也有利于城市旅游业走出国门,参与国际竞争。

城市旅游竞争力研究不是对城市旅游产业发展现状的简单描述,而是对一个城市培育和提升旅游产业比较优势的动态把握。在经济全球化的背景下,研究城市旅游竞争力也有助于城市旅游业更好地参与国际竞争。城市旅游竞争力的研究对于评价城市旅游的现状和潜力,构建某一区域范围内的旅游地域系统,优化资源、资金、人力配置等均有重要意义。

滁州市城市旅游竞争力的研究是在安徽省基础上进行的,本书主要从滁州市在全省城市旅游竞争力的地位、排名角度分析研究。

安徽省位于中部地区,自然条件优越,具有十分丰富的自然和人文旅游资源。近些年来,伴随着省内外各种类型交通条件的不断完善、旅游业软硬件设施的改善、区域旅游联合化与一体化的加强,安徽省旅游业取得十分瞩目的成就。但是安徽省面积较广,16个市的区域位置、资源状况、各类基础设施条件、历史文化底蕴、经济发展水平都有较大差异,造成了16个市的旅游业发展不均衡。所以,目前有必要利用定量计算手段准确地测定16个市的城市旅游竞争力实际发展水平,并对其进行客观分析与评价,发现问题并寻找差距,以便促进安徽省旅游业的可持续发展。

一、安徽省城市旅游竞争力评价指标体系的构建

依据系统性与可操作性原则,根据安徽省实际情况和现有的资料及数据获取的难易程度,笔者对评价指标进行一定的选择和组合,并借鉴国内外其他学者相关内容的研究成果,构建了一套评价城市旅游竞争力的二级层次指标体系。主要包括基础设施、旅游环境、经济实力等三类指标,各类指标下分别选择若干

操作指标。衡量安徽省城市旅游竞争力的评价指标体系见表6.1。

表6.1 安徽省城市旅游竞争力评价指标体系

	一级指标	二级指标	指标解释	代号
城市旅游竞争力评价指标体系	基础设施	邮电业务总量(万元)	信息通讯能力	D1
		互联网用户数(户)	信息通讯能力	D2
		年末移动电话用户数(万户)	信息通讯能力	D3
		城市居民人均年生活用电量(万千瓦时)	生活基础设施	D4
		医院与卫生院床位数(个)	医疗基础设施	D5
		城市用水普及率(百分比)	基础设施水平	D6
		城市燃气普及率(百分比)	基础设施水平	D7
		建成区排水管道密度(千米/平方千米)	生活基础设施	D8
		城市建设用地面积(平方千米)	城市建设水平	D9
		建成区面积(平方千米)	城市建设水平	D10
		城市人均道路面积(平方米)	交通设施水平	D11
		每万人拥有公共交通车辆(标台)	交通设施水平	D12
		星级饭店数(个)	旅游接待能力	D13
	旅游环境	旅游景点数(个)	旅游环境	D14
		空气质量达到及好于二级的天数(天)	人居大气环境	D15
		园林绿地面积(公顷)	绿化环境	D16
		建成区绿化覆盖率(百分比)	绿化环境	D17
		人均住房建筑面积(平方米)	人居环境	D18
		城市生活垃圾无害化处理率(百分比)	环境保护能力	D19
		旅行社数(家)	旅游支撑环境	D20
		人均环境保护投入额(元)	环境保护能力	D21
		公共图书馆图书藏量(千册、件)	文化环境	D22
	经济实力	GDP(亿元)	经济实力	D23
		旅游业总收入(亿元)	市场占有状况	D24
		旅游业总收入占GDP比重(百分比)	旅游经营能力	D25
		接待旅游人数(万人次)	市场规模	D26
		城乡居民年末储蓄存款余额(亿元)	旅游需求能力	D27
		限额以上批发零售贸易业商品销售总额(万元)	商品集散能力	D28
		社会消费品零售总额(万元)	市场购买力	D29
		城市建设项目投资(万元)	基础设施建设	D30
		地方财政一般预算内收入(万元)	政府实力	D31
		地方财政一般预算内支出(万元)	政府实力	D32

二、评价方法与模型建立

主成分分析法(Principal Component Analysis),简称PCA,它是把反映样本某项特征的多个指标变量转化为少数几个综合变量的多元统计方法。主成分分析方法的步骤如下:

(1)建立n个区域p个指标的原始数据矩阵$M_{ij}(i=1,2,\cdots,n;j=1,2,\cdots,p)$,并对其进行无量纲化或标准化处理,一般采用Z-scores法无量纲化,得到M_{ij}矩阵。对正指标有$Z_{ij}=(X_{ij}-\bar{X}_j)/S_j$,则对逆指标有$Z_{ij}=(\bar{X}_j-X_{ij})/S_j$,其中,$\bar{X}_j=\frac{1}{n}\times\sum_{i=1}^{n}X_{ij}$,$S_j=\sqrt{\sum_{i=1}^{n}\frac{(X_{ij}-\bar{X}_j)^2}{n}}$。

(2)根据多指标加权综合评价模$F_i=\sum_{j=1}^{p}W_j\times Y_{ij}\ (i=1,2,\cdots,n;j=1,2,\cdots,p)$计算综合评价值,其中$W_j$为第$j$个主成分指标的权重,$Y_{ij}$表示第$i$个区域单元的第$j$个指标的单项评价值,此时$W_j=Y_{ij}\ (j=1,2,\cdots,m)$,$Y_{ij}$即是主成分得分矩阵$(i=1,2,\cdots,n;j=1,2,\cdots,m)$。

第三节 主成分分析结果

根据模型,把相关数据导入,运用Spss17.0社会科学统计软件,利用主成分分析法定量测定与分析影响城市旅游竞争力的各项指标,并对结果进行分析。

一、基础设施竞争力主成分分析结果

(一)城市旅游基础设施竞争力因素分析

依据累计贡献率≥85%的主成分选取原则,见表6.2,前四个主成分的累积贡献率达到了88.876%,则用前四个可以基本代表表中13个原始变量的变化,因此只选取前四个主成分。它们分别占总信息的49.205%、14.880%、12.900%、11.891%,同时求得载荷矩阵。第一主成分在国际互联网用户数、移动电话年末用户数、邮政电信业务总量、医院与卫生院床位数、城市发展用地面积和市区建成面积等指标中载荷较大，再加定性分析，可归为旅游接待能力与医疗水平范畴；第二主成分在城市燃气普及率、城市用水普及率和每万人拥有公共交通车辆等指标中载荷较大，再加定性分析，可归为旅游基础设施建设能力；第三主成分在城市人口平均道路面积和建成区排水管道密度等指标中载荷较大，再加定性分析，可归为旅游基础设施完善程度；第四主成分在星级饭店数和城市居民人均年生活用电指标中载荷较大，再加定性分析，可归为旅游接待设施建设能力。

表6.2　城市旅游基础设施竞争力主成分载荷矩阵

指　标	主成分			
	一	二	三	四
国际互联网用户数（万户）	0.944	0.162	−0.082	0.187
移动电话年末用户数（万户）	0.970	−0.065	0.057	−0.069
邮政电信业务总量（万元）	0.903	−0.344	0.170	−0.061
城市居民人均年生活用电（万千瓦时）	0.441	0.270	−0.112	0.769
医院与卫生院床位数（个）	0.829	−0.475	0.000	−0.122
城市用水普及率（百分比）	0.059	0.779	0.281	−0.225
城市燃气普及率（百分比）	0.121	0.801	−0.036	0.401
建成区排水管道密度（千米/平方千米）	0.065	0.080	0.760	0.535
城市发展用地面积（平方千米）	0.985	0.138	0.003	0.024
城市人口平均道路面积（平方米）	−0.072	0.112	0.906	−0.055
市区建成面积（平方千米）	0.984	0.101	0.049	0.041
每万人拥有公共交通车辆（标台）	0.434	0.684	−0.365	−0.010
星级饭店数（个）	0.193	0.034	0.113	0.889
比重（百分比）	49.205	14.880	12.900	11.891
累计比重（百分比）	49.205	64.085	76.985	88.876

（二）评价结果

利用累计贡献率极差标准化公式 $X_{ij}=X_{ij}-\min\limits_{i}\left\{X_{ij}\right\}/\max\limits_{i}\left\{X_{ij}\right\}-\min\limits_{i}\left\{X_{ij}\right\}$（$i$=1，2，…，$m$；$j$=1，2，…，$n$），计算主成分指标权重 Z_j（j=1，2，3，4），其数值分别是0.553 637，0.167 424，0.145 146和0.133 793。选取前四个主成分的得分矩阵 Y_{ij}

(i=1,2,…,15;j=1,2,3,4),根据模型 $F_i=\sum_{j=1}^{p}W_j\times Y_{ij}$ (i=1,2,…,n;j=1,2,…,p),可计算出安徽城市旅游基础设施竞争力的综合评价值及排名,见表6.3。

表6.3　安徽城市旅游基础设施竞争力综合评价值及排名

城市名称	评价值	排名	城市名称	评价值	排名
合肥市	0.727 688	1	六安市	0.053 418	13
淮北市	0.020 924	16	马鞍山市	0.244 675	3
亳州市	0.113 892	11	芜湖市	0.393 586	2
宿州市	0.138 313	9	宣城市	0.122 270	10
蚌埠市	0.239 894	4	铜陵市	0.045 725	15
阜阳市	0.048 558	14	池州市	0.061 326	12
淮南市	0.144 212	8	安庆市	0.179 411	7
滁州市	0.221 288	5	黄山市	0.221 253	6

表6.3表明,安徽城市旅游基础设施竞争力差距极大,除合肥市旅游基础设施竞争力较好之外,其他城市的得分都很低。芜湖市、马鞍山市、蚌埠市、滁州市和黄山市位于前2~6位且4个城市得分差距不大,主要是4个城市在移动电话年末用户数、国际互联网用户数、邮政电信业务总量、医院与卫生院床位数、城市发展用地面积和市区建成面积等指标中分值都较高,而这些指标在第一主成分中载荷占到了0.829以上。淮北市的主要指标分值均较低,尤其在第一、二主成分中的指标载荷值低,因此其排在倒数第一位。

二、旅游环境竞争力主成分分析结果

(一)城市旅游环境竞争力因素分析

依据累计贡献率≥85%的主成分选取原则,见表6.4,前四个主成分的累积贡献率达到了90.320%,则用前四个可以代表表中9个原始变量,因此只选取前四个主成分。它们分别占总信息的32.569%、27.930%、16.495%、13.326%,同时求得载荷矩阵。第一主成分在旅游景点数、旅行社数、建成区绿化覆盖率和园林绿地面积等指标中载荷较大,再加定性分析,可归为旅游自然环境与社会环境;第二主成分在公共图书馆图书藏量与空气质量达到及好于二级的天数等指标中载荷较大,再加定性分析,可归为文化环境和大气环境;第三主成分在人均环境保护投入额与人均住房建筑面积等指标中载荷较高,再加定性分析,可归为旅游环境保护能力与人居环境;第四主成分在城市生活垃圾无害化处理率等指标中载荷较高,再加定性分析,可归为城市污染处理和再生能力。

表6.4　城市旅游环境竞争力主成分载荷矩阵

指标	主成分			
	一	二	三	四
旅游景点数(个)	0.920	−0.026	−0.181	0.197
空气质量达到及好于二级的天数(天)	−0.004	0.965	−0.016	−0.037
园林绿地面积(公顷)	0.810	0.432	0.266	0.118
建成区绿化覆盖率(百分比)	0.806	−0.190	0.152	−0.385
人均住房建筑面积(平方米)	0.204	−0.464	0.778	0.140
城市生活垃圾无害化处理率(百分比)	0.127	0.140	0.152	0.923
旅行社数(家)	0.780	0.513	−0.102	0.155
人均环境保护投入额(元)	0.198	−0.168	0.847	0.306
公共图书馆图书藏量(千册、件)	0.271	0.912	0.042	0.091
比重(百分比)	32.569	27.930	16.495	13.326
累计比重(百分比)	32.569	60.499	76.994	90.320

(二)评价结果

利用前述累计贡献率极差标准化公式,计算主成分指标权重 Z_j (j=1,2,3,4),其数值为0.360 596,0.309 234,0.182 628和0.147 542。选取前四个主成分的得分矩阵 Y_{ij} (i=1,2,⋯,15;j=1,2,3,4),根据模型 $F_i=\sum_{j=1}^{p}W_j\times Y_{ij}$ (i=1,2,⋯,n;j=1,2,⋯,p),可计算出安徽城市旅游环境竞争力的综合评价值及排名,见表6.5。

表6.5　安徽城市旅游环境竞争力综合评价值及排名

城市名称	评价值	排名	城市名称	评价值	排名
合肥市	0.703 979	1	六安市	0.062 480	14
淮北市	0.132 811	11	马鞍山市	0.368 436	3
亳州市	0.008 519	16	芜湖市	0.285 249	6

续表

城市名称	评价值	排名	城市名称	评价值	排名
宿州市	0.088 382	13	宣城市	0.169 332	9
蚌埠市	0.326 779	4	铜陵市	0.275 537	7
阜阳市	0.092 343	12	池州市	0.016 734	15
淮南市	0.143 987	10	安庆市	0.312 496	5
滁州市	0.175 533	8	黄山市	0.675 497	2

表6.5表明，合肥市、黄山市、马鞍山市、蚌埠市、安庆市位于前5名。黄山市位于第二位的原因是其园林绿地面积、建成区绿化覆盖率、旅游景点数和旅行社数的各项指标分值都很高，尤其旅游景点数这一指标分值较高，而此指标在第一主成分中载荷占到了0.920%。阜阳市、宿州市、六安市、池州市和亳州市位于后5名。亳州市和池州市的城市生活垃圾无害化处理率这一指标分值较低，而这个指标在第一主成分中载荷占到了0.127%。此外，亳州市在人均环境保护投入额的指标中得分也较低。

三、旅游经济竞争力主成分分析结果

（一）城市旅游经济竞争力因素分析

依据累计贡献率≥85%的主成分选取原则，见表6.6，前两个主成分的累积贡献率达到93.616%，则用前两个可以代表表中10个原始变量，因此只选取前两个主成分。它们分别占总信息的70.712%、22.905%，同时求得载荷矩阵。第一主成分在国内生产总值、居民年末储蓄存款余额、地方财政一般预算内收入、地方财政一般预算内支出、限额以上批发零售贸易业商品销售总额、城市建设项目投资和社会消费品零售总额等指标中载荷较大，再加定性分析，可归为区域经济发展水平；第二主成分在旅游业总收入、旅游业总收入占国内生产总值比重和国内外游客人数指标中载荷较大，再加定性分析，可归为旅游业在区域经济中的贡献。

表6.6　城市旅游经济竞争力主成分载荷矩阵

指 标	主成分	
	一	二
旅游业总收入(亿元)	0.616	0.783
国内生产总值(亿元)	0.994	−0.038
旅游业总收入占国内生产总值比重(百分比)	−0.194	0.966
国内外游客人数(万人次)	0.478	0.846
地方财政一般预算内收入(万元)	0.956	0.085
地方财政一般预算内支出(万元)	0.957	0.062
城市建设项目投资(万元)	0.961	0.069
居民年末储蓄存款余额(亿元)	0.904	−0.073
社会消费品零售总额(万元)	0.961	−0.024
限额以上批发零售贸易业商品销售总额(万元)	0.972	0.077
比重(百分比)	70.712	22.905
累计比重(百分比)	70.712	93.616

(二)评价结果

利用前述累计贡献率极差标准化公式,计算主成分指标权重 Z_j (j=1,2),其数值分别为0.755 341和0.246 670。选取前两个主成分的得分矩阵 Y_{ij} (i=1,2,⋯,15;j=1,2),根据模型 $F_i=\sum_{j=1}^{p}W_j\times Y_{ij}$ (i=1,2,⋯,n;j=1,2,⋯,p),可计算出安徽城市旅游经济竞争力的综合评价值及排名,见表6.7。

表6.7　安徽城市旅游经济竞争力综合评价值及排名

城市名称	评价值	排名	城市名称	评价值	排名
合肥市	0.744 454	1	六安市	0.073 425	10
淮北市	0.014 208	15	马鞍山市	0.122 405	5
亳州市	0.025 750	14	芜湖市	0.232 943	3
宿州市	0.032 440	13	宣城市	0.049 850	12
蚌埠市	0.104 064	8	铜陵市	0.004 935	16
阜阳市	0.118 840	6	池州市	0.108 769	7
淮南市	0.070 262	11	安庆市	0.251 778	2
滁州市	0.080 662	9	黄山市	0.219 391	4

表6.7表明,合肥市经济竞争力得分值较高。因为其所有指标分值都最高并且这些指标都在第一主成分中占到了较高的载荷。安庆市、芜湖市、黄山市和马鞍山市位于前2~5位,这四个城市在国内生产总值、居民年末储蓄存款余额、地方财政一般预算内收入和地方财政一般预算内支出指标中分值较高,且这些指标都在第一主成分中占到了较高的载荷,所以安庆市排名靠前。亳州市和淮北市在居民年末储蓄存款余额、限额以上批发零售贸易业商品销售总额等指标中分值都较低,排名靠后。铜陵市各项指标分值都很低,尤其在第二主成分中占了较高载荷的旅游业总收入、旅游业总收入占国内生产总值比重和国内外游客人数等指标中分值较低,故排名最后。

四、安徽城市旅游竞争力多指标综合评价结果

将以上三个分力的综合评价值看作变量,再进行主成分分析,其中,前两个主成分所解释的信息占总信息的比重分别为90.271%、7.488%,见表6.8。由此表可知,第一主成分中基础综合评价值、环境综合评价值和经济综合评价值等三个分力的载荷均较大,但前二者要高于第三者环境竞争力。

表6.8　城市旅游综合竞争力主成分载荷矩阵

指标	主成分		
	一	二	三
基础综合评价值	0.973	−0.137	0.183
环境综合评价值	0.901	0.434	0.000
经济综合评价值	0.974	−0.132	−0.183
主成分所解释的信息占总信息的比重(百分比)	90.271	7.488	2.240
累计比重(百分比)	90.271	97.760	100.000

利用前述累计贡献率极差标准化公式,计算主成分指标权重 Z_j (j=1,2,3),其数值分别为0.923 394和0.076 59。并选取前两个主成分的得分矩阵 Y_{ij} (i=1,2,…,15;j=1,2,3),根据模型 $F_i = \sum_{j=1}^{p} W_j \times Y_{ij}$ (i=1,2,…,n;j=1,2,…,p),则得到安徽城市旅游竞争力的综合评价值及排名,见表6.9。

表6.9　安徽城市旅游竞争力综合评价值排名

城市名称	旅游基础评价值（排名）	旅游环境评价值（排名）	旅游经济评价值（排名）	综合评价值排名
合肥市	0.727 688(1)	0.703 979(1)	0.744 454(1)	0.521 14(1)
黄山市	0.221 253(6)	0.675 497(2)	0.219 391(4)	0.291 9(2)
芜湖市	0.393 586(2)	0.285 249(6)	0.232 943(3)	0.277 27(3)
安庆市	0.179 411(7)	0.312 496(5)	0.251 778(2)	0.204 45(4)
马鞍山市	0.244 675(3)	0.368 436(3)	0.122 405(5)	0.191 82(5)
蚌埠市	0.239 894(4)	0.326 779(4)	0.104 064(8)	0.172 95(6)
滁州市	0.221 288(5)	0.175 533(8)	0.080 662(9)	0.121 23(7)
淮南市	0.144 212(8)	0.143 987(10)	0.070 262(11)	0.078 62(8)
宣城市	0.122 27(10)	0.169 332(9)	0.049 85(12)	0.067 39(9)
宿州市	0.138 313(9)	0.088 382(13)	0.032 44(13)	0.048 27(10)
阜阳市	0.048 558(14)	0.092 343(12)	0.118 84(6)	0.047 53(11)
铜陵市	0.045 725(15)	0.275 537(7)	0.004 935(16)	0.042 84(12)
池州市	0.061 326(12)	0.016 734(15)	0.108 769(7)	0.031 26(13)
六安市	0.053 418(13)	0.062 48(14)	0.073 425(10)	0.024 41(14)
亳州市	0.113 892(11)	0.008 519(16)	0.025 75(14)	0.017 33(15)
淮北市	0.020 924(16)	0.132 811(11)	0.014 208(15)	0.003 69(16)
平均值	0.175 514	0.232 68	0.136 587	0.126 956

表6.9表明，合肥市在安徽省16个城市中旅游竞争力排名第一，其旅游竞争力远远高于其他城市；紧随其后的是黄山市和芜湖市；而池州市、六安市、亳州市、淮北市等四个城市旅游竞争力评价值最小，排名在后4位，旅游竞争力较差。因此，综合竞争力得分反映了城市旅游竞争力的整体情况，经济实力强，其城市旅游竞争力相对也强。

五、运用主成分分析结论对安徽省各城市聚类分析

本部分在以上主成分因子分析的基础上，再次利用Spss17.0社会科学统计软件对安徽省16个城市的旅游竞争力进行层次聚类分析，并划分类型，得到16个城市的分类谱系图，见图6.1。

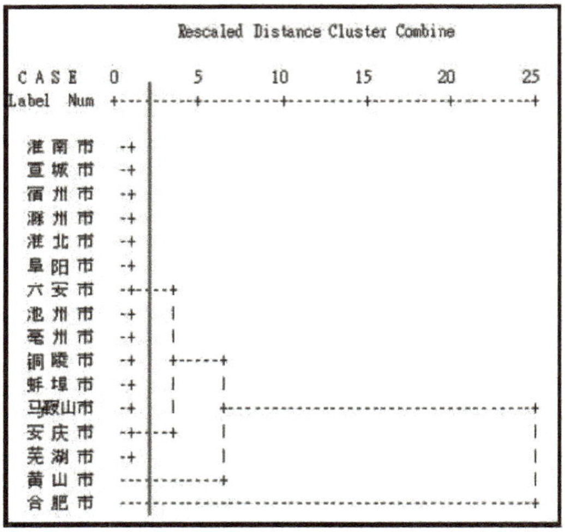

图 6.1 相关测度聚类——完整谱系图

图 6.1 根据城市旅游竞争力结构相似性将 16 个地级市分为四类，合肥市属于第一类，黄山市属于第二类，芜湖市和安庆市属于第三类，淮北市、亳州市、宿州市、蚌埠市、阜阳市、淮南市、滁州市、六安市、马鞍山市、宣城市、铜陵市、池州市属于第四类。

六、安徽省城市旅游竞争力的分类

通过前文构建的评价体系研究，安徽省 16 个地级城市的旅游竞争力可分为四个类型。

（一）一类竞争力城市

合肥市经济发展水平高，旅游基础设施好，服务水平高，旅游产品开发时间长、规格高，交通地理位置十分便利，是全省的游客集散地。合肥是安徽省省会，作为全省的政治、经济、文化、信息、金融和商贸中心，是安徽第一大城市，有得天独厚的优势，其经济竞争力在全省位居第一，有着中心城市作用和辐射影响作用；也是铁路、公路交通枢纽和重要的国内空港，综合竞争实力位居首位，已成为安徽重要的旅游集散地和目的地。

(二)二类竞争力城市

黄山市旅游资源禀赋全省最好,旅游产品开发规模大、品位高,旅游基础设施好,服务水平高,在城市旅游环境竞争力中得分位居第二。黄山作为唯一的山岳风景区,被评选为全国十大风景名胜之一,1990年被联合国教科文组织世界遗产委员会确认为世界文化与自然遗产。黄山地区自然环境优美,风光秀丽,高品位的旅游景点达166处;但其城市旅游基础竞争力较差,仅排列第六位,黄山市现正在逐步形成连接全国的航空、铁路、公路三位一体、四通八达的交通网。

(三)三类竞争力城市

芜湖市城市旅游基础竞争力和城市旅游经济竞争力的得分均高于黄山市,是全省乃至全国著名的轻工业城市,也是历史上著名的全国四大米市之一,自古商业发达,临"黄金水道"长江,交通便利。然而其城市旅游环境竞争力在三个城市中得分最低,旅游资源禀赋低于合肥市和黄山市,如旅游景点数芜湖市只有14个,黄山有166个。

图6.2 安徽省城市旅游竞争力分布示意图

安庆市在环境、基础和经济竞争力上分别位于第八、第五和第九位,是较强竞争力城市中唯一在旅游基础、旅游经济和旅游环境三个竞争力指标上均超过平均值的城市。安庆市区域面积较大，景区质量较好，历史文化厚重，人文自然旅游资源丰富，新中国成立前曾经是安徽省的省会，有较强竞争力。

（四）四类竞争力城市

属于第四类竞争力城市的有马鞍山市、蚌埠市、滁州市、淮南市、宣城市、宿州市、阜阳市、铜陵市、池州市、六安市、亳州市、淮北市，综合平均值为0.1～0.2。说明这些城市旅游综合竞争力较差。

马鞍山市在环境、基础和经济竞争力上分别位于第三、第三和第五位。马鞍山市的基础竞争力排名靠前，经济竞争力排名靠后。马鞍山市位于长江南岸、安徽省东部，是南京都市圈核心层城市、长三角西翼城市。城市旅游环境质量优越，空气质量指数和综合指数达到国家二级水平。蚌埠市在环境、基础和经济竞争力上分别位于第四、第四和第八位，说明蚌埠市的环境和基础竞争力相对经济竞争力来说比较靠前。蚌埠市是我国重要的交通枢纽，经济腹地十分宽广，交通便利、基础雄厚、物产富饶、景色优美、气候宜人。由此看出蚌埠市拥有较好的城市旅游环境和相对完善的旅游基础设施，但旅游资源不足。滁州市在环境、基础和经济竞争力上分别位于第八、第五和第九位，滁州市的基础竞争力相对环境和经济竞争力来说比较靠前。

淮南市、宣城市、宿州市、阜阳市、铜陵市、池州市、六安市、亳州市、淮北市9个城市，相同特点为旅游环境、旅游基础和旅游经济三大竞争力得分均在全省平均值以下（除了铜陵市的旅游环境竞争力在平均值以上），最主要原因是这9市经济发展实力弱，旅游资源相对贫乏，区位条件均较差。尽管如此，这些城市在某些方面还有基础和优势，尤其是在旅游经济上，如阜阳市排名第六位、池州市排名第七位，不亚于三类旅游竞争力的城市。淮南市的旅游基础竞争力比较高，六安市、宣城市、池州市在旅游景点的数量和品位度上都有较大优势，阜阳市、铜陵市、亳州市生态环境质量水平较高，淮北市经济基础较好。

总体而言，一个城市的发展离不开经济的支持，旅游业也不例外。通过研究发现，城市经济实力越高的城市，其城市旅游竞争力的排名就越靠前。只有在雄厚的经济支持下，城市的各项基础建设、旅游环境设施建设、旅游服务能力以及公共事业的基础建设才能更加完善，城市的旅游竞争力才会更强。安徽省16个城市的旅游竞争力呈现南方地区强于北方地区，山地强于平原，少数较强、多数一般的特点，各城市之间旅游竞争力差异明显。

七、滁州市的城市旅游竞争力

滁州市的城市旅游竞争力综合价值排名第七位，处于全省16个城市的中间靠前，在环境、基础和经济竞争力上分别位于第八、第五和第九位，滁州市的基础竞争力相比环境和经济竞争力比较靠前。首先，在城市旅游基础设施建设方面，排名第五。近几年滁州市的基础设施建设发展较好，在邮政电信业务总量、国际互联网用户数、每万人拥有公共交通车辆和移动电话年末用户数这些指标上在安徽省都排名第六，说明滁州市在城市旅游基础设施建设和服务方面做得较好。其次是城市旅游环境竞争力方面，排名第八。从城市旅游环境竞争力主成分载荷矩阵来看，旅游景点数、园林绿地面积、人均环境保护投入额、城市生活垃圾无害化处理率这四项指标在第一主成分载荷中占有很大比重，而滁州市四项指标数值都较高。再次，在城市旅游经济竞争力方面排名靠后。由于滁州市在城市旅游经济竞争力方面各项指标都很低，尤其是国内生产总值、旅游业总收入、国内外旅游人数、社会消费品零售总额等指标都较低，城市的整体经济实力不高。

滁州市位于皖东，山水资源俱佳，人文历史悠久，旅游资源丰富，但城市旅游竞争力不强，旅游业发展一般。滁州市要努力借助“大滁城”及“新滁城”建设东风，发挥自身在铁路、公路运输中的优势地位，积极参与到京沪高铁、合福高铁旅游联盟中来。滁州是皖东的区域中心城市、古都南京的江北门户，也是全国家电及装备制造业基地、全国双拥模范城、中国十大特色休闲城市、全国科技进步先进市，还有安徽省历史文化名城凤阳县。因此，滁州在未来的旅游业发展中应加强对旅游资源的投入与开发，深度挖掘文化资源，打造高等级旅游资源和品牌资源；针对相对薄弱的城市内部交通，增加城市公交和出租车数辆，提高城市对内交通的畅通性；完善城市基础设施和生态环境建设，迎合自然生态旅游趋势，深度开发高品质、有特色的生态旅游资源，结合滁州有山有水的特点，打造滁州的生态旅游品牌。

滁州市应充分发挥离南京主城区近的区位优势，紧紧抓住“南京江北新区”批复建设的机遇，第一时间制定全面接受辐射规划，要及时抓住并积极融入这一中国国家级新区，主动谋划融入大江北区的发展战略，赶上江北新区发展的第一班车，早日实现宁滁同城化、经济一体化，大幅提升滁州市的城市旅游竞争力。

第七章　滁州市与南京市旅游整合

进入21世纪以来，在大旅游、大市场、大产业思想的指导下，我国各地相继进入了旅游资源整合的发展期。许多地方开始打破地域界限，力图与相关地区共同构建起多层次、逐级推进的旅游圈层，以实现在资源、市场、产品、信息、人才等多方面的优势互补与分工合作。区域旅游资源整合在我国各地广泛展开起来，例如，长江三角洲，珠江三角洲，环渤海旅游圈，京、津、冀，西南四省一市（云南、贵州、四川、西藏和重庆），西北五省区（甘肃、青海、陕西、新疆和宁夏）等在区域旅游资源整合发展中都形成了比较强的阵势。

第一节　旅游整合的基本概念

资源整合是系统论的思维方式，就是要通过政府或组织的协调，把一个区域内部彼此相关但却彼此分离的职能，以及把区域外部既参与共同的使命又拥有独立经济利益的合作伙伴整合成为一个整体的系统，取得1+1大于2的效果。

一、区域旅游整合概念

区域旅游整合是将某一特定行政区划组合作为旅游区域整体，根据该区域内旅游资源、社会经济条件、旅游市场、政策环境、文化环境等方面的状况，借助法律、行政、经济和技术等手段，按照区域旅游发展的总体目标和旅游市场的供求情况，统筹规划旅游资源开发、旅游产品组合和旅游接待设施等方面，以区域旅游资源的整体性、系统性和全面协调性为目标，对整个区域进行整体规划和优化整合，从而实现区域旅游资源市场价值最大化和综合效益最大化的过程。

二、旅游整合的措施

旅游整合的措施主要包括以下几个方面：

（一）空间层次整合

将同属于一个较高空间层次的旅游资源整合起来，形成一个大资源，建设一个大景区，扩大规模，提升档次，集中力量在一个更广阔的空间里开发产品、开拓市场。例如，庐山周边景区过去存在多头管理、一山多票的现象，严重影响了庐山旅游形象。2014年年底，九江市委、市政府成立"庐山旅游发展集团"，整合庐山旅游资源，形成"大庐山" 景区，真正实现资源大整合、产业大发展、效益大提升，把资源优势转化为产品优势、市场优势、发展优势。

（二）共生整合

将具有共生关系的旅游资源整合起来，协调利益关系，调整开发行为，限制开发力度，实现资源与环境的可持续利用，保障旅游产业的长远发展。例如，太湖周边几个地区的旅游度假村由于共生于太湖，保护太湖生态环境这一共同要求必将促使各地资源整合，实现共同生存，共同发展。

（三）主题整合

在某一个区域内，根据旅游资源的总体特点和市场状况，制订旅游产业的发展方向和战略，确定区域旅游的主题和形象，借此整合区域内的旅游资源，使其服从或服务于区域旅游的主题，形成鲜明的旅游形象，打造最具市场竞争力的核心产品，形成具有吸引力的旅游目的地。

（四）产品整合

将某些不能形成成熟旅游产品或市场竞争力较弱的旅游资源，依据某种产品开发理念整合起来，形成新的旅游产品，以改善市场形象，提升市场竞争力。

（五）线路整合

利用旅游资源在区位、交通和功能上的联系，将分散的旅游资源组织起来，组成旅游线路整体推出，从而共享客源市场，丰富旅游内容，提高对游客的吸引力和旅行社运作的可行性。

（六）龙头整合

利用区域内或旅游线路中已经开发成熟的龙头旅游资源发挥其带动作用，挖掘和整合其辐射范围内的旅游资源。一方面服务于龙头旅游资源，完善其旅游服务功能；另一方面借力开发，实现区域旅游经济的整体提升或旅游线路的充实。

（七）市场整合

根据区域旅游的目标市场定位，将不同类型旅游产品中核心目标市场一致的旅游资源捆绑开发，打造多类型的旅游产品，增加游客的停留时间和消费额，实现客源的充分利用。例如，到西藏旅游的游客多为中高收入人群，外国游客比例特别高，可以利用这一特点，组织相关资源开发能够迎合游客需要的高档次的旅游产品。

（八）产业链整合

某些旅游产品的消费具有一些关联作用，典型的如北京周边的休闲度假旅游与民俗旅游，以及异域观光旅游与购物旅游等。旅游活动还与相关产业有深刻的联系，可以根据这种联系对旅游资源甚至整个大旅游产业进行整合，完善旅游产业链，带动旅游经济的发展。

（九）保障系统整合

旅游资源的开发有赖于保障系统的建立，广义上的保障系统包括交通、通讯、电力、金融、卫生等构成的社会经济体系。充分利用旅游保障系统是整合旅游资源的一个重要思路，交通线路形成和改善的作用往往最为明显。例如，小浪底水利工程的兴建使得运城等地黄河河段通航，这一结果可能为沿线诸县（市）旅游资源的整合提供了极佳的历史机遇。

三、旅游整合的原则

旅游整合需要遵循以下原则，不能肆意妄为。

（一）综合性原则

旅游业可持续发展是指人们在保护环境的条件下既满足当代人的旅游需求，又不损害后代人需求的发展模式，要正确对待现实与未来、保护与开发的关系。所以宁滁旅游资源整合在开发的时候必须与旅游资源保护相协调，旅游发展规模要与自然承载力相协调，旅游经济效益要与生态效益相协调，寻求社会、经济、生态三方面的最佳综合效益，强调公平性、持续性、共同性。

（二）区域同步发展，有序开发的原则

同步发展，是指在统一思路的前提下，在共同进步的共识中，按照区域内部共同商定的框架来发展；有序开发，是指在两省之间，各种利益主体要正确定位，不要恶性竞争。南京和滁州分属两个区域，经济发展程度上有较大的差距，旅游资源的质量和数量也不同，并且旅游业发展速度不同，起步时间不同。因此，在开发思路上侧重点也应该不一样。从区域发展战略布局的角度看，一要正确对待资源整合中存在的差距，二要加强合作，联合规划。

（三）保护与开发并举，以保护为主的原则

首先，南京和滁州的旅游资源开发和利用存在着开发进程缓慢、利用程度低、生态环境日益恶化等问题，例如，游客随手丢弃的废弃物对旅游景点造成的白色污染不在少数。因此，必须履行可持续发展的战略措施。其次，在山地旅游景点地区，还存在着违规开山采石、低层次的房地产项目过滥等问题。因此，在旅游资源整合中要坚决摈弃一味索取、只开发不保护的开发方式，将开发利用与保护结合起来，并以保护为主。

第二节　宁滁旅游整合的动力和优势条件

目前旅游整合开发还没有形成完整的理论体系，不同的学者研究旅游资源整合开发的角度不同，但主要是从大尺度的区域角度进行研究。宁滁旅游资源整合的进展相对较慢，研究宁滁旅游资源的整合，可以促进滁州经济的发展。滁州作为南京的后花园，与南京旅游资源整合后，将促使两市的旅游发展由竞争转向协作。整合南京市与滁州市的旅游资源分割现象，对两市旅游经济跨越式发展具有重要的推动作用。

一、宁滁旅游资源整合的动力

（一）区域旅游合作的市场驱动力

区域旅游合作是经济发展到一定阶段的产物，其市场驱动力包括区域经济驱动力和区域旅游市场驱动力，规范的旅游市场可以推动区域经济和区域旅游经济的发展。在市场经济条件下，若要协调各个利益主体之间的经济关系，则需明确各方的利益关系，建立有效的利益协调机制。充分利用市场驱动力这把“无形的手”，在良好的市场条件下发展区域旅游，避免恶性竞争及各种病态的旅游发展形式。

（二）区域旅游合作的政府调控力

区域旅游资源整合需要政府的调控力，政府是其不可或缺的主导力量。政府可以通过政策导向、行政区划调控、规划调整等手段，在区域内部和区域之间重新配置旅游资源，以形成“有形的手”来调控全局，促进和保障区域间的旅游资源整合。目前，宁滁区域间的旅游资源整合更多的还是通过政府的主管意愿来协调。

(三)区域旅游合作的空间生长力

包括区位条件、旅游通道的便捷性、资源空间差异等一系列因素,是由各种因素相互作用而形成的。滁州是安徽的东大门,与长三角相邻,具有独特的区位优势,持续改善的交通条件提高了滁州的可进入性。南京旅游者的国内客源主要来自于安徽、浙江、上海等省市。在经济上,安徽的经济发展不如浙江、上海;但在地理位置上,安徽距离南京相比浙江、上海要近的多。根据滁州政务信息网站公开信息可知,滁州已正式加入“宁镇马扬滁旅游合作组织”和“合肥旅游经济圈”,每年有10万人次南京市民到滁州旅游,南京到滁州观光旅游的人数,每年以50%的速度递增。

二、宁滁旅游资源整合的优势条件

(一)地理条件优越

滁州总面积1.33万平方千米,约449.6万人;位于皖东江淮之间,江淮丘陵地带,有丰富的天然次生林;属于亚热带季风气候,一年四季雨水充沛,光照充足,山清水秀,适宜居住。滁州区域内约有1 000多座大中小型水库,滁河是滁州一条比较重要的河流。滁州与南京接壤,与长三角相邻,是南京都市圈成员之一,并成为皖江城市带承接产业转移示范区,还是合肥经济圈的重要城市。滁宁快速通道建成后,南京到滁州的距离大大缩减,中心距离缩减到60千米。目前滁宁快速通道滁州段建成通车,宁滁轻轨高速公路已在规划建设中,同时滁宁城际轨道纳入规划,建成后从滁州市区出发10分钟可到南京,1小时左右就可到南京禄口机场。

(二)资源条件丰富

滁州历史悠久,文化昌盛,既有江南美景,又有淮左秀色。其自然旅游资源和人文旅游资源都十分丰富,拥有国家森林公园4座,国家、省、市级文物保护单位59个,有名城、名亭、古关、古寺、历史文化遗址等自然人文景观100多处,各类景区景点40多个。其精品旅游资源可概括为四名:名湖、名山、名洞、名古。

表7.1　滁州市旅游资源类型与全国对比统计

主类	亚类			基本类型		
	全国	滁州市	比例(%)	全国	滁州市	比例(%)
地文景观	5	4	80	37	12	32.43
水域风光	6	3	50	15	5	33.34
生物景观	4	3	75	11	8	72.72
气候景观	2	1	50	8	1	12.50
遗址遗迹	2	2	100	12	8	66.67
建筑设施	7	7	100	49	31	63.27
旅游商品	1	1	100	7	5	71.42
人文活动	4	4	100	16	11	68.75
合计	31	25	80.6	155	81	52.26

由表7.1及相关资料可知，滁州市的旅游资源有81个基本类型，占全国155个基本类型的52.26%，包括自然资源72处，占旅游资源总量的25.4%，人文资源212处；有25个亚类，占全国31个亚类的80.6%。在基本类型中，包括生物景观、遗址遗迹、旅游商品等5种类型均达到国家水平的60%以上。在亚类类型中，滁州的旅游商品、人文活动、建筑设施、遗址遗迹均达到国家水平；而生物景观和地文景观也达到国家水平的75%以上，其余亚类类型均占全国的50%。由此可以看出，滁州市的旅游资源具有很大的优势。

此外，滁州的民俗活动也丰富多彩。

(1)琅琊山庙会。琅琊山庙会历史悠久，古韵浓厚。每年农历正月初九众多外来香客和周边的群众都要到琅琊山寺院烧香拜佛、进香结缘、真挚祈祷，庙会不仅成为广大群众旅游观光的集会，还汇聚了众多地方传统的文化娱乐节目，如花鼓、花船、龙灯、杂技和魔术等。每年汇聚在此的游客有十几万之多，游客们大多来自上海、南京、扬州等周边诸多城市。

(2)中国农民歌会。中国农民歌会是安徽文化创新品牌和国字号招牌，2014年8月经全国清理和规范庆典研讨会论坛活动工作领导小组审议并报请党中央、国务院批准，是安徽省获批保留举办的三大重大节庆活动项目之一。

自2008年以来，中国农民歌会扎根滁州，不仅是推动文化滁州、文化安徽发展的重要力量，也成为国家级公共文化品牌。中国农民歌会目前已永久“落户”滁州，由文化部、农业部、安徽省人民政府主办，作为一个立足安徽、面向全国和专门为农民打造的文化艺术盛会。中国农民歌会走过了第一届“希望的田野”、第二届“小康大道”、第三届“幸福之歌”、第四届“希望的田野”的历程，并把“希望的田野”定为中国农民歌会的长久之名，获得了全国社会文化的政府最高奖——第十五届群星奖。

(3)走太平盛会。正月十六走太平是传统的民俗文化，在大文豪吴敬梓的故乡安徽省滁州市全椒县有一民俗习惯：每年正月十六这天，城内万人空巷，四乡八邻，扶老携幼，倾家出动，从清晨到深夜，数十万人到太平桥上走一走。太平桥寓意吉祥太平，人流如潮、摩肩接踵甚为壮观，放烟花、燃爆竹、烧香烛以祈祷风调雨顺、逢凶化吉、消灾祛病、平平安安，寄托了汉族劳动人民祛邪、避灾、祈福的美好愿望。此习俗自汉代沿袭至今。

(4)凤阳花鼓。已被列入第一批国家级非物质文化遗产名录。凤阳花鼓又称“花鼓”“打花鼓”“花鼓小锣”“双条鼓”等，凤阳花鼓起源于凤阳县东部，是一种集曲艺和歌舞为一体的汉族民间表演艺术，但以曲艺形态的说唱表演最为重要和著名，一般认为形成于明代。凤阳花鼓与花鼓灯、花鼓戏并称“凤阳三花”。凤阳花鼓主要分布于凤阳县燃灯、小溪河等乡镇一带，其曲艺形态的表演形式是由一人或二人自击小鼓和小锣伴奏，边舞边歌。历史上艺人多以此为出门卖艺的手段，凤阳花鼓因此传遍大江南北。

(三)两市政府意愿强烈

南京、滁州两市之间的合作从2002年开始逐步展开。2004年，两市签署了《南京·滁州经济与社会发展全面合作框架协议》后，两地间各方面合作进入新阶段，进而宁滁合作的工作机制也得到进一步健全。2008年，宁滁双方共同签署了关于经济与社会发展、交通规划、旅游等“1+6”合作协议。两年后，两市又签署了《宁滁同城旅游合作框架协议》等“1+4”合作协议。2011年南京都市圈打造了四条精品特色旅游线路，其中有两条涉及滁州，一条为南京、滁州、淮安的“明文化之旅”，另一条为南京、滁州等城市的“生态之旅”。南京、滁州两市的政府积极发挥了主导引领作用，合作意愿强烈，为两市区域旅游资源整合打下了坚实的行政基础。

2014年6月30日，宁滁快速通道正式通车，南京滁州两市的车程由过去的80分钟缩短至40分钟，减少一半。滁宁同城化的标志性工程之一，滁宁城际轨道交通项目《皖江地区城际铁路建设规划(2015—2020年)》于2015年10月获国家发改委批复，其中包括全长51千米的亳州—蚌埠—滁州—南京城际铁路经滁州至南京段，此举不仅可以促进区域经济一体化，还可以加快承接产业转移步伐。

三、研究区经济概况和宁滁旅游资源

(一)旅游市场概况

1.居民消费水平分析

从2008年到2013年，南京、滁州的城镇居民总体消费水平呈上升趋势，而2014年两市均有所下降，见图7.1。2008年滁州市城镇居民消费水平接近南京的一半，2008年到2014年宁滁城镇居民收入差距继续上升，两市差距越来越大。南京市从2010年开始上升速度变快，到2014年，南京市城镇居民消费水平比滁州市城镇居民消费水平高出9 367元。南京经济发展速度快，城镇居民生活水平普遍提高，对文化旅游深层次了解欲望将会日渐增长。滁州经济发展缓慢，但城镇居民收入也在不断增长，消费水平也在缓慢提高。了解两市城镇居民的消费水平，对于整合宁滁客源市场，了解游客需求意义重大。宁滁明文化旅游市场潜力巨大，应拉动内需，开拓市场，打造精品旅游。

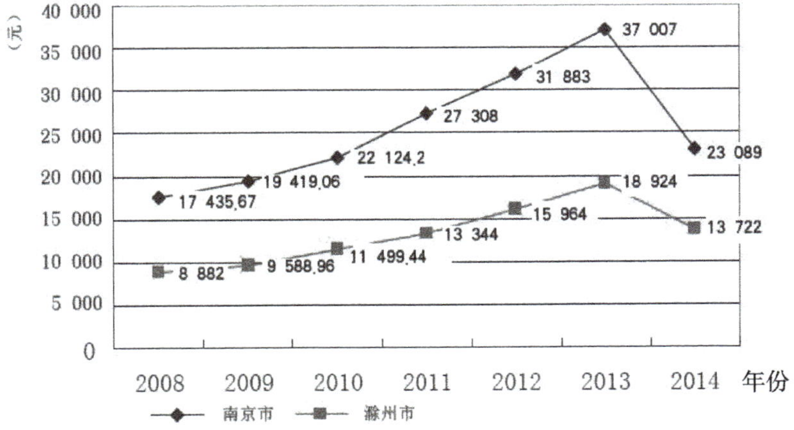

图7.1　南京和滁州城镇居民消费水平

注：根据2008—2014年南京、滁州两市的国民经济和社会发展统计公报整理。

2.旅游人次和旅游收入分析

从表7.2可以看出，南京和滁州从2009年到2014年接待国内外游客普遍增加，2009年南京接待游客总人数是滁州的近10倍；国内旅游人数中，来南京旅游的人数在逐年增加，到2014年已经达到9 475.93万人次。滁州国内旅游人数在匀速上升，入境旅游人数两市都有增幅，但不大。旅游收入方面，总收入随着游客的增加，都有上涨的趋势。南京在旅游总收入、国内旅游收入、国际旅游收入上都是滁州的数倍。南京旅游接待能力强、资源知名度高、开发早、投资多；滁州总体接待能力有待提高，旅游资源开发迟，投入少。

南京、滁州国内旅游人数、旅游收入占总体的90%以上（见表7.2）。两市主要以国内客源市场为主，入境旅游人数、入境旅游收入也在逐年增加，在未来的旅游业发展中要以入境游客为辅，挖掘潜在客源市场，发展两市明文化旅游。

表7.2　南京和滁州2009—2014年国内外旅游市场及收入

年份	全市接待国内外旅游者（万人次）		国内旅游人数（万人次）		入境旅游人数（万人次）		旅游总收入（亿元）		国内旅游收入（亿元）		国际旅游收入（亿元）	
	南京	滁州	南京	滁州	南京	滁州	南京	滁州	南京	滁州	南京	滁州
2009	5 633.36	506.79	5 519.91	502.97	113.45	3.82	822.16	31.55	765.00	30.81	51.93	0.74
2010	6 496.88	619.76	6 366.00	614.91	130.88	4.85	951.61	39.45	885.95	38.59	60.86	0.87
2011	7 331.66	868.34	7 181.02	861.70	150.64	6.64	1 106.23	62.85	1 028.0	61.07	74.45	1.80
2012	8 113.16	1 103.2	7 950.45	1 094.20	162.71	9.00	1 272.78	83.53	1 169.01	81.38	13.62	2.17
2013	8 725.87	1 272.87	8 674.01	1 263.45	174.21	9.42	1 360.67	100.05	1 336.22	97.59	84.50	2.48
2014	9 475.93	1 446.9	9 419.31	1 437.86	56.62	9.04	1 520.83	112.9	1 486.54	112.2	34.29	1.66

注：根据2009—2014年南京、滁州两市的国民经济和社会发展统计公报整理。

南京与滁州的经济发展有差距，南京旅游业发展势头好，而滁州旅游业发展较慢，滁州亟需南京核心区的带动。南京与滁州的旅游整合，在区位交通、政府意向、经济联系的优势下，前景广阔。

（二）宁滁旅游资源分析

1.相似性旅游资源

南京与滁州的自然旅游资源和人文旅游资源都比较丰富，其中南京可开发利用的旅游资源有668处,滁州的旅游资源有284处。在这些旅游资源中,两市拥有一些相同类型的旅游资源,如明文化,南京有著名的明孝陵、明城墙等许多明代文物古迹;滁州有明皇陵、明皇故城等历史文物古迹,这些相同的旅游资源可以将两地紧密联系在一起。

2.差异性旅游资源

同时,两市不一样的旅游资源更多。南京可开发利用的旅游资源有668处,其中5A级景区有2处,4A级景区则有16处,A级以上旅游景区有73处。在长江三角洲旅游区域内,南京旅游资源比较丰富;而相比之下,滁州的旅游资源相对稀少、级别较低。滁州有旅游资源单体284处,拥有4A级景区4处,A级景区23处,至今还没有5A级景区,见表7.3。但是南京和滁州旅游形象的定位是不一样的,南京打造的旅游形象为都市旅游,而滁州的旅游资源可以概括为:“山、林、洞、亭、农”。滁州通过软硬件建设,极大地提升了“醉美滁州、亭好滁州”的城市旅游形象和魅力。

表7.3 南京和滁州主要旅游资源比较

城市	国家森林公园	国家地质公园	世界文化遗产	历史文化名城	全国重点文物保护单位	A级以上
南京	2	1	1	国家级	27	73
滁州	4	1	0	省级1(凤阳县)	2	23

表7.4反映出南京旅游资源和产品以远古文化、六朝文化、明清文化、民国文化为主,而滁州主要以乡村文化、淮河文化、明文化、红色文化等旅游资源和产品为主。如凤阳县突出的是“短线游、近郊游、自驾游”的旅游主题,来安县具有独特的乡村游魅力,明光市有女山火山地质公园和自来桥镇的红色乡村资源,而到全椒县太平文化长廊、儒林文化园和吴敬梓故居体验的是儒林情结和历史文化。各地具有浓郁田园气息的各式休闲度假场所和农家乐经营户与南京的都市旅游资源具有互补性,是南京滁州资源整合的重要条件。

表7.4 南京和滁州旅游主题文化比较

南京	滁州
远古文化	乡村文化
六朝文化	淮河文化
明清文化	明文化
民国文化	红色文化

滁州还拥有丰富的农产品资源和乡村旅游资源。滁州的商品粮产量居安徽省第一,每年向南京提供需求总量四分之一的粮食、三分之一的蔬菜,是南京的“菜篮子”和“钱袋子”。滁州是国家20个商品粮基地之一,全市建立了50万吨种植基地,包括优质速生林、经果林两个20万亩林果业基地,打造出滁菊、女山湖等一大批特色农产品。2009年9月,两地签订了《南京—滁州“菜篮子”合作协议》,并明确在南京主要农产品批发市场设立“滁州窗口”。

南京郊区旅游经济概况表(表7.5)反映出南京的郊区旅游经济走势不断上涨,2008年到2012年五年间郊区旅游者每年都在增加,郊区经济占全市经济比重不断增大,郊区经济年增长率持续上升,这说明了郊区旅游越来越受欢迎。安徽省旅游乡镇中滁州市有26个,其中最佳乡镇4个,优秀乡镇10个;安徽省级农家乐旅游示范点14个;旅游商品定点生产企业14家,其中全市特色农副产品、食品和工艺已达200多种。滁州市丰富的郊区旅游资源可以很好地与南京市旅游资源相契合,两市通过旅游资源整合后能方便南京和滁州的居民,并且通过错位整合实现旅游资源一体化,优势互补,提高旅游竞争力,共同发展。

表7.5 南京郊区旅游经济概况

年份	接待旅游者（万人次）	较上年增长（%）	旅游总收入（亿元）	较上年增长（%）	占全市比重（%）
2008	635	16	75.1	25.2	10.5
2009	753	18.6	95.1	26.63	11.6
2010	935.12	24.1	120.99	27.2	12.7
2011	1 215.5	30	157.6	30.2	14.2
2012	1 591.3	30.9	207	31.3	16.3

注:根据2008—2012年南京国民经济和社会发展统计公报整理。

第三节 旅游整合分析

旅游整合类型较多,主要包括旅游资源、旅游管理、旅游企业整合三个方面。

一、旅游整合类别

(一)旅游资源整合

南京和滁州两市大体上都已制订了各市旅游发展的总体规划,而这些规划运用在旅游资源整合的新环境中已不适宜。因此,就需要对原有的规划作出相应的调整,而总体规划的调整需要在区域旅游合作的前提下,方能达到相应的目的。就当前看来,南京与滁州旅游资源的整合需要出台本市的整体旅游规划,然后经过区域整体的旅游规划对区域内的旅游资源进行整合,作出总体、全局的设计,突显出两市旅游发展的各自特色。但是需要指出的是,这种整合不应局限在行政区划内,应遵循求同存异的原则,注意旅游资源的差异性,避免景点的重复开发。关键是两市应根据市场需求的多样化,在进行深入的旅游市场细分后,开发出全方位、多层次的旅游景点。根据南京与滁州的资源特点、旅游目标市场的需要,可以以104国道、宁滁快速通道等为轴线,打造各自的特色旅游产品。

(二)旅游管理整合

旅游管理整合主要有两个部分,一部分是区域之间旅游管理部门的整合,另一部分则是区域内旅游管理功能部门的整合。在对宁滁旅游管理方面进行整合时,可以先建立一个示范区,在示范区内建立统一的旅游管理机构。区域之间和区域内旅游整合所产生的问题应由该机构负责处理,并对区域旅游整合提供相关信息,建立一个沟通平台,这样可以在制度管理上增加南京和滁州旅游的紧密度。

(三)旅游企业整合

南京和滁州旅游企业依据政府引导、企业自愿、优势互补等原则,经过联合、重组、兼并或股份制等其他方式进行改造,重组旅游企业的结构,以实现旅游企业的集团化发展。旅游企业整合的内容主要有三个方面:第一方面为组建大型的旅游集团,依据旅游资源的综合性,合并具有优势的旅游企业,组建大型的旅游集团,形成集旅游开发、管理和经营为一体的大型旅游集团;第二方面是促进旅游企业所有制结构的调整,建立现代企业制度;第三方面是加强对旅游集团的科学管理,提高旅游企业的管理水平,依靠科学技术的进步促进旅游的发展,依靠先进管理机制增加经济效益。

二、宁滁旅游整合途径

(一)宁滁明文化旅游资源整合

旅游资源是指特定地理环境(自然环境和社会环境)中,能够激发人们的旅游动机并产生旅游活动的各种因素总和。旅游资源是旅游规划和开发的基础,是区域旅游发展的基本要素。按照旅游资源的大致分类,明文化旅游作为人文旅游的重要内涵,具有深厚的文化底蕴。对宁滁明文化旅游资源进行整合,一方面有利于宁滁进一步开发旅游产品,另一方面也避免两地明文化旅游重复建设。

1.从历史连续性上整合

滁州是明文化的发祥地、起源地,是明太祖朱元璋的出生地。南京的历史中有明文化的发展至鼎盛阶段,明文化资源依靠南京经济发展得到了发扬和壮大。明初设置了凤阳府,至1912年撤销,作为一级行政建制存在了500多年,所以滁州市明文化资源大部分分布于凤阳县。南京明史历经276年,明朝(1368—1644)由明太祖朱元璋建立;1368年建都南京,国号大明,年号洪武。定都南京后滁州成为京畿之地,之后又使滁州上升为南京直隶州,自此以后,滁州与南京的亲密关系始终没有割裂过。

宁滁几个重点遗存遗址建设时间为:洪武二年(1369),建中都城;洪武八年(1375),建中都鼓楼;洪武八年(1375)为方便朱元璋回凤阳祭祖建成定远池河太平桥;洪武十二年(1376),建凤阳明皇陵;洪武十四年(1381)建南京明孝陵;洪武十九年(1386),南京明城墙完工建成;滁州大部分明文化遗存遗址建得比南京早,对后续发展的南京明文化具有极大的补充作用。

2.从类型上整合

(1)城墙:明城墙、六合城墙、台城古城墙等。

(2)明陵墓:明孝陵、明皇陵、将军山明功臣墓等。

(3)明古建筑:明中都鼓楼、明中都城、明故宫等。

(4)明古遗址:大报恩寺塔遗址、朝天宫、阳山碑材、古清流关、大柳驿等。

(5)明寺庙:龙兴寺、弘觉寺塔、永寿寺塔、毗卢寺等。

南京、滁州旅游资源种类繁多,互补性强,对两市进行旅游整合有利于避免两市旅游的重复建设和恶性竞争。

3.从城乡方面整合

明文化旅游资源分布如下:城市里有南京明孝陵、明城墙、大报恩寺塔遗址、将军山明功臣墓等;乡镇里有凤阳明皇陵、凤阳中都鼓楼、凤阳花鼓、朱元璋纪念馆等。

可以发现,南京明文化旅游资源基本位于市区,而滁州明文化旅游资源大部分重点景区分布于凤阳县;宁滁两市明文化旅游城乡整合的主要方式是充分利用南京世界级明文化旅游品牌带动滁州市凤阳县明文化旅游发展。通过明文化旅游资源的整合,设计出宁滁城乡精品旅游线路,以带动乡村旅游的发展,尤其是滁州的乡村旅游。

(二)旅游线路整合

旅游线路是指为了使旅游者能够以最短的时间获得最大的观赏效果,由旅游经营部门利用交通线串联若干旅游点或旅游城市(镇)所形成的具有一定特色的合理走向。旅游线路作为旅游产品一般构成中核心部分的重要内容,为居民旅游出行提供方便,有利于快速进入主题、节省交通时间。宁滁明文化旅游线路的整合,根据市场导向原则,将两地明文化旅游资源合理串联起来,为明文化旅游者设计出更优、更便捷、目的性更强的线路。下面通过旅游线路分类,分别整合了明文化旅游线路。

1.根据旅游者行为整合

(1)观光型:观光型旅游产品的旅游方式以参观为主,旅游者在游览过程中主要是被动地“饱眼福”。旅游目的主要是观景,旅游对象主要是旅游目的地中知名度较高的景观。将南京和滁州文化旅游级别较高的景点景区穿插进行,丰富旅游者眼界。

设计路线,如:

朱氏家族祭祖游:朱元璋纪念馆—明皇陵—明孝陵;

明皇家寺庙游:龙兴寺—于皇寺—静海寺—毗卢寺—净觉寺—弘觉寺塔;

宁滁文化景观游:明文化村—明孝陵—阅江楼—明中都城—朱元璋纪念馆;

宁滁遗址遗存游：雨花台—明文化村—朝天宫—明城墙—明中都鼓楼—皇故城；

文化自然山水游：小岗村—明中都城—韭山洞—琅琊山—南京明城墙—栖霞山—玄武湖—秦淮河。

（2）主题型：主题型旅游者仍然倾向于在目的地级别较高的景点景区进行游览，但这些景点景区主题性明确。旅游者的旅游行为有了明确的指向性，不再是泛泛地满足一般的好奇心，如表7.6。

表7.6 南京和滁州主题型精品旅游线路

线路名称	旅游资源主要代表
明文化人物传奇游	朱元璋纪念馆（朱元璋故事）、郑和墓（郑和下西洋）、明孝陵（大脚马皇后）等
明文化古城墙游	明城墙、台城古城墙、浦口城墙、六合城墙、滁州老城区、明中都城等
明文化民俗游	凤阳花鼓文化旅游节、瓮堂、石猫坊、武庙遗址、浦口城隍庙、钓鱼台河房、南京剪纸、《桃花扇》传说、栖霞"龙舞"、金陵灯会等
明文化宗教游	弘觉寺塔、永寿寺塔、毗卢寺、龙兴寺等
明文化古关驿站游	古清流关、大柳驿、滁州市境内古道、淮泗道、东水关遗址公园等
明文化山水游	汤山南京明文化村、阅江楼、瞻园、凤阳小岗村、凤阳鼓楼等
明文化美食游	夫子庙、滁州来安美食节（朱元璋"四菜一汤"）、凤阳酿豆腐、全椒酥笏牌等

2.根据逗留时间整合

本书逗留时间划分原则：三日游以上为逗留时间长；三日游以下为逗留时间短。

（1）逗留时间长：此类旅游者有足够的时间和精力深入认识景点，线路中旅游包含的旅游目的地数量相对较多。设计路线，以三日至四日游为例：

中山陵—明城墙—朝天宫—阳山碑材—福清公主墓—夫子庙—滁州琅琊山—大柳驿—古清流关—韭山洞—狼巷谜谷—明中都鼓楼—中都城—花鼓戏；

中山陵—玄武门—明孝陵—中山门—阅江楼—解放门—琅琊山风景区—明中都城—凤阳花鼓—朱元璋纪念馆—韭山洞—狼巷谜谷。

（2）逗留时间短：旅游者时间有限，旅游目的地数量相对较少。设计路线，以二日游为例：

明孝陵—明故宫—明皇陵—明中都鼓楼—小岗村；

明皇陵—明中都城—琅琊山—明孝陵—中山门；

明孝陵—明故宫—吴敬梓故居—神山—碧云湖；

中山陵—老山—白鹭岛。

3.根据空间尺度整合

(1)长、中尺度,即旅游空间跨度比较大的旅游线路。可以将宁滁明文化旅游资源与国家著名明文化旅游地有机串联起来,滁州的明文化与合肥、黄山、九华山联系起来,给旅游者更大的旅游信息量。

设计路线,如:

滁州明皇陵—南京明孝陵—北京明十三陵—西安明城墙;

南京明孝陵—滁州明皇陵—盱眙明祖陵—北京明十三陵;

南京—滁州琅琊山—巢湖—黄山;

滁州琅琊山—南京—九华山。

(2)小尺度,旅游空间跨度较小,适合宁滁当地居民和周边居民游。

设计路线,如:

宁滁明文化一日游:明孝陵—明中都城、鼓楼;

宁滁明文化节日游:凤阳花鼓节—栖霞“龙舞”;

南京—滁州采摘节(桃子、葡萄、草莓等);

南京—滁州自驾游。

通过宁滁明文化旅游资源的线路规划,用主题将资源串联起来,更加突出明文化的特色。在大力开展专项旅游线路、提升旅游产品知名度的同时,也满足了游客对旅游产品的真正需求。

(三)旅游市场整合

旅游市场广义上是指在旅游产品交换过程中所反映的各种经济行为和经济关系的总和,狭义上是指在一定时期内某一地区中存在的对旅游产品具有支付能力的现实和潜在的购买者。通过分析宁滁旅游市场需求,挖掘旅游市场,了解游客需求,有助于宁滁旅游企业开发满足游客需求的旅游商品,进行宁滁旅游整体宣传促销。

1.宁滁国内旅游市场整合

按国境划分旅游市场,一般分为国内旅游市场和国际旅游市场。国际旅游市场指出境和入境旅游市场。如表7.7主要为宁滁两市国内主要省份旅游市场分析。

表7.7 宁滁国内旅游市场前十省份分析（百分比）[①]

省份	江苏	安徽	浙江	上海	山东	河南	山西	河北	北京	广东
南京	23.2	10.1	9.03	7.42	5.92	4.75	3.72	3.59	4.75	3.05
滁州	25.7	19.4	10.6	6.7	4.32	3.8	3.6	2.94	3.65	2.86

上表数据中，来宁滁旅游的主要国内省份为江苏和安徽地区，共计比例分别为33.3%、45.1%，这两个省份应该作为宁滁旅游的一级市场，这对旅游企业开发常住居民本地游和周边游旅游产品有重要的引导作用；浙江省、上海市、山东省、河南省、山西省、河北省、北京市、广东省八省市为宁滁旅游的二级市场；将其他省份游客作为宁滁旅游的三级市场进行开发和研究，挖掘潜在客源市场，有利于旅游企业找准市场机会，制订营销策略。

2.按旅游类型整合旅游市场

根据旅游目的可将旅游市场划分为观光旅游市场、度假旅游市场、探亲访友旅游市场等，通过数据了解游客需求，更加针对性地开发旅游市场。

表7.8 来宁滁游客目的比例（百分比）[②]

类别	观光游览	度假休闲	商务出差	探亲访友	健康疗养	其他目的
南京	29.5	23.7	15.2	28.9	1.3	1.4
滁州	26.5	27.9	10.4	30.9	2.3	2

由表7.8可看出，来宁的游客中，观光游览、度假休闲、探亲访友分别占29.5%、23.7%、28.9%，此三类游客在宁滁旅游行为结构中占重要比重。来滁的游客中，观光游览、度假休闲、探亲访友分别占26.5%、27.9%、30.9%，是前三甲，与南京相似。宁滁根据实际情况，结合两市的绿色、红色、乡村旅游资源，进行资源组合，设计出明文化旅游与度假休闲、观光游览、乡村体验等资源互补串联的形象开发旅游产品，留住游客。

（四）旅游形象整合

旅游形象是一个城市重要的竞争力元素，鲜明的旅游形象能够提高旅游地知名度。打造南京、滁州旅游整体形象，进行整体营销，能加快旅游经济快速发展。

① 张利华.宁镇扬区域旅游合作研究[D].南京：南京师范大学，2007：15-17.

② 张圆刚.滁州市客流时空分布特征与潜在市场研究[D].芜湖：安徽师范大学，2007：19-23.

南京作为“六朝古都，十朝都会”拥有丰富的历史遗留和文化遗存。近几年南京一直努力打造国际性文化旅游城市形象。明文化作为南京文化旅游的龙头之一，迫切需要进行形象整合，打造世界级明文化旅游品牌。南京形象口号有：“世界博爱之都”“六朝古都，十朝都会”“文化之都”“世界第一城垣”等。

滁州市旅游资源类型多、密度大，山水文化、遗址遗存、民俗艺术等底蕴丰厚。明文化对其影响广泛，发展明文化旅游，建立明文化旅游新形象是大势所趋。目前滁州旅游形象口号有 “山水醉城，滁州真好”“醉美滁州，亭好滁州” “大明源头，改革之乡(凤阳)”等。

明文化作为宁滁两市城市的一大亮点旅游资源，目前仍亟待挖掘内涵，从而带来更丰厚的经济利益，以提高人们对文化的重视度。南京旅游发展势态较好，明文化旅游作为南京文化旅游的龙头，未来发展前景广阔。滁州是明文化的发祥地，明文化保存良好。形象定位应扎根于这些文化背景中，打造优势品牌形象，发扬传统明文化。宁滁明文化旅游形象将通过以下几个方面打造。

1.图标

打造宁滁明文化旅游图标，点明明文化的特色。图标可用在宁滁各大旅行社、酒店、景区宣传册、政府人员办公用品、各类网站上，达到视觉效应。

2.口号

征集推广代表性明文化旅游口号，例如“忆明史，源在宁滁”“文武神功地，宁滁文化游”“大明王朝，贵在宁滁”“一代君王的沉浮”“明古都、明城墙，带你历史重现”“天下一景看宁滁”等。用特殊字体，给人以深刻的印象。在交通路标、出租车、广告牌、景区指示牌上统一使用。

3.地图手册

制作并发行宁滁旅游地图和旅游手册，重点是要根据宁滁旅游开发不断更新，适时添加交通图、路线图和地方旅游投诉电话，以给游客提供方便，吸引游客前来观光游览。

4.旅游商品

通过旅游商品延伸旅游形象，有利于口口相传。

5.宣传、营销

采用广告、网络等方式，对宁滁旅游整体形象进行营销。

第四节　宁滁旅游资源整合

一、旅游资源整合的问题

(一)宁滁旅游资源开发“各自为政”,难以形成规模效益

行政区划与经济建设有着密切的联系,不同的行政区划将会带来不同的经济效应。在现行的区划中往往存在着许多弊端,而行政区划又总是滞后于社会发展的实践,成为制约经济发展的重要方面。随着南京和滁州旅游业的快速发展,行政区之间协调不到位,形成地方保护主义会导致两市旅游企业的恶性竞争,影响旅游业的发展。这期间虽然已签订一些相关的合作协议,但是都没有起到实质性的作用。

(二)基础设施不完善,交通网络不畅通

在区域旅游资源整合的过程中,旅游目的地管理水平和旅游服务品质需要提升,旅游要素和旅游公共服务体系需要加强完善。从吃、住、行、游、购、娱六大旅游要素上看,滁州旅游目前还处在初级阶段,旅游各要素发展也不够平衡,要件配备不够协调,多数景点的潜能仍没有开发出来。若想发展一地的经济,首先得打通该地的交通,健全交通网络体系,但是滁州的交通结构仍有许多不合理的地方,以致滁州的交通区位优势无法凸显。首先,表现在滁州部分交通通道内路线还未完全建成,包括滁扬高速、滁宁轻轨等,影响综合交通的网络性。其次,表现在南京市对外交通上,南京与本省的扬州、镇江、淮安的公路的质量、等级都较高,但通往滁州的滁宁快速干道仍旧坑坑洼洼,这严重阻碍了南京、滁州旅游资源整合的发展。

(三)旅游整体形象缺乏

游客在游玩之后会对旅游目的地形成独特的旅游整体形象,旅游整体形象

是对某旅游地总体印象和评价的反映。旅游整体形象是游客去往一地旅游后的感受,并在接受了此地旅游形象的刺激之后,将此感受进行回放、提炼等,用形象的语言表达其深刻的印象并在社会中传播,从而得到广大游客认同的结果。在旅游者还未熟悉某旅游地和旅游产品并产生选择和购买意愿的时候,旅游整体形象的好坏是影响旅游者行为的重要因素之一。所以,区域旅游的发展需要塑造区域旅游整体形象。

二、旅游资源整合的策略

(一)打破行政壁垒

旅游资源整合中既有市场行为,也有政府行为,而政府在旅游资源整合过程中起着至关重要的作用。在整合过程中,要充分利用政府的行政管理能力。南京都市圈内的滁州、南京分属安徽、江苏两省,要打破不同行政区之间的地方保护主义,从有利于南京和滁州整个旅游资源开发的角度出发,对两市之间的旅游资源重新配置,实现真正意义上的旅游合作。2004年以来,宁滁两市已签署包括旅游在内的一系列合作发展协议,要在旅游规划、旅游交通建设、旅游宣传、旅游线路设计等方面落实旅游一体化。滁州应率先树立大局意识,认清所予所取,主动迎合南京市民的旅游需求,可单向地先给予南京市民同城待遇,南京市民持身份证来滁州旅游,可像滁州本地市民一样给予优惠。

(二)完善基础设施建设,构建区间旅游通道

保证交通、通讯、食宿、购物等各项旅游功能的合理布局和有效运营是建设和完善南京及滁州旅游接待服务设施的重点。旅游通达性在很大程度上会影响旅游业的发展,要实现对区域旅游资源的整合,首先,应该打通或开辟旅游交通要道。鉴于滁州的交通状况,滁州市应加强对外通道和城市交通建设,着力形成公路、铁路、水运等方便快捷的对外交通体系,特别是加强通向景区景点的道路建设,增加通往旅游景区和重点旅游景点的旅游客运专线和主题旅游线路班车。其次,滁州市应加强旅游与铁路部门的合作,鼓励汽车租赁公司改善业务模式、提升旅游服务质量,还要适应散客自助驾车旅游消费的需要,建立更多合理有效的停车场、车站等,大力发展皖东旅游。再次,应升级旅游专用车辆,体现安

全、环保的要求。建立健全停车场、车站、路标等辅助系统和包括政策法规、科技等的支持系统，形成发达的对外旅游交通系统和完善的城市内部旅游交通网络，并处理好对外及对内交通的衔接，达到以交通、休闲等基础设施促进滁州旅游产业集群发展的目的。因此，对区域旅游资源的整合，应以共同服务旅游者为目的，以旅游资源为核心，完善点与点和区与区之间的连接通道。

（三）区域旅游联合促销

旅游宣传和旅游市场促销对不可移动的旅游产品具有重要意义。在对市场和整个旅游资源分析的基础上，根据不同行政区的旅游资源特色，对旅游资源形象进行整体定位，并在此定位的基础上进行区域联合宣传，这样可以形成一个统一的促销主题、宣传口号和整体形象等，不同行政区可以共同享有品牌形象、销售队伍和销售渠道，这在很大程度上降低了旅游产品的广告费用和销售成本。

（四）重新组合区域旅游产品

发展旅游业必须要以旅游资源为主，寻求最佳的旅游路线规划和产品组合。根据南京和滁州的市场状况，结合旅游资源的空间差异、开发的难易程度、季节性等各种因素作出合理的评价，并进行全面的科学规划。在旅游形象的定位和设计方面，对于相似的旅游资源，可以统一打包开发，如深度开发明中都城、明皇陵、明孝陵、明城墙、明故宫等明初文化游览精品。对于南京和滁州的差异性旅游资源，要明确其空间竞争和互补关系，旅游资源要分别突出不同特色之处，努力打造出最具竞争力的旅游产品。

总之，南京和滁州区域之间的旅游资源整合符合现阶段的发展需要，是旅游健康发展的正确选择。滁州在与南京旅游资源整合的过程中，机遇和挑战并存。在抓住机遇时，也要正确对待整合带来的挑战。宁滁旅游资源的整合需要防止因行政规划的分割现象而导致旅游发展不衔接的问题，应根据两地的区位条件、发展情况及旅游资源的自身特色，将南京与滁州的旅游资源进行整合，在追求整合发展的同时更注重质量的提高，强调经济和旅游的共同发展，大力开发两地的特色旅游产品，实现两地旅游业的共同发展。

第八章　滁州市与环城游憩带

改革开放30多年来，随着我国社会经济的高速发展，城市化水平的快速提高，在郊区城市化和城市郊区化的发展变动下，城市和乡村相互融合，大城市与其周围地区在空间联系上日趋紧密。近年来，我国城市居民以城市周边为目的地的近距离旅游日益增长，特别是在“十一”“春节”两大黄金周及“清明”“五一”“端午”“中秋”小长假出游流量集中。随着私家车的普及，周末也成为广大居民出游的时间，城市周边地区更是成为首选地。

第一节　环城游憩带发展概况

近年来，随着我国工业化、城市化的快速推进，城乡发展呈现出面（大中城市）和点（城市周围村镇）相互渗透的发展局面。在这个相互渗透的发展过程中，大中城市周围形成了一个城乡交融、互动的空间地带，即城乡交错带，这一地带由于城市居民的频繁出游而逐渐成为环城游憩带。从环城游憩带的空间特性及其对城乡结构特殊作用的角度，可以将环城游憩带理解为城市向乡村过渡的互动空间，这一空间是形成经济、人力资源、信息等层次体系和梯度空间的核心部分。

一、环城游憩带的概念

随着人们收入的提高、消费观念的改变、私家车的普及、短假期闲暇时间的增多，城市居民越来越倾向于短时、短途、休闲、度假的游憩方式。这种以中心城市居民为主并拉动相当数量外来旅游者参与的游憩活动,除部分发生于城市内部空间外,更多的是向城市郊区推进,进而出现了环绕城市外围、处于近城乡镇景观之中、与中心城市交通联系便捷,具有观光、休闲、度假、娱乐、康体、运动、教育等不同功能,在空间上形成介于城市乡村之间的一条旅游活跃带,旅游上称之为“环城游憩带”(Recreational Belt Around Cities)。

二、环城游憩带的发展

虽然环城游憩带的概念直到1999年才由中国学者提出[①],但西方学者对环城游憩带现象的关注却并不算晚。1968年,美国学者Mitchell就在研究南卡罗来纳州哥伦比亚的城市郊区游憩空间。此后,美国得克萨斯大学旅游系教授冈恩等人将郊区旅游带纳入城市旅游地域系统,提出了“都市旅游环带模式”。20世纪80年代,苏联学者普列奥布拉曾斯基在《地域旅游系统的变化》一书中就地域游憩系统专门进行了论述。1987年,加拿大学者Smith将旅游在大尺度上划分为四类:城市边缘、度假/划船旅游、户外游憩、城市旅游。Weaver提出的城市居民出游的同心圈层结构与环城游憩带概念描述的情形十分相似。1984年,Ball观察到英国伦敦外围形成了环形的游憩地带。McKenzie在城乡结合部发展研究中也涉及了城郊旅游现象。澳大利亚移民与文化交流部(DIMA)将城乡结合部接待城市居民的临时性游憩来访也视为该地区的主要功能之一。

吴必虎在实证研究的基础上首先提出了环城游憩带概念,对城市周边旅游进行了系统的理论总结,并初步建立起规范研究的框架。众多学者从不同的角度对其进行了大量的分析研究,并取得了丰硕的学术成果。如陈传康[②]、魏小安[③] 等从城市旅游角度研究,苏平[④]、徐玮[⑤]、阳国亮[⑥]、李江敏[⑦]、刘丽

① 吴必虎.大城市环城游憩带(ReBAM)研究:以上海市为例[J].地理科学,2001,21(4):354-359.

② 陈传康.城市旅游开发规划研究提纲[J].旅游学刊,1995(5):32-33.

③ 魏小安.对发展中国环城市旅游度假带的思考[N].中国旅游报,2001-09-07(C02).

④ 苏平,党宁,吴必虎.北京环城游憩带旅游地类型与空间结构特征[J].地理研究,2004,(23)3:403-410.

⑤ 徐玮,赵媛.南京环城游憩带旅游地类型与空间结构分析[J].安徽农业科学,2007,35(25):7921-7923.

⑥ 阳国亮,乔海燕.桂林旅游空间结构的新型态:环城游憩带[J].广西民族大学学报(哲学社会科学版),2007,29(2):117-120.

⑦ 李江敏,刘承良.武汉环城游憩地空间演变研究[J].人文地理,2006(6):90-97.

华[①]等从空间结构角度研究;周丽君[②]从城市化与环城游憩地的关系着手研究;曹园园[③]、张述林[④]利用层次分析法(AHP)对其旅游资源进行发展与对策方面进行评价研究;陈华荣[⑤]从市场需求角度对环城市旅游发展进行了研究。

综述这些已有研究发现,学术界对跨行政区的环城游憩带的研究还相当欠缺,本书希望以环南京的环城游憩带的发展过程中,地处邻省的安徽滁州市为案例,对这一新视角下的环城游憩带的发生发展进行探索性分析。

三、环城游憩带的互动机制

环城游憩带是一个由城市向农村过渡的地带,由于其特殊的空间位置,使其成为了一个较为开放的城乡互动空间。

经济互动主要表现为通过环城游憩带旅游的发展、城市旅游者在当地的各项旅游消费,不仅能增加当地收入,也能将城市中更多的物质信息带入农村,使城市经济的增长部分转移到农村,加快农村经济发展的速度。而农村的传统产品(如农产品、土特产品、手工艺品等)也突破了现有的流通渠道,通过城市旅游者流出农村,进入城市。

文化互动主要表现在旅游活动的过程中,城乡居民相互交流、沟通的机会增多,各自所拥有的文化元素相互交融。农村居民将会接触到更多新的、先进的文化元素,城市居民也在旅游过程中受到农村传统文化的熏陶,由此逐渐缩小城市与农村在文化意识方面的差距。

资源互动主要表现为环城游憩带的发展促使政府、企业等将城市资源用于建设和完善旅游发展所需的各项基础设施。资源从城市部分反馈回农村,改变资源集聚城市的现状,形成城乡资源配置良性互动的局面。

在旅游发展过程中,城市旅游者频繁进入环城游憩带开展旅游活动,而旅游

---

① 刘丽华,刘永涓.福州环城游憩带空间结构分析[J].太原师范学院学报(自然科学版),2009,(8)3:81-84.

② 周丽君,刘继生.长春市环城游憩地与城市化相互作用研究[J].人文地理,2005,20(6):98-101.

③ 曹园园,孙晓.基于层次分析法的郑州市环城游憩带旅游资源评价[J].河南大学学报(自然科学版),2008,(38)5:497-501.

④ 张述林,田万顷.基于 AHP 的旅游资源评价与发展对策研究——以重庆环城游憩带为例[J].重庆师范大学学报(自然科学版),2011,28(2):70-74.

⑤ 陈华荣,王晓鸣.大城市环城游憩带市场需求特征研究——以武汉市为例[J].东南大学学报(哲学社会科学版),2012,14(2):107-111.

的发展也吸引着更多的当地村民或者坝区农村和山区农村劳动力进入环城游憩带，或通过环城游憩带进入城市，从事旅游或其他行业的工作，由此形成城乡人流互动。

四、环城游憩带的成因

环城游憩带区位形成根本的原因往往是在土地租金和旅行成本的双向力量作用下，投资者和旅行者达成的一种妥协。因为离城市距离越远，级差地租越低，投资者的资金压力越小；但是离城市越远，旅游者的旅行成本就越高，其出行意愿和实际出游率就越低，最终在某个适当的位置形成游憩区域。

环城游憩带包含四大要素：环（城市）表明了区位；城（市）体现市场（客源）；游憩指的是所提供的产品；分布形式——非圈、非点，而是不连续的一个带，之所以称之为带，一方面说明环城游憩带需要比较大的单体规模及群体规模（非点），另一方面表明环城游憩带要因地制宜，适度发展，而不是发展成为一个封闭的圈。

随着中国经济的快速发展、中国城市居民经济收入大幅度增长、闲暇时间不断增加、城市居民对闲暇消费的需求越来越大。而城市经济发展带来的城市环境污染以及城市高密度的人口和快节奏的生活方式使城市居民开始向往一种远离城市、亲近自然、放松身心的旅游方式。环城游憩带以其较低的人口密度、较好的生态环境、丰富的自然景观和人文景观等，满足了城市居民亲近自然、体验文化的旅游需求，使得城市居民向环城游憩带频繁出游。在社会主义新农村的建设中，新农村的各项软硬条件将不断完善，这也为环城游憩带的建设和发展提供了新的契机。

第二节　跨行政区环城游憩带的形成机制

跨行政区环城游憩带是一个综合性的复杂系统，其动力要素包括诸多方面，它的发展是由多种要素作用力耦合形成的。借鉴以前学者的研究成果，本文从空间、经济、政治、人口城市化四个方面整体动态地去分析跨行政区环城游憩带，对于探讨跨行政区环城游憩带演进的动力机制具有理论和现实意义。

一、空间生长力

跨行政区环城游憩带的发展是一个自然演变过程，它的产生和发展受到跨行政区区域的空间影响，主要包括地缘相邻、交通便捷、资源互补等三个因素。

（一）地缘相邻

在一个区域内，中心城市的旅游发展到一定阶段以后，为了进一步获得更大的发展空间，必然首先向其邻近地区发展。外扩的过程并非均质向外，且不受行政区域的局限，而是首选旅游资源丰富、条件优越、交通便捷且对游客有一定吸引力的区域，特别是与中心城市资源不同、有互补的区域最易成为跨行政区环城游憩带。它的形成扩展了中心城市居民的旅游出行空间距离，有力地促进了跨行政区两地旅游业的快速发展。南京、滁州两市有共同边界140千米左右，滁州最近处离南京市中心区只有20千米左右，一省区域离另一省省会城市如此近距离，这在全国都是少见的。

（二）交通便捷

旅游的“食、宿、行、游、购、娱”六大要素中，行是排在第一位的。旅游实质上是旅游者在客源地和目的地之间的空间移动过程，这种空间移动在很大程度上受制于交通的便捷程度。因此交通便捷性是跨行政区环城游憩带形成的又一主要原因。在其他条件相同的情况下，交通便捷的区域更易形成环城游憩带。在南京都市圈中，滁州与南京的交通非常便利，主要有京沪铁路、京沪高铁、宁安高铁，合宁、宁洛高速公路，国道104、省道312、省道311、宁滁快速干道，虽然南京与滁州相隔长江，但南京市域内现有三座长江公路大桥、一座公铁两用桥、一座铁路桥、一个公路隧道、一个汽车轮渡、一个客运轮渡，远景规划还要再建两座大桥、两个隧道及宁滁轻轨，完全具备形成南京跨行政区环城游憩带的便捷交通条件。

（三）资源互补

受社会经济发展水平、文化历史差异及地域分异规律的影响，各区域之间的差异性还是比较大的。区域与区域之间的旅游资源在数量、结构、质量和分布上不可能完全一样，主导旅游资源也会有显著差别，区域之间的资源具有互补性。区域中心城市的旅游资源即使再丰富、数量再多，那里的人们在城市生活压力、生活节奏及空气污染等一系列环境问题困扰下，也向往不同的生活环境、不同的体验；而跨行政区环城游憩带具有优美的风光、清新的空气、淳朴的乡土气息、绿色新鲜的食物、较低的消费水平，吸引着都市的人们。都市人的需求在跨行政区环城游憩带得到实现，为跨行政区环城游憩带的形成与发展奠定了基础。

南京是国家首批公布的历史文化名城和“中国优秀旅游城市”，南京市为六朝古都，是我国著名的四大古都之一。南京是旅游强市，旅游资源丰富，它的远古文化、六朝文化、明清文化和民国文化等历史文化底蕴深厚。而作为跨行政区环城游憩带的滁州市，其市域面积有1.33万平方千米，为南京市的2倍，但经济处于不发达地区，农业在国民经济中所占比重较高，第一、第二和第三产业比重之比为18.43∶53.59∶28.08，有着美丽的田园风光，成为跨行政区环城游憩带的理想之地。滁州市旅游资源现有25个亚类，占全国31个亚类的80.6%；81个基本类型，占全国155个基本类型的52.26%，旅游资源单体284处，其中自然资源72处，人文资源212处。另外，还有安徽省旅游乡镇20个，其中最佳乡镇2个，优秀乡镇8个，安徽省级农家乐旅游示范点12个。

二、市场驱动力

在市场经济条件下，旅游活动一定受到市场的影响，因此分析社会经济条件就很有必要。市场驱动力的产生，其本质原因是各类市场要素的分布存在区域差异。对于跨行政区区域旅游的市场驱动力的分析主要从区域市场和区域旅游市场驱动力两个方面入手。

随着我国经济的快速健康发展，国人收入稳步提高，消费水平也在持续增长，消费结构和消费习惯必将产生重大转变。据统计，2014年全国国内旅游人数为36.3亿人次，比上年增长11.4%，成为世界上最大的国内旅游市场，但目前我国每年人均出游次数只有2.6次，为发达国家的四分之一左右。国际经验表明，人均GDP超过3 500美元，是世界公认的旅游产业爆发性增长阶段。从发展趋势来看，随着居民消费的升级，国内旅游正由观光旅游向休闲度假旅游转变。

近些年来，南京都市圈经济得到了快速发展，取得了令人瞩目的成就。南京市的GDP从2008年的3 815亿元增加到了2014年的8 820.75亿元，总值增加了1.76倍。而南京市的人均GDP已经由2008年的50 327元增加到2014年的107 545元，年均增长率在10%以上，达到了发达国家标准。城镇居民家庭平均每人全年可支配收入2014年达到42 568元，属全国领先水平，见表8.1。

表8.1　2008—2014年南京市GDP、人均GDP生产总值

年份	2008	2009	2010	2011	2012	2013	2014
人均GDP(元)	50 327	55 290	62 584	75 783	88 525	98 011	107 545
比上年增长(百分比)	12.2	9.9	13.2	21.1	16.8	10.7	9.7
南京市GDP(亿元)	3 815	4 230	5 013	6 146	7 202	8 011.78	8 820.75
比上年增长(百分比)	12.1	11.5	13.1	12.0	11.7	11.2	10.1

在旅游产业方面，无论是入境游还是国内游，南京都市圈在全国都名列前茅。作为全国优秀旅游城市，南京市的旅游业也得到了迅速发展，2008—2014年南京市全年接待海内外旅游者由5 089.52万人次增加到9 419.31万人次，增长了59.4%；其中接待入境旅游者由2008年的119.52万人次，减少到2014年的56.62万人次，减少了52.6%，国际旅游创汇收入由8.73亿美元减少到5.53亿美元，减少了56%。到2014年年末，全市拥有星级宾馆饭店102家；拥有A级以上旅游景区53个，其中5A级景区2个，4A级景区16个；拥有各类旅行社541家，其中具有组织出境游资质的旅行社35家。南京市于旅游业诸方面所取得的成就占江苏省17%上，在长三角乃至全国都名列前茅，见表8.2、表8.3、表8.4。

表8.2　2014年南京都市圈各市旅游总收入占GDP比重

	南京	镇江	扬州	淮安	马鞍山	芜湖	宣城	滁州	总计
旅游总收入(亿元)	1 520.83	554.5	560.3	235.7	142.5	313.78	138.1	112.9	3 578.61
GDP(亿元)	8 820.75	3 252.4	3 697.9	2 455.4	1 357.4	2 307.90	912.5	1 184.8	24 189.05
比重(百分比)	17.24	17.05	15.15	9.6	10.5	13.6	15.13	9.53	14.8

表8.3　2014年全国部分省会旅游总收入和旅游总人数

	南京	合肥	哈尔滨	长沙	福州	郑州	西安	广州	武汉	济南	石家庄	太原
总收入(亿元)	1 520.83	791.8	786.91	1 192.10	2 707.67	892.6	12 849	33 839.8	19 297.32	657.9	436.4	500.01
总人数(万人)	9 475.93	6 574.93	6 010.2	10 487.10	23 432.68	7 766	361 000	374 000	1 949.46	5 588.2	5 796.1	4 196.51

表8.4　2014年江苏省、南京市旅游人数与旅游收入

	旅游总收入（亿元）	旅游总人数（万人次）	国内旅游人数（万人次）	国内旅游收入（亿元）	入境旅游者（万人次）	外汇收入（亿美元）	出境旅游人数（万人次）
江苏省	8 145.5	57 000	46 000	5 6800	297.1	30.3	145.4
南京市	1 520.83	8 113.16	9 419.31	8 080.31	56.62	5.53	67.26
比重（百分比）	18.67	14.23	20.48	14.23	19.06	17.66	46.26

注：表8.2、表8.3、表8.4数据来源于中国统计信息网、江苏省统计网、南京市统计局和滁州市统计局网站，经整理而得。

三、政府调控力

（一）政策导向

作为跨行政区环城游憩带的主要管理者之一，政府的宏观调控与相关发展政策对跨行政区环城游憩带的形成与发展具有直接的推动作用。政府制定相关促进旅游发展的政策是旅游发展的主要动力，不仅有利于区域的旅游招商引资，同时也可为当地旅游业的发展提供有力的政策保障，提升游客对当地旅游的信任与信心，加快旅游业发展的速度和规模，促进跨行政区环城游憩带的快速发展。在南京都市圈刚刚提出时，滁州市政府制定出一系列相关融入南京都市圈、促进发展的政策和规定，南京与滁州两市也及时签订了多项深化经济与社会发展的全面合作战略协议，对两市经济发展、旅游、文化、交通等各方面的合作交流起到了进一步的推动作用。

如2008年9月，滁州与南京两市签署了《南京—滁州经济与社会发展全面合作战略协议》等7项协议，两地将规划建设宁滁轻轨线路，推行城市公共交通一卡通，进一步密切南京都市圈城市之间的联系，加速推进旅游合作。2010年12月，两市政府在南京又签署了《2010年关于进一步加强经济社会发展合作会议纪要》。同时，两市交通局和旅游局分别签署了《2010年滁宁交通对接项目合作备忘录》《宁滁同城旅游合作框架协议》及其他四项协议。

（二）规划调控

政府调控力还表现在从规划上影响跨行政区环城游憩带。规划，意即进行

比较全面、长远的发展计划，是对未来整体性、长期性、基本性问题的思考、考量以及设计未来整套行动方案。旅游规划作为政府的一项计划，在旅游发展和环城游憩带的形成中也起到了重要作用。近些年来，各地都大张旗鼓地进行了各种类型、各个层次的规划，滁州市也不例外。滁州市城市规划有2004、2008、2012年三个版本，旅游规划有“十一五”“十二五”和滁州市旅游产业发展战略规划(2009—2020年)等，此类规划的出台，对滁州市科学、合理、有序地开发利用旅游资源，促进旅游业的快速增长和持续发展，尽快把滁州建成旅游整体形象鲜明、产业结构优化、服务设施完备、综合效益较高的旅游大市和跨行政区环城游憩带有重要意义。

由南京都市圈七市政府共同参与、联合编制的南京都市圈规划已经有2002、2012年两个版本。在2012年年底通过专家评审的《南京都市圈区域规划》中，滁州市的定位是建成现代农业生产基地和新兴旅游宜居城市，这对都市圈跨行政区环城游憩带的发展建设有极大的推动作用。

四、人口城市化

从市场主体来看，当前环城游憩带的客源以中心城区的居民为主。一方面，他们拥有较多的可自由支配收入、相对充裕的闲暇时间和较强的旅游需求。另一方面，一定数量的人口，才能为环城游憩带提供稳定的客源，才能使环城游憩带健康、快速地发展。城市化发展的表现之一是农村人口向城市集中，城市人口比例增大。据统计，南京2014年末有648.72万人，比上年末增加5.63万人，年末常住人口821.61万人，比上年末增加2.83万人，城镇化率为80.45%。但是南京城市中心区域人口过于集中，鼓楼区、白下区的人口密度高达每平方千米3.34万人、2.28万人，不仅高于杭州，而且高于人口密集的北京各主城区。南京市的人口密度是杭州的2.3倍，且南京市人均占地仅有杭州市的43%。南京市人口聚集在城市中心，而产业聚集在江宁、栖霞和浦口的开发区内，大规模人口在居住地与工作地做钟摆运动，给城市交通、环境保护带来了沉重压力。数量众多的城市人口为南京都市圈跨行政区环城游憩带的形成与发展提供了广阔的客源市场。

人口素质的高低对人们旅游出行的影响也很大。学界普遍认为，文化素质与旅游行为成正相关，文化素质越高，出游的可能性就越大。南京市是历史文化名城，文化底蕴深厚，拥有众多的高等院校和科研机构，城市居民的教育水平普遍较高，出游动机较为强烈。2011年公布的《南京市2011年度人口发展报告》显示，全市大学文化程度人口比重由2009年的12.35%升至2011年的26.11%，在全国副省级城市中排第一位，低于北京(31.5%)，高于上海(21.9%)。截至2014年年底，南京市的普通高等学校共有53所，在校学生(不含研究生)70.23万人。研究生培养机构(普通高校、科研机构)31个，在校博士、硕士研究生10.30万人。这对南京都市圈跨行政区环城游憩带的形成与发展有正向促进作用。

第三节 跨行政区环城游憩带的特征

一、环城游憩带游客行为空间特征

游客在外出旅行时，距离并不一定是越远越好。出行距离通常受到时间成本、经济成本、心理因素、交通条件等诸多因素的影响，大部分居民出游距离并不太远，而以城市周边环城游憩带为主要游憩休闲地。一般旅游出行距离有两种表达方式：一种是时间距离，通常用汽车行驶时间来计算，以小时为单位；一种是空间距离，即两地之间的实际距离，以千米为单位。已有研究表明，城市居民向外出游多数集中在较近距离内，50千米内占有市民出游机会的60%左右；一部分外来游客对市外目的地选择，主要集中在距城市250千米内[①]。此外有的学者以时间为标准进行研究，结果为：41.78%的游客倾向于1～2小时车程，26.83%的游客倾向于1小时车程之内，18. 76%的游客倾向于2～3小时车程，8.17%的游客倾向于3～4小时车程，4.46%的游客倾向于4小时车程以上。这些结果与我们对南京市和滁州市调查结果类似：58.43%居民倾向选择自己驾车1～2小时的距离，且为一日游；20.15%的人倾向于2～3小时车程，1小时以内、3小时以上分别只占8.31%和13.11%，3小时以上的通常以二日游为主。空间距离上，50～200千米的比例占80.33%，50千米以内的仅占7.2%，200千米以上的也只有12.47%。另有研究表明，少于1小时或50千米近程的比例有所减少，中途比例增加明显，主要原因有两个，第一，由于近些年来经济发展比较快，私家车普及，

① 吴必虎，唐俊雅，黄安民，等. 中国城市居民旅游目的地选择行为研究[J]. 地理学报，1997，52(2)：97-103.

自驾车旅游占比高，乘公共交通运输工具进入环城游憩带旅游人数明显减少。如南京市私人汽车拥有量由2008年的54.24万辆增长到2012年的96.36万辆，增长1.78倍；其中私人轿车拥有量由2008年的27.02万辆增长到2012年的70.77万辆，增长2.62倍，见表8.5。第二，交通道路条件改善明显，车速变快，路上时间节省较多，出行距离增大。

表8.5　2010—2014年南京市汽车数量统计

年份(年)	2008	2009	2010	2011	2012	2013	2014
民用汽车(万辆)	54.24	67.1	83.05	99.71	117.75	140.41	172.19
私人汽车(万辆)	38.5	50.2	64.76	79.63	96.36	117.73	148.56
私人轿车(万辆)	27.02	36.1	47.04	58.31	70.77	86.63	109.93

二、环城游憩带市场特征

(一) 市场化组织弱

环城游憩带通常以家庭为单位，或亲朋好友邀约、或单位同事一道出游，自我安排，市场化组织弱，参与旅行社组织的游憩行为较少。其旅游出行的目的以休闲、娱乐、度假、乡村特色为主，要求变过去的被动观看为主动参与，旅游产品要有新、奇的特点，参与性强的项目更受青睐。如南京都市圈环城游憩带的滁州市有特色鲜明的乡村旅游项目，特别是住农家屋、吃农家菜、做农家活、采农家鲜果瓜菜，对游客有很强的吸引力。

(二) 淡旺季均衡

环城游憩带的游客出行时间以双休日为主，路上花费时间不长，出行空间距离不远，且双休日是全年均匀分布，当然在国家法定节假日调休天数增加的时节，会出现出游高峰。南京都市圈环城游憩带的滁州市地处亚热带北缘，四季景观分明，全年各季均可进行相适应的旅游活动，踏青、避暑、秋游、赏雪可交替进行，且城市居民的出游意愿、喜好多样，因此环城游憩带的淡旺季相对均衡。

（三）消费空间大，自费比例高

近几年，随着国民经济不断发展，环城游憩带游客中自驾车旅游的人数比例快速增长，这部分游客经济条件相对较好，收入较高，旅游消费具有随意性和高支出的特点，游客对各地名吃、土特产品、旅游工艺品特别感兴趣，购物倾向明显。此外，驾车出游比参团旅游还多出了过路费、油费、停车费以及洗车费等诸多附加费用；而且与旅行社组团相比，散客在吃、住、门票方面没有折扣，花费也要增加，但是其旅游的质量较好，总体满意度相对较高。根据调查，环城游憩带滁州市旅游者日均综合消费一般在300元/人以内，其中日均消费在200元/人左右所占最多，约75%为自费出游。

三、环城游憩带模式特征

基于核特征分析我国环城游憩带的成长模式和类型差别较大，根据“核特征”可将环城游憩带成长模式分为三类：卫星模式、哑铃模式和泛三角模式。南京都市圈跨行政区环城游憩带属于第一种模式——卫星模式，此模式具有单核中心城市同心圆分布的空间特征，释放式的渠道特征，对周边有较强的辐射带动作用。在南京都市圈跨行政区环城游憩带中，其核心城市南京市周边分布着滁州市、镇江市、扬州市、淮安市、马鞍山市、芜湖市等卫星城市，这一模式在空间位置上呈群聚式分布，城市周围游憩目的地呈现一种“均势”和“密集”的态势，许多旅游资源在整个区域中呈现出围绕南京市离散分布的空间特征，同时形成了结构分明、半径不等的围绕核心城市南京的同心圈层游憩带，但圈层与圈层之间无明显界限，且不受行政区划的限制和影响。

对于环城游憩带的范围，目前国内尚无统一的标准，并且随着居民经济能力，特别是交通能力的不断加强，环城游憩带的范围也逐渐扩大，根据相关研究成果并结合南京与滁州的实际情况等，将跨行政区环城游憩带范围分为三个环带：以南京鼓楼为中心，半径50千米（汽车单程时间1小时以内）、100千米（汽车单程时间1～2小时）的一日游；半径150千米（汽车单程时间2～3小时）的一日游或二日游。根据旅游资源的城市中心距离和旅游时间比，跨行政区南京都市圈环城游憩带的滁州为一日游或二日游憩地。

四、结论

跨行政区环城游憩带的形成和发展是一种旅游开发空间结构，它的形成机制主要有政府政策的影响、市场经济发展的影响、跨行政区区域的空间影响、人口城市化的影响（城市游憩者的旅游需求）等四个方面，确立其区位是在旅游成本与土地租金相平衡的位置。南京都市圈滁州市所处位置在距离南京50~150千米、车程在1~3小时的范围内，是跨行政区环城游憩带产生的最佳区域。另外，南京都市圈跨行政区环城游憩带特点表现在游客行为特征、市场特征、模式特征三个方面，体现了环城游憩带发育凭借力量的多元性。

南京都市圈跨行政区环城游憩带——滁州市在发展过程中有诸多优势：优越的区位条件、丰富的旅游资源、良好的生态环境、政府的政策支持、习俗相同人缘相亲的文化积淀，为其发展奠定了基础。但在跨行政区环城游憩带实际发展过程中也遇到了障碍，例如，两市所签署的诸多方面协议的落实不到位、行政区划的隔离阻碍作用还比较大、旅游产品供给不足、要素发展不够平衡等。为加强宁滁两市在经济、旅游等各方面的合作，宁滁两市早在2004年9月就签订了《南京、滁州交通合作框架协议》，2008年4月，双方再次签署《滁州市与南京市交通对接项目合作实施协议》，约定两年内共同建成滁宁快速通道。但快速干道协议签署至今已经8年，仍然没有通车，都市圈旅游同城化待遇也没有实现，宁滁两市的同城化无缝对接还有很长路要走。

南京都市圈跨行政区环城游憩带不仅是中心城市南京居民周末休闲度假的重要场所，而且对带动滁州旅游发展、增加休闲产业收入、加强宁滁两市的紧密联系和改善环境具有积极效果。本书基于南京都市圈对跨行政区环城游憩带的成长进行了初步探究，拓展了该领域的理论研究平台，希望有更多的学者加入相关问题的研究。

第九章　滁州市文化旅游

21世纪不仅是生态旅游的世纪，也是文化旅游的世纪。文化旅游因其独特的文化底蕴和文化氛围而受到广大游客的青睐，文化旅游开发是满足新的旅游需求、提高旅游生活质量的必然趋势，也是旅游向深层发展的必然结果。文化旅游开发正日益引起旅游管理部门的高度重视，并且成为许多国家学者眼中的旅游业“后起之秀”。当前，文化旅游开发的重要性体现在两个方面：一是文化旅游的游客规模在逐渐扩大；二是发展文化旅游成为许多城市和区域的旅游发展战略的核心。

第一节　旅游资源概况

旅游资源开发涉及内容较多，在开发之前应该有一个综合性的开发规划。最重要的是要明确旅游资源的开发方向，也就是对开发后的旅游吸引物进行市场定位。

一、旅游资源概念

旅游资源(tourism resources)是旅游业发展的基础。我国旅游界对旅游资源的含义、价值、应用等许多理论和应用问题进行了多方面的研究，由于研究的侧重点和角度不同，先后出现过各种不同的定义，但各家学说均有一个共同点，那就是都强调了旅游资源具有吸引旅游者的这一属性，这可谓旅游资源的理论核心。

实际上，旅游资源理论从国外引入中国时，译者把“attraction”翻译成为“资源”，造成人们对资源“resource”的错误理解。西方学术界就直接将旅游资源称为“旅游吸引物”。“旅游吸引物”是指旅游地吸引旅游者的所有因素总和，它包括旅游资源、适宜的接待设施和优良的服务与劳务，甚至还包括快捷舒适的旅游交通条件。

目前围绕着旅游资源的吸引属性这一理论核心，旅游资源的研究范畴更加宽泛了。针对旅游资源的概念界定不一致的问题，中国科学院地理科学与资源研究所和国家旅游局规划财务司于2003年在原有《中国旅游资源普查规范》的基础上，共同起草了中华人民共和国国家标准《旅游资源分类、调查与评价》，对旅游资源的概念重新加以确定。旅游资源的标准定义为“自然界和人类社会凡能对旅游者产生吸引力，可以为旅游业开发利用，并可产生经济效益、社会效益和环境效益的各种事物和因素”。该概念在强调资源具有吸引力的同时，还重点强调了旅游资源产生的三大效益：“经济效益”“社会效益”和“环境效益”。这种提法是符合现代经济“可持续发展”原则的，在实际操作中具有积极意义。因此与其他提法相比，这一概念的定义有着较强的先进性和科学性。

二、旅游资源分类

（一）根据旅游资源的基本属性划分

1.自然旅游资源

自然旅游资源是指依照自然发展规律天然形成的旅游资源，是可供人类旅游享用的自然景观与自然环境。

(1)地文景观。典型地质构造、岩石矿物、名山风光、黄土景观、沙漠、戈壁、火山熔岩等。

(2)水域风光 。风景河段、漂流河段、湖泊风光、泉水、瀑布、游览海域、浪潮景观、冰川等。

(3)生物景观。森林、草原、古树名木与奇花异草、野生动物及其栖息地、典型的自然生态景观等。

(4)天象与气候景观。避暑胜地、冰雪风景、云雾、树挂奇观、天象胜景(如海市蜃楼、宝光、极光)等。

2.人文旅游资源

人文旅游资源又称人文景观旅游资源，是指在人类历史发展和社会进程中，由人类社会行为促使形成的具有人类社会文化属性的各种人与事物。

人文旅游资源是由各种社会环境、人类生活、历史文物、文化艺术、民族风情和物质生产构成的人文景观，由于各具传统特色，而成为旅游者游览观赏的对象。它们是人类历史文化的结晶，是民族风貌的集中反映，既含有人类历史长河中遗留的精神与物质财富，也包括当今人类社会的各个侧面。与自然风景旅游资源不同，人文旅游资源可被人们有意识地创造出来，例如，可通过建造博物馆、美术馆、游乐园、文化宫、体育运动中心，以及组织文化节、戏剧节、电影节、音乐节和各种民间喜庆活动等别具特色的文化活动来丰富旅游内容，招徕远方游客，形成充满现代气息的人文旅游资源。

人文旅游资源主要包括：历史遗迹旅游资源，如古人类遗址、历史文化遗产、近代革命活动遗址；古建筑旅游资源，如宫殿建筑、祭祀建筑、民居建筑、伟大工程；古陵墓旅游资源；宗教旅游资源；园林景观旅游资源；民族民俗旅游资源，如服饰、饮食、节日节庆、风物特产等。

（二）根据旅游资源的利用程度划分

（1）潜在旅游资源：有一定的游览、观赏价值，但目前尚无力开发的潜在资源。

（2）现实旅游资源：已经被开发利用的资源，且成为当地旅游业发展的依托；或者已经通过可行性论证，即将开发。

（三）根据旅游资源的可持续利用潜力划分

（1）再生性旅游资源：在旅游过程中被消耗部分后，仍能够通过适当途径为人工再生产所补充的旅游资源（纪念品、土特产、风味佳肴等）。

（2）不可再生性旅游资源：自然生成或在长期历史发展过程中的遗存物（古建筑、古文化等）。

（四）根据旅游资源的吸引级别划分

世界级旅游资源、国家级旅游资源、省级旅游资源、市（县）级旅游资源。

（五）根据旅游资源的利用方式和效果划分

游览鉴赏型旅游资源、知识型旅游资源、体验型旅游资源、康乐型旅游资源。

三、旅游资源的特点

1.非旅游功能性

除专门为旅游而建的人工游乐场外，其他绝大多数资源的原来功能并非为旅游所有，只有经过人们认识开发后才能成为旅游资源。

2.认知性

旅游资源依人类社会的认知能力的提高而不断发现，其内涵有不断扩展的趋势。

3.时空性

旅游资源的价值和功能因其所在的时空不同而具有一定的差别。

4.复合性

旅游资源既具精神性，又具物质性，是物质层面和精神层面的组合。

5.可持续性

其他资源一经开发采用之后，便逐渐衰减，并趋于枯竭，但对旅游资源而言，只要合理开发并妥善保护，就能持续运用，永不枯竭。

第二节 滁州市文化旅游资源分类和评价

文化旅游要实现健康持续发展，关键是要对其进行科学合理的开发，打造文化旅游精品，构建文化旅游品牌，吸引文化旅游者。滁州市的文化旅游开发研究非常薄弱，特别是文化旅游资源评价、文化旅游产品构建和设计等方面研究滞后。本文根据研究需要，运用旅游可持续发展、旅游地生命周期、区域经济空间结构以及体验经济等理论，探讨滁州市文化旅游资源的合理开发利用，对其他同类地区文化旅游的发展也具有一定的理论指导和借鉴意义。

一、滁州市文化旅游资源分类

滁州市文化旅游资源十分丰富，数量多，类型全。以中华人民共和国国家标准《旅游资源分类、调查与评价》为依据，根据滁州市文化旅游资源的具体情况，对滁州市文化旅游资源进行了总结分类。

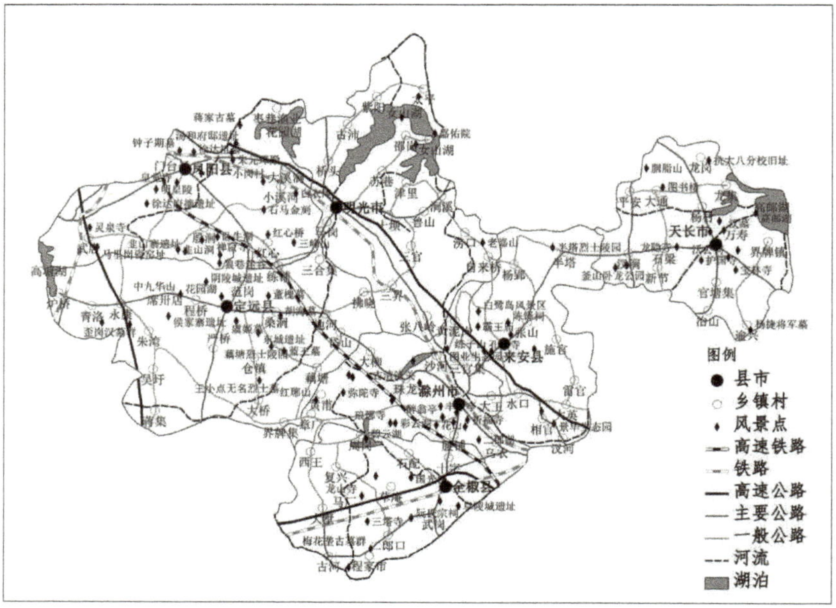

图9.1　滁州市文化旅游资源分布示意图

（一）山水文化旅游资源

滁州市的山水文化旅游资源种类繁多，类型丰富，开发利用的潜力大。从自然地理环境方面看，滁州市全境属于北亚热带气候区，光热与降水条件优越，植被覆盖率高，地质构造上属于大别山的余脉，主要为低山丘陵。从总体上看，南部的琅琊山地区、全椒的神山地区及北部的凤阳县韭山地区的自然山景、水景发育良好，特别是北部韭山的岩溶地貌非常有特色，在我国北方地区实不多见。

滁州市的山水文化旅游资源首推素有“蓬莱之后无别山”美誉的琅琊山，山中大片天然次生林保存完好，林壑幽美、溪流淙淙，密林之中掩映着建于唐代的琅琊寺和建于宋代的醉翁亭（全国四大名亭之首）及姊妹亭丰乐亭，还有集古驿道、古关隘、古战场于一体的金陵锁钥清流关。琅琊山山间摩崖石刻遍布，其中欧文苏字碑、吴道子画“观自在菩萨”石刻像被称为镇山之宝，标志着名山深厚的文化底蕴。

凤阳县韭山国家森林公园位于该县南部，总面积达55平方千米，包括国家4A级景区狼巷迷谷、3A级旅游景区韭山洞和江淮大地上的明珠卧牛湖三大景区。凤阳县韭山森林公园于2009年8月获国家地质公园称号，该景区内地质遗迹景观具有独特的典型性、稀有性、系统性、完整性、自然性、优美性、科学性、文化性等特征。

狼巷迷谷景区于2000年5月被中国文物保护宣传委员会授予中国历史文化遗产称号，分为古刹礼佛和迷谷探奇两大主题。始建于汉武帝年间的千年古寺——禅窟寺，不仅可以烧香礼佛，还可以为研究佛教历史提供素材。天然溶洞禅窟洞内景观千姿百态，既可领略大自然的神奇，又可在洞内对佛教文化寻根问祖。自唐以来摩崖石刻不仅书法各异，还真实反映出历代文人墨客对禅窟寺的钟爱。据初步考证，现存石刻17处，其中唐刻4处，宋刻7处，清刻4处，未署时代的1处，字迹剥蚀的1处。这些石刻多为记游记事之作，书法风格各异，流派纷呈，真、草、隶、篆、魏碑等体应有尽有。有诗云：“三月莺啼花满山，天风飞暖树无间。不知洞内何年月，石自嵯峨水自潺。”

韭山洞因山暖多滋生野韭而得名，距今已有五亿年的地质历史，为喀斯特溶洞。此洞早在1500多年前郦道元的《水经注》中已有记载，并留下多处唐宋题刻。朱元璋初起义兵时也曾据山屯兵，并在洞内外留下众多古迹。

滁州市主要山水文化旅游资源见表9.1。

表9.1 滁州市主要山水文化旅游资源

基本类型	主要类型	名 称
地文景观文化旅游资源	名山	琅琊山、神山、韭山、皇甫山
	名洞	韭山洞、雪鸿洞禅窟洞、狼巷迷谷
	火山	女山
水域景观文化旅游资源	河流	淮河、清流河、沙河、濠河、池河、汊河
	湖泊	卧牛湖、黄栗铺水库、城西湖
	泉水	酿泉、玉蟹泉、葡萄泉
天象与气候景观文化旅游资源	光现象	琅琊山海市蜃楼

注：根据滁州市地方志、滁州市旅游局提供的资料整理。

（二）人文旅游资源

社会人文旅游资源不同于山水旅游资源，其形成不仅受到自然地理环境各要素的影响，同时也受到历史、经济、文化、民族等各种社会因素的影响，其形成过程远比山水文化旅游资源复杂。社会人文旅游资源是整个人类生产、生活活动的艺术成就和文化结晶，是人类自身发展过程中科学、历史、艺术的高度概括和浓缩。凡是社会人文旅游资源都与人类活动有关。社会人文旅游资源具有历史性、人为性、自然性、民族性、地域性和有益性等特点，滁州市人杰地灵，历史悠久，文化灿烂，为滁州市文化旅游的发展提供了得天独厚的社会人文旅游资源。滁州市主要人文旅游资源见表9.2。

表9.2　滁州市主要人文旅游资源

基本类型	主要类型	名　称
历史文化旅游资源	遗　址	①古人类遗址：濮家墩遗址、西河遗址、西王遗址、高郢墩遗址、顿丘山殷商遗址；②古都城遗址：明中都城遗址、滁州古城遗址、钟离古城址；③其他遗址：古清流关、孔雀寺遗址、皇觉寺遗址
	博物馆、纪念馆	天长市博物馆、吴敬梓纪念馆、欧阳修纪念馆、朱元璋纪念馆、小岗村展览馆
	摩崖石刻	琅琊山摩崖石刻、禅窟洞摩崖石刻
	名　人	鲁肃、欧阳修、郭子兴、朱元璋、汤和、胡松、李善长、徐达沐英、蓝玉、朱棣、吴敬梓、汪道涵
建筑文化旅游资源	名亭、名楼、名宅	沃公祠、醉翁亭、丰乐亭、国光楼、凤阳鼓楼、吴敬梓故宅
	陵园祠墓	明皇陵、沃公墓、虞姬墩、来安半塔烈士陵园、定远藕塘烈士陵园
	水工建筑	滁州上下水关、琅琊山抽水蓄能电站、自来桥
	古街区与古宅	滁州遵阳街、凤阳花铺廊大街、滁州乌衣老街、宝宋斋、朱孝子祠、吴敬梓故宅
艺术文化旅游资源	工艺美术	玉雕、凤画、玻璃雕刻
	戏　曲	凤阳花鼓戏
	小说、散文	《儒林外史》《醉翁亭记》《丰乐亭记》
饮食文化旅游资源	经典菜式	凤阳流水席
	传统名吃	凤阳醸豆腐、雷官板鸭、全椒酥和排、琅琊酥糖、凤阳叫花鸡、凤阳珍珠翡翠白玉汤、天长秦栏卤鹅、天长松花溏心皮蛋、定远老鹅
民俗文化旅游资源	传统节庆	春节、正月十五、二月二龙抬头、清明节、端午节、七月七、中秋节、重阳节
	庙　会	琅琊山庙会、凤阳庙会、全椒正月十六走太平、腰铺庙会

续表

基本类型	主要类型	名 称
宗教文化旅游资源	佛 教	皇家寺院龙兴寺、全国重点寺庙琅琊寺、护国寺、神山寺、禅窟寺
商贸文化旅游资源	大型商贸街区	滁州市天长路商业街、凤阳花铺廊大街
修学文化旅游资源	爱国主义教育基地	来安半塔烈士陵园、定远烈士陵园
	地理教学实习基地	凤阳韭山洞、狼巷迷谷喀斯特地貌、明光市女山火山地貌

注:根据滁州市地方志、滁州市旅游局提供的资料整理。

二、滁州市文化旅游资源评价

(一) 历史悠久,文化旅游资源种类全

滁州历史悠久,源远流长,有多处新石器时期的文化遗址。夏、商、周时期,这里分布着一些部落方国,有钟离国、椒国等,沿淮"淮夷"部族经过长期开发和征战,逐步融入华夏文明。西汉初置全椒县,南北朝梁大同二年(536)置南谯郡,隋开皇九年(589)改南谯郡为滁州。

滁州临江近海,襟江带淮,为南北之要冲,东西之走廊;自古地处"吴头楚尾",历代为交通要驿,有"金陵锁钥"之险,"九省通衢"之要,"明代文化"之源;繁荣的经济文化吸引了大江南北的文人雅士云集,僧尼道士传经颂道;儒、释、道文化在这里交相辉映,可谓"唐宋元明清,从古看到今"。滁州拥有国家、省、市级重点文物保护单位59个,拥有众多遗址、遗迹、名亭、名楼,可以说,滁州市集名人、名山、名水、名城、名村、名亭、名楼、名陵、名寺为一身,生态和文化旅游资源十分独特,极具开发价值。

(二)文化旅游资源的特色突出,知名度高

在滁州的文化旅游资源中,特色突出,知名度高的为数不少。

琅琊山集国家重点风景名胜区、国家森林公园、国家4A级旅游区于一身。琅琊山景色淡雅俊秀,文化渊源久远,有丰富的人文景观。不仅有卜家墩古遗址

留下的大量古迹和文物，还有著名碑刻唐吴道子画观音像、唐李幼卿等摩崖碑刻近百处。自唐宋以来李幼卿、韦应物、欧阳修、辛弃疾、王安石、梅尧臣、宋濂、文征明、曾巩、薛时雨等历代无数文人墨客，达官显贵建寺造亭、赋诗题咏，留下大量卓越的文化遗产，拥有名山、名寺、名亭、名泉、名文、名士六名胜境。

琅琊山还拥有唐建琅琊寺，为皖东著名佛寺，是全国重点寺观之一。宋建醉翁亭因北宋大文豪、唐宋八大家之一欧阳修所著的《醉翁亭记》一文而闻名遐迩，被誉为“天下第一亭”。《醉翁亭记》为全国中学必修教材内容之一，脍炙人口的佳句“醉翁之意不在酒，在乎山水之间也”更是家喻户晓；景区内亭、台、轩风格各异，园中有园，景中有景，人称“醉翁九景”；欧阳修手植梅为全国四大梅寿星之一，苏东坡手书《醉翁亭记》碑堪称稀世至宝。

凤阳县是省级历史文化名城，地处滁州市北部，淮河中游南岸。自然条件优越，名山胜水众多，哺育了一代农民皇帝朱元璋，造就了“敢为天下先”的小岗人，凤阳也因此以“帝王之乡”“花鼓之乡”“改革之乡”“石英之乡”和“曲艺之乡”享誉海内外。凤阳县于2005年被评为“全省旅游经济强县”，2006年被评为“一生中要去的‘66个文化旅游大县’之一”，2007年被评为“中国县域旅游品牌百强县”。

凤阳县历史悠久，文化底蕴深厚，人文旅游资源丰富，拥有明代第一都——明中都城、明代第一陵——明皇陵、华夏第一谯楼——明中都鼓楼、皇家第一寺——龙兴寺、中国农村改革第一村——小岗村。小岗村十八户农民开创中国农村改革之先河，新落成的“大包干纪念馆”被列为全省爱国主义教育基地；被列入国家首批非物质文化遗产的凤阳花鼓，享有“东方芭蕾”之美誉，在全国具有很高的知名度；工艺独特、色彩丰富、文化艺术寓意深刻、独具一格的凤阳“凤画”，享誉中外。

滁州市是全国著名的抗日革命根据地之一。“中国农民歌会”“中国·滁州醉翁亭文化旅游节”“中国凤阳花鼓文化旅游节”等旅游节庆已在全国具有一定的影响力。刘少奇、徐海东、张云逸、谭震林、罗炳辉等老一辈革命家在皖东大地都曾留下了战斗的足迹。定远藕塘烈士陵园和中原局旧址被列为全国百家红色经典景区。

这些知名度高、特色突出的文化旅游资源对滁州市旅游市场的拓展有着积极的意义。首先，为滁州部分旅游产品长期拥有较大市场奠定了基础；其次，有利于滁州整体旅游产品的宣传促销。

(三)文化旅游资源的区位条件较好

滁州市许多文化旅游资源不仅具有明显的特色、较高的知名度,而且还具有良好的区位条件。

滁州市与国家历史文化名城南京相连,直线距离50千米,一小时车程,如能进一步开发与南京相关的文化旅游资源,可拓宽滁州市文化旅游活动空间,使其内容更多、功能更强,从而有助于滁州市扩大旅客容量,增加旅游人次,提高旅游收入,提升旅游产品品位。

(四)文化旅游资源与其他类型资源的组合较理想

滁州市人文旅游资源与其他类型的旅游资源组合较理想,比如,醉翁亭和琅琊山将文化旅游与观光旅游组合在一起,凤阳的皇帝文化、明文化和韭山将文化旅游与森林、溶洞等观光旅游组合在一起。这种组合有利于各类旅游资源的开发和互相促进,互相利用,从而达到省钱省力、降低旅游产品开发经营成本的目的,也有利于发挥旅游产品的群体效应,增强拓展旅游市场的力度。

第三节 滁州市文化旅游开发现状分析

文化与旅游是密切结合、相互渗透的。从旅游的角度看,文化作为人类在社会发展过程中所创造的全部物质财富和精神财富的总和,不仅是旅游活动开展的前提和基础,也是旅游活动所指向的重要内容;从文化的角度看,旅游作为一种流动的社会活动,实质上是各种文化交流的过程,它始终都包涵着文化的内涵,始终以文化为底蕴。

一、背景分析

背景分析主要从区位条件、自然环境条件、社会经济条件、资源条件和政府政策几个方面进行。

（一）区位条件

一个目的地旅游业的成功发展，其基本条件不仅在于拥有资源的数量和质量，还在于这些资源所处的区位条件和可进入程度。区位条件主要是指一个区域是否接近中心城市、交通干线和人口稠密区。

滁州市位于安徽省东部，长江三角洲西部边缘。地理坐标为北纬31°51′～33°13′、东经117°09′～119°13′，行政区域总面积1.33万平方千米。距省会合肥市120千米，距江苏省会南京市59千米，距上海市300千米。市境东与江苏南京、扬州、淮安接壤，西与淮南、合肥毗邻，南与巢湖相连，北与蚌埠交界，属于南京都市圈的核心城市，是安徽省东向发展战略中的“桥头堡”，在中部地区崛起、西部大开发战略中具有独特的承东启西、连南接北的区位优势。

（二）自然环境条件

滁州市地处江淮之间丘陵地带，为北亚热带湿润季风气候区，四季分明，温暖湿润，气候特征可概括为：冬季寒冷少雨，春季冷暖多变，夏季炎热多雨，秋季晴朗气爽。全市年平均气温15.4℃，年平均最高气温20.1℃，年平均最低气温11.4℃，年平均降水量1 035.5毫米。梅雨期长达23天，年日照总时数2 073.4小时，初霜为11月4日，终霜为3月30日，年无霜期210天。滁州市域跨长江、淮河两大流域，全市地貌大致可分为丘陵区、岗地区和平原区三大类型，地势西高东低，全市最高峰为南谯区境内的北将军岭，海拔399.2米，围绕丘陵分布的台地和波状起伏地带构成岗地区，滁河、淮河沿岸和女山湖、高邮湖的滨湖地带是主要平原区。

滁州物华天宝，资源丰富，是国家重要的商品粮生产基地。目前已发现和探明的矿产资源达33种，其中硅石、石英岩、石灰岩、岩盐、芒硝、铸石、石膏、凹凸棒土、麦饭石储量均居安徽省首位，并拥有省内唯一的油田——天长油田。

（三）社会经济条件

早在远古时期，先民们就在这片土地上生息劳作，考古发现了多处新石器时期的文化遗址。夏、商、周时期，这里分布着一些部落方国，有钟离国、椒国等，沿淮“淮夷”部族经过长期开发和征战，逐步融入华夏文明。隋初开皇九年(589)正式设置滁州建制,迄今已有1400余年。元朝后期,出生于凤阳贫苦农民家庭的朱元璋起兵反元,经过十几年南征北战,推翻了元朝统治,建立了明王朝。新中国成立后的滁州经历了几十年曲折发展的历程,于1992年12月被国务院批准为省辖市。

滁州市临江近海,承东接西,区位优越,交通便捷。公路四通八达,主要有G104、G205、G312国道,S101、S205、S206、S212、S226、S247、S307、S309、S310、S311、S312、S331省道,沪蓉、沪陕、宁洛、京福、长深、马滁扬、北沿江(在建)高速公路。截至2014年年底,全市公路通车里程16 645千米,其中高速公路334千米,国道159千米,省道695千米,县道1 962千米,乡道2 468千米,村道8 949千米,另有部分专用公路。京沪铁路、宁西铁路穿越市境,京沪高速铁路、沪汉蓉高速铁路在市境通过,并设有站点。滁州市水运便利,淮河在北界穿境而过,滁河航运直达长江,全市内河航道通航里程458千米,其中三级航道87千米。

近年来,滁州市城区的特色优势逐步凸现,以城市建设、道路交通建设、清流河城西湖整治、科教卫设施建设、美化绿化工程和民居建设为代表的"大滁城"基础设施建设全面展开,公路、水运、通讯等已形成网络,是融古老城市与现代新兴城市文明于一体的历史文化古城、新兴旅游工贸城市和现代生态园林城市。作为历史古城,历史是根,文化是魂,城市现代化建设必须与历史文化名城保护相结合。

(四)资源条件

经过有关单位普查,滁州市目前共有旅游资源单体284处,其类型分布参见第七章表7.1。

由前文及资料可知,滁州市的旅游资源拥有全国8个主类的全部;拥有25个亚类,占全国31个亚类的80.6%;拥有81个基本类型,占全国155个基本类型的52.26%;自然资源72处,占旅游资源总量的25.4%;人文资源212处,占旅游资源总量的74.6%。

旅游资源单体中,共有5A级旅游资源4处,4A级旅游资源9处,3A级旅游资源9处。凤阳县、琅琊区3A级以上的旅游资源所占比重较大,全椒县、明光市、来安县、凤阳县的资源密度相对较高,但是资源等级不高,定远县、天长县、南谯区的旅游资源量相对较少,但资源等级尚可。

滁州市境内文化旅游资源数量多、价值高，其中有省级历史文化名城1座、全国重点文物保护单位2处、国家重点寺庙1座、国家地质公园1处，还拥有国家森林公园4座、国家4A级旅游景区2个，有四大名亭之首的“醉翁亭”，有中国四大名菊之首的“滁菊”，有国家级首批非物质文化遗产——凤阳花鼓，有被列入全国经典红色旅游线路的定远藕塘烈士陵园、定远王小庙新四军无名烈士陵园、来安半塔保卫战旧址、天长抗大八分校旧址等。具有现代特色的景点有：中国农村改革第一村——凤阳县小岗村，中国孝子故里——天长市秦栏镇民营工业园区，亚洲第一汽车试验场——定远县范岗基地，中国四大抽水发电工程之一——琅琊山蓄能电站。

（五）政府政策

滁州市委、市政府高度重视旅游业发展，采取多种措施加快旅游业发展。市政府设立了旅游发展引导资金，先后批准了《滁州市旅游发展总体规划》《滁州市“十二五”旅游发展规划》《滁州市生态城市规划》。近几年来，滁州市加大琅琊山核心旅游区建设的工作力度，关闭和搬迁开山炸石企业，保护琅琊山山体；市区人民广场建设、南湖公园改造、琅琊山亮化工程、石油公司搬迁、丰乐亭开放修复、沙河水库禁止采砂等重大建设和工作事项得到落实。市委、市政府《关于实施东向发展战略加快奋力崛起的决定》就科学整合旅游资源，把旅游业培育成为滁州市的重要产业作了专门部署，要求进一步明确旅游业的战略定位，加强与长三角旅游营销网络的对接，努力把滁州市建设成为南京都市圈和长三角地区的旅游、观光、休闲、度假和疗养胜地。为促进旅游业提升层次，市委、市政府组建了滁州市创建中国优秀旅游城市工作委员会，启动了创建全国优秀旅游城市工作，把加快发展旅游业放在重要的议事日程。

二、存在问题

（一）旅游业起步晚，旅游产业总量偏低

相对于其他产业的发展，滁州市的旅游业起步相对较晚，发展较慢，在国民经济中的地位较低。

2008年，全市旅游业总收入只占GDP的3.99%，到2014年，也仅占9.53%，与

所拥有的丰富资源条件极不相称，与全省发展水平也有较大差距。“十二五”时期，全市旅游业门票收入年均增长5.4%，旅游总收入年均增长12.8%，均低于全省平均水平。2014年，全市全年接待游客1 446.9万人次，比上年增长13.7%，其中接待外国和港澳台游客90 357人次，比上年减少4%，旅游接待人数位列全省第10位。全市旅游总收入112.9亿元，比上年增长12.84%。其中，旅游外汇收入1.66亿美元，旅游业总收入占GDP的比重位居全省第10位，旅游产业总量明显偏低。

（二）旅游设施配套不足，旅游形象不明确

旅游业是一个关联度很强的行业，它的高度发展依赖于旅游基础设施的全面建设。“食、住、行、游、购、娱”六大要素，涉及社会的方方面面，是一个庞大的社会系统工程，哪个要素薄弱都会影响旅游产业的整体实力。滁州市在旅游产品开发上，目前还是多偏重于景点的开发，对吃、住、行、购、娱等配套环节关注度不够，旅游企业（饭店、旅行社等）在很大程度上没有形成自己的核心竞争力，没有形成企业经营的规模效应，城市环境和接待服务设施水平还有待提高。

目前，滁州市尚无明确的旅游形象和宣传口号，更没有针对文化旅游资源的形象和宣传口号。市内各县市、甚至各景点和旅游企业在促销宣传时各自为战，相对于其他城市的整体促销宣传，显得力不从心。

（三）旅游行业多头管理，旅游服务水平较低

滁州市虽然拥有较多的文化旅游资源，但因资源所属部门各不相同，常出现多头管理或无人管理现象，管理较为混乱。旅游发展观念滞后，旅游企业经营机制和旅游产业素质还不适应旅游产业发展的要求。旅游企业“小、散、弱、差”，缺乏在国际国内市场上有影响力的大型骨干企业，行业整体素质不高。

滁州市应以文化旅游为主，而文化旅游作为一种较高层次的旅游活动，只有旅游从业人员本身具备一定的文化内涵或文化品位，才能为游客提供相应的文化服务，这就对从业人员提出了较高的素质要求。滁州市目前旅游从业人员的素质、管理水平、服务水平整体都还不高，整个旅游行业的整体服务意识还很薄弱，景区的旅游行政管理人员中真正懂得管理、熟悉业务的专业人员也还不足。

（四）文化旅游产品开发力度不足，缺乏旅游精品

就现状而言，滁州市的文化旅游产品开发多停留于初级的观光阶段，这与国际旅游发展趋势中日益注重参与的特点不相适应。旅游者渴求了解旅游目的地的文化内容，更希望通过参与行为以实现不同文化的碰撞与交流。开发者尚未从根本上认识到参与的重要意义，使得产品的开发局限于单纯的静态展览。

滁州市旅游产品的文化品位和文化内涵不足，特色不突出。旅游产品市场竞争力不强，一些高品位的旅游资源优势尚未转化为竞争优势，缺乏跻身全国前列、具有一流开发水准、一流服务设施、一流管理水平的精品景区。

三、机遇

（一）政策机遇

近年来，国家出台了一系列旅游政策法规，积极鼓励发展旅游业。1992年中央就把旅游业确定为第三产业的重点之一，1995年进一步明确列为第三产业中“积极发展”序列的第一位，1999年中央经济工作会议把旅游业确定为国民经济新的增长点。中央调整产业结构的政策中，明确提出“加强第一产业，提高第二产业，大力发展第三产业”的原则，作为第三产业龙头的旅游业会得到更多的重视。2009年出台了《国务院关于加快发展旅游业的意见》，2013年新的旅游法实施，国务院办公厅印发了《国民旅游休闲纲要（2013—2020年）的通知》，2014年出台了《国务院关于促进旅游业改革发展的若干意见》，都表明国家层面十分重视旅游业的发展。

2000年，安徽省委、省政府在调查研究的基础上，做出了抓“两山一湖”，促全省旅游，带动安徽经济的决策，明确把旅游业作为国民经济的新兴支柱产业、第三产业的龙头产业、提高人民生活水平和脱贫致富的高效产业来培养和发展，并制定了《关于进一步加快旅游业发展的意见》，确定了旅游产业政策。2014年出台了《安徽省人民政府关于促进旅游业改革发展的实施意见》，提出加快旅游业改革发展，是调结构、转方式、促消费、扩就业、增收入的重要引擎，对建设美好安徽具有重要战略意义。

滁州市委、市政府也确定了把旅游业作为发展滁州经济的增长点和亮点来

抓的战略思想，把打造“旅游大市”写入十二五规划，各县市也出台了一系列加快发展旅游业的战略，提出了创建中国乡村旅游福地的目标，为全市旅游业发展提供了坚强的政策支持，创造了非常有利的政策条件。

（二）国内旅游产品结构调整机遇

国内旅游业经过30多年的发展，旅游消费正日益走向成熟。国内旅游需求逐渐向多样化、个性化转变，旅游产品开发也进入战略性结构调整阶段。在传统观光旅游不断发展的基础上，休闲度假、生态观光、探险旅游等专项旅游项目逐渐成为时尚。文化旅游、休闲度假、生态观光越来越多地成为国内旅游者的重要选择。为了使中国旅游资源得以充分利用，并适应旅游业发展的需要，国家对我国单一的观光型旅游产品结构进行调整，使其向文化旅游转变。

滁州市旅游资源种类众多，山清水秀，文化底蕴深厚，古迹众多，人文荟萃，特别是文化旅游资源丰富，可以开展多种形式的文化旅游活动。

（三）国内外旅游产业的发展机遇

近年来，国内旅游业迅速崛起，据世界旅游组织公布的全球旅游目的地排行榜，中国已进入世界十大旅游目的地的行列，越来越多的外国游客希望到中国来。我国拥有的众多闻名世界的旅游景点、壮丽的大自然景观、原汁原味的中国民俗和浓郁的民族风情对国际旅游者有极为强烈的吸引力。因此，国际旅游业的快速发展为我国旅游的持续发展创造了大好机遇。特别是加入WTO后，外国游客和旅游企业进入我国内地的门槛降低，我国和世界各国社会经济联系更为密切，交往更为频繁，给我国的国际旅游带来新的发展机遇。

近10多年来，随着我国经济的发展，人民群众的生活水平有了较大的提高，旅游意识增强，由于目前我国居民收入水平相对较低，而且带薪休假的闲暇时间也较为有限，国内旅游就成为旅游消费的首选。

2014年全国国内旅游人数为36.11亿人次，比上年增长10.67%；入境旅游市场出现回暖，达2 636万人次，增长0.27%；港澳台同胞入境旅游市场降幅明显收窄，达1.02亿人次，下降0.63%；入境过夜游客5 562万人次，下降0.11%；出境旅游达1.07亿人次，增长19.49%；全年旅游总收入3.38万亿元，增长14.7%，其中国际旅游收入569亿美元，增长10.16%。

因此，在国内外旅游业蓬勃发展的大背景下，滁州市旅游业的发展有着广阔的市场空间。

（四）区域旅游发展的机遇

以上海为龙头的长三角合作进一步加强，为滁州市旅游业发展创造了良好的机遇。2006年杭州休博会、2008年北京奥运会、2010年上海世博会、2014年南京青奥会，已经或将给滁州市旅游业带来更大商机。滁州市的"大滁城"建设、"新滁城"建设、安徽省建设文化大省的发展战略，对滁州市文化旅游发展、提升产业水平具有重要作用。

按照东向发展战略部署，滁州市加强了与南京都市圈、长三角地区城市的联系，密切开展合作与交流，2004年与南京市签订了《宁滁旅游合作协议》，开辟了宁滁、宁凤旅游线路；积极参加南京、无锡、宁波、金华等地的旅游交易会，组团到苏州、上海多个城市举办宣传推介活动，与上海、杭州、苏州、无锡、镇江等旅游发展水平较高的城市建立了合作关系，成功加入了长三角旅游城市合作组织，跻身长三角旅游产业链条。滁州市作为安徽省的东进"桥头堡"、融入长三角的"排头兵"，应抓住时机，大力发展文化旅游，充分发挥丰富的人文旅游资源优势，成为旅游大市、强市。

四、威胁

（一）区域旅游竞争日益加剧

滁州市与周边地区的旅游资源、旅游产品有一定的相似性，区域性市场竞争将会愈加激烈。安徽省已有8个城市（含县级市）荣膺"中国优秀旅游城市"称号，目前还有一批城市正在开展创建活动，这种局面必然引发各旅游城市之间的竞争，而滁州市在这种竞争中面临着很大的挑战。能否在业内竞争与业外竞争并存的情况下，保持和扩大区域市场的有效份额，是滁州市必须面对的严峻考验。

滁州市地处皖东，独特的地理位置既有利于加强与周边旅游强市的旅游合作，同时也面临被边缘化的挑战。

安徽省旅游发展空间布局为"三大板块""四条主线"。"三大板块"即大皖南国际旅游区、泛巢湖国家旅游区、新皖北区域旅游区,“四条主线”即“沿江一线”的都市旅游和商务旅游、“沿边一线”的7市23县假日旅游和休闲旅游、“文化一线”的文化旅游和特色旅游、“红色一线”的教育旅游和扶贫旅游。

在安徽旅游“大皖南”“泛巢湖”“新皖北”三大板块中,滁州被边缘化。除了凤阳被纳入“新皖北”线路之外,滁州大部分地区无法融入以合肥、六安、巢湖为中心的“泛巢湖”旅游板块。

事实上,滁州市旅游与南京都市圈的联系更为密切,但由于行政区属的限制,滁州又无法从江苏获得资金和政策支持。

(二)旅游产业发展挑战

旅游业发展涉及多个行业和多个部门,是一个大旅游的概念。目前,滁州市旅游产业发展缺乏全面性和协调性,大旅游发展体系尚未形成,全市旅游资源条块分割,缺少有效整合,难以产生合力,旅游跨区域、跨行业发展存在壁垒。旅游精品不精,景区建设滞后,旅游经济总量偏低,结构不合理。观光产品占据主体地位,文化旅游项目开发深度不够,“游、购、娱”收入占平均消费总额的比重不高,购物消费所占比重更低。旅游企业规模太小,竞争力不强,抗风险能力弱,使其在与周边城市旅游企业的竞争中处于劣势地位,可能会影响整个城市的旅游经济发展速度和规模。产业的投资主体以国有资本为主,企业没有建立现代企业制度,运行机制不活,制约了资本扩张与兼并联合,很难做大做强。

(三)世界性金融危机的影响

旅游业具有一定的敏感性,是最易受到各种自然灾害、政治风暴、金融危机、战争等因素影响的行业。这些不可预见因素会导致区域性游客量和旅游产业效益产生较大波动,影响开发商的投资力度。2008年的世界性金融危机已经影响到全球的各个角落和诸多行业,滁州市的旅游业也不例外,特别是入境旅游受到很大影响。随着我国经济快速发展,不可忽视的一个突出问题是由于人民币升值,入境旅游将不可避免地受到影响,由此产生的入境旅游人数、旅游外汇收入增长幅度将可能相应放缓,这将极大影响旅游业的高速发展。因此,滁州市文化旅游发展应注重多样性,注重顺应潮流,注重自主自力,从而不断提高抵御突发事件并减轻损失的应对能力。

(四)文化旅游评价标准的提高

随着旅游市场的发展,衡量文化旅游的标准在不断提升。滁州市文化旅游起步较晚,如果盲目地追求速度,势必会影响文化旅游的质量。所以,如何在高速与精致之间找到一个平衡点,将是滁州的文化旅游在短期内必须解决的一个重要问题。

第四节　滁州市文化旅游开发

认识新常态,适应新常态,引领新常态,是当前和今后一个时期我国旅游经济发展的大逻辑。坚持融合发展,推动旅游业发展与新型工业化、信息化、城镇化和农业现代化相结合,实现经济效益、社会效益和环境效益相统一。文化旅游新常态呈现出速度变化、结构优化、动力转化三大特点。在新常态下,旅游业发展方式必须精简细化,产品结构安排合理化,旅游市场秩序规范化;提高旅游综合效益,使旅游体制机制和人才队伍建设完美适应旅游业快速发展的要求,加强与合肥经济圈、南京都市圈的旅游融合发展。

一、总体目标

坚持科学发展观,在可持续发展思想的指导下,从大旅游角度出发,制定一个科学合理、切实可行的战略目标,为今后滁州市文化旅游产业的发展指明方向,提供思路。依据滁州市现有文化旅游资源和当前滁州市的旅游业发展总体状况,滁州市文化旅游发展的战略目标是深度开发滁州市文化旅游资源,以文化旅游为核心,构建“皖东文化旅游经济圈”发展模式,将滁州市建设成为皖东旅游集散中心、安徽省旅游强市和全省构建“文化旅游休闲天堂”的重要板块、长三角重要的文化和生态休闲旅游城市,以提升滁州市文化旅游产业的竞争力,使滁州市成为国内有较高知名度的文化旅游目的地。

二、滁州市文化旅游形象设计

公众对滁州市目前的整体旅游形象的感知停留在山水园林旅游城市和有一定文化底蕴的历史文化古城上，对传统徽派建筑城市的感知非常薄弱，仅为5.6%，对明文化古城、红色文化旅游城市、革命历史之城和休闲度假的花园都市这些形象有一定的感知，但并不强烈，需要指出的是，仍有27.8%的公众认为滁州市是特色不鲜明的城市。

通过对滁州市整体旅游形象的地脉分析、文脉分析、公众对其感知与评价的感脉分析以及竞争者形象定位的分析，立足于滁州市旅游资源的特色，着眼于滁州市未来旅游的发展，依据领先定位、比附定位、重新定位、空隙定位的基本方法，滁州市提出了新时期旅游形象的新定位："大明摇篮，山水醉乡"。

大明摇篮：滁州与明文化有关的人文景观众多，如全国重点文物保护单位明中都皇城、明皇陵，省级重点文物保护单位龙兴寺、鼓楼等。此外，滁州还有许多与明朝开国皇帝朱元璋有关的景点或传说，如"抹山""二郎庙""尿布滩""香花涧""红罗幛"等，这些均是宝贵的明文化资源。"摇篮"是为了指明当地明文化旅游的发展方向，主要做孕育大明帝王的文章，突出明代帝王出生背景、成长环境以及当时的民风民俗等，以"大明摇篮"作为滁州市旅游形象的定位，可以有效地串联起当地的明文化资源，在与南京和淮安的明文化产生联动效应的同时又实现差异化发展。

山水醉乡：由前文地脉分析、文脉分析、公众对其感知与评价的感脉分析可知，滁州山水文化大有文章可做。文因景成，景借文传，《醉翁亭记》这一优美的诗词散文作品赋予了滁州山水有别于其他城市之"醉"的独特魅力。"山水醉乡"旅游形象与滁州市的地域文化特点相吻合，有利于形成巨大的精神冲击力，有利于塑造"形神兼备"的旅游形象。滁州市"山水醉乡"的旅游形象可生动地反映出主体旅游资源特性，具有一定的信息承载力。

三、滁州市文化旅游产品开发设计

旅游业是我国经济社会发展的综合性产业，是国民经济和现代服务业的重要组成部分。通过改革创新，开发设计出新的具有地方特色的旅游产品，以推动现代服务业发展。

(一)指导思想

滁州市文化旅游产品开发必须以旅游可持续发展思想为指导,通过对旅游资源的合理利用,对旅游业发展方式和规模的合理规划和管理,在不损害环境持续性的基础上,既满足当代人高质量的旅游需求,又不妨碍满足后代人高质量的旅游需求。文化旅游作为一种新型的旅游形式正越来越多地受到人们的关注,但也应该看到我国的文化旅游开发水平仍处于初级阶段,产品层次低,项目类型单一。滁州市文化旅游产品大多以静态型的观光旅游为主,具备参与性的旅游项目少。为实现文化旅游质的提升,必须针对市场需求变化与发展积极开发产品,创新设计,努力实现产品项目由静态向动态转化,实现旅游项目的参与体验性,以此来吸引更多的旅游者。因此,在产品设计过程中要突出地方文化特色主题、遵循市场需求、强调游客参与体验,以实现经济、社会、生态三方面和谐发展的目标。

(二)设计原则

1.特色原则

特色是旅游项目的灵魂,是一个地区区别于其他地区的本质所在,是旅游地得以生存发展的基本条件。特色是一个地方、民族或国家历史、地理、政治、经济、文化、社会等方面真实的综合反映,是一地、一族或一国古今事物独特个性的集合体或集中表现,是旅游资源的灵魂。有特色,才有吸引力;有特色,才有竞争力。文化旅游景观的特色越明显,其开发也就越成功。文化旅游产品的开发必须因地制宜,因景制宜,体现其文化内涵及其民族性和地方性,突出本地的特色,开发出“人无我有,人有我优”的旅游产品。

2.市场原则

文化旅游产品的开发要在市场调研的基础上,引导人们从不同角度欣赏旅游文化,旅游资源的开发都必须以市场需求为前提。所以,要加强市场调研,了解游客的真实需求,选准目标市场,开发适应市场客观需求的产品。滁州市的文化旅游资源与其他地区有一定的相似性,这就要求我们在产品设计的过程中积极顺应市场需求,着重设计开发新兴产品以满足市场的需要。

3.参与体验原则

参与体验是旅游活动的高级形式，是旅游活动未来的发展方向。很多的文化元素只有亲身参与体验才能感受其真谛，所以在产品的设计上要根据文化旅游本身的特点，适应大众的需求，让大众在参与体验的过程中得到满足。这就要求文化旅游项目要有参与性和体验性，在景观布局、建筑设计、线路安排等方面都能引起游客情绪的冲动。目前国际旅游市场消费正向高层次发展，游客已不再仅仅满足于观光度假式的旅游，而更注重在旅游目的地参与多种活动，以亲身体验异质文化带来的奇特感受，进而开阔视野，丰富阅历，并从中得到无穷的乐趣。

4.经济效益、社会效益、环境效益相统一的原则

文化旅游开发要讲求综合效益，任何追求单一效益的行为都不利于文化旅游开发综合效益的实现。虽然实现经济效益是文化旅游开发的重要目标，但经济目标的实现不能以损害环境为前提。一定程度上讲，环境效益和社会效益高于经济效益，三者的关系应获得高度的协调和统一。

（三）滁州市文化旅游产品设计

1.明文化旅游产品

滁州是明文化的发祥地，应弘扬历史传统，光大明文化底蕴，以明文化促进滁州市更好地融入南京都市圈和合肥经济圈，以推动滁州市文化旅游发展。充分挖掘凤阳县丰富的历史文化内涵，有的放矢，突出重点，认真做好历史文化名城的保护和建设工作。争取南京都市圈核心城市南京市的支持，联手做大明文化文章，使明中都城、明皇陵以及龙兴寺成为南京明文化的有机组成部分，充分发挥南京市世界文化遗产——明孝陵的影响和带动作用，形成整体观念，把滁州市与南京市的明文化作为一个完整而具体的产业形象，全方位的包装，立体化推出，增强对外的吸引力。努力使文化与产业接轨，通过接轨使明文化成为产业，从而招商引资。开发南京—凤阳“明文化二日游”，把南京与滁州（凤阳）通过明文化紧密联系在一起，融合为一个整体。采取生动活泼的宣传促销方式，认真研究不同地区、不同阶层旅游者的消费心理、消费需求，采取灵活多变的促销手段，制作多样化的宣传资料，主攻重点，广泛宣传，使广大游客产生“到了明孝陵，定到明皇陵；看了明故宫，必游中都城”的想法。以明文化提升滁州市的知名度，以明文化发展滁州市的旅游业，以明文化促进滁州市的经济发展。

2.遗址、遗存文化旅游产品

历史文化遗迹就是人类社会发展历史过程中留存下来的活动遗址、遗迹、遗物及遗风等。历史古迹形成于历史发展阶段之中，是人类活动的产物，也是历史真实的客观表现，凝聚着人类智慧，昭示着特定的历史特征，成为重要的文化旅游资源。

(1)朱元璋遗迹文化旅游。朱元璋是明朝开国皇帝，在滁州市特别是凤阳县有关他及家人的生活、事业的遗址、遗存、传说、故事十分丰富，要大力打出"朱元璋"名人文化。朱元璋从小在凤阳县出家的皇觉寺(今龙兴寺)保存完好；他讨饭时吃过的"珍珠翡翠白玉汤""醸豆腐"都成为当地名菜；传说小时候他给地主家放牛时的南山踪迹依旧；传说朱元璋刚出生不久晒尿布的地方小树丛的刺都是向下长的，与周围完全不同；朱元璋罢建凤阳中都城的"鹰夹箭"传说，为现凤阳殷涧乡所在地……这些文化遗存皆可与明中都故城、中都鼓楼、明皇陵、龙兴寺等遗址文化结合，开发具有浓郁乡土气息的文化旅游产品。

(2)庄惠古迹文化旅游。庄子是战国时期著名的思想家、哲学家、文学家，是道家学派的代表人物，老子哲学思想的继承者和发展者，先秦庄子学派的创始人。惠施(公元前390年—公元前317年)，宋国人，是战国时政治家、辩客和哲学家。《庄子·秋水篇》记有庄周、惠施同游濠梁观鱼之事，可以开展庄惠古迹文化游。一日，两人同游于濠上(现凤阳县临淮关)，只见一群鲦鱼来回游动，悠然自得。庄子曰："鲦鱼出游从容，是鱼之乐也。"惠子曰："子非鱼，安知鱼之乐？"庄子曰："子非我，安知我不知鱼之乐？"惠子曰："我非子，固不知子矣；子固非鱼也，子之不知鱼之乐，全矣！"庄子曰："请循其本。子曰'汝安知鱼乐'云者，既已知吾知之而问我。我知之濠梁上也。"后人为纪念庄惠观鱼，傍水建造观鱼台，把濠梁或濠上用来比喻别有会心、自得其乐的境地。历代文人雅士喜往登眺，吟诗题咏，又给观鱼台增色不少，濠梁观鱼遂成为凤阳八景之一。

此一特色鲜明的重要文化资源尚未受到有关部门的重视，要重新策划包装观鱼台，台下水中养鱼，演员穿上古装扮演庄子、惠子在台上辩论，设置一些辩论题目，让游客参与辩论。这些遗迹都可以与周边的文化旅游资源相结合开发成相应的文化旅游产品。

(3)明都故城文化旅游。滁州市的省级历史文化名城凤阳，在历史上有"帝王之乡""明皇故里"之名。朱元璋登基第二年，在凤阳营造了中国第一都城——

“大明中都皇城”,成为后来南京、北京故宫的蓝本。明清北京城的城市规划布局受到凤阳中都的影响,北京故宫的金水桥、长安街、天地日月坛、钟鼓楼都曾脱胎于凤阳的中都。目前遗留的明中都皇故城、皇陵、鼓楼、龙兴寺等大量遗址、遗迹被列为国家和省级重点文物保护单位,明中都皇故城遗址正在申报世界文化遗产。明都故城游是当前滁州市文化旅游内容的最重要部分,但是开发利用现状与资源的独特性、重要性相去甚远,还大有文章可做。可以建设明中都故城遗址公园,在鼓楼上开展明朝相关民俗文化和皇宫文化的表演。

(4)包公古迹文化旅游。宋仁宗初年,江南庐州府合肥县包家村包员外三子包拯自幼饱读诗书,成年后考中进士,奉旨首任凤阳府定远县(现滁州市定远县)知县。包拯在任上明察秋毫,秉公办案,为民拥戴,后遭权贵陷害,被贬官。包拯曾在定远县出任知县多年,在当地留下了众多遗迹和古老传说。当前对包公文化旅游资源开发利用不够,定远县仅在县城花园湖公园修建了具有浓郁古典风韵的仿古建筑——包公阁。有关包公遗址、遗迹等文化旅游资源都可以与周边的其他旅游资源相结合开发成相应的文化旅游产品。

3.红色文化旅游产品

红色文化旅游是指以中国共产党领导人民在革命战争时期形成的纪念地、标志物为载体,以其所承载的革命历史事迹和精神为内涵,组织接待旅游者开展缅怀学习、参观游览的主题性旅游活动。红色文化旅游可以使光荣的革命传统和精神得以延续和发展。红色文化旅游产品以文化性为基础,追求经济效益和社会效益统一,在产品开发时,要着眼于文化创新,突出红色旅游产品文化特色,以文化理念打造出富有个性的旅游精品,才能具有市场竞争力。

红色文化资源的开发就是把红色文化资源经过建设,转化成能够满足旅游者物质和精神需求的旅游景点和旅游经历,所以旅游产品的开发必须以旅游资源为基础。

滁州市来安县的半塔烈士陵园由半塔保卫战旧址、皖东革命纪念馆、刘少奇纪念馆和新四军二师纪念馆及烈士陵园组成,为国家2A级旅游区。滁州市的另外一个红色旅游地为定远藕塘。1939年,遵照党中央关于开辟敌后战场的指示,新四军四支队第八团抵达定远藕塘镇,开辟了以藕塘为中心的皖东津浦路西抗日根据地,藕塘成为根据地的政治、军事、经济、文化中心,时称“小莫斯科”。现在这两处革命老区在开发红色旅游中只注意到有形文化旅游资源的开发,忽略了无形文化旅游资源的开发,只是开发一些革命博物馆、纪念馆、革命遗迹等,这些革命胜迹是具有很强吸引力的红色旅游资源，但仅停留在外在表现上是不够的，这只是一种浅层次的开发，更重要的是半塔烈士陵园和藕塘烈士陵园应在革命文化内涵的合理选择与科学发掘上下工夫，力求将革命文化中最本质、最宝贵、最善美、最感人的精神品格发掘出来，将其外显，使之物化，并通过旅游解说系统的信息传递，使游客目睹、耳闻、心悟、神会。

4.文学艺术文化旅游产品

文学艺术作品本质上属于人类文化的范畴，是人类智慧的结晶。从其本质上说，旅游是一种文明所形成的生活方式，是一种文化交流活动。因此，文化精神就成为了二者的契合点，它使文学艺术作品和旅游结合起来，形成了文学艺术旅游资源。文学艺术旅游资源的开发可以帮助旅游者领悟中华文明的博大精深和光辉灿烂的历史，领悟中华文化的特质和精髓，可以加强对旅游者的爱国主义教育，增强其民族自豪感和自信心。

文化旅游资源的利用是当今旅游开发的一项重要内容。文学旅游资源是文化旅游资源的一种表现形式，它与著名作家、经典文学作品、大众熟悉的文学作品故事内容以及故事发生的真实(或虚构)场所等有着直接而密不可分的关系。文学旅游资源的具体形态表现为作家故居或纪念馆、作品故事情节游览线、小说故事情节发生的场所游览点、诗人作家萍踪所至而留下的诗文、石刻、碑记等。这些文学旅游景观或独立成景，或与其他人文(或自然)景观交相辉映，大大地增加了旅游地的文化吸引力。在我国漫长的文学历史长河中积淀着众多的作家资源、故事情节文化资源、小说场所文化资源以及山水诗歌文化资源。它们融合在一起，共同形成中华民族特有而丰富的文学文化旅游资源。

(1)文学情境体验文化旅游。文学情境体验文化旅游即把体验引入文学旅游产品的开发，开发者把体验设计成为文学旅游产品的一部分或者设计成以体验为主的文学旅游产品，让旅游者参与进来。如重现欧阳修《醉翁亭记》中的“醉翁之意不在酒，在乎山水之间也”的情境，滁州市已经在琅琊山整修了醉翁亭，新建了欧阳修纪念馆，但这些是远远不够的，还需为旅游者营造出特定情境，在山上某一亭中，摆上美酒，让游客在山中和“智仙主持”下畅饮美酒、共同吟诗作对，感受一下做太守的乐趣，让游客也“醉在山水中”。这样的文化旅游产品才能让自然风景滋生灵性，让游客在观景的同时领会诗词文章的意境，达到情感的共鸣，受到文化的洗礼，真正体会古人的写作意境。

滁州市还有另一个著名文学家吴敬梓，其著作是《儒林外史》，现在也只是在全椒县城建立了一个“吴敬梓纪念馆”，从文化旅游资源开发来看远远不够。可以考虑把《儒林外史》中闻名中外的“范进中举”故事改编成一个现代情景剧，每天在固定的时间进行表演，就不至于像现在这样游客到了“吴敬梓纪念馆”参观不到半小时即结束离开。

(2)举办形式多样的文学文化节庆活动。滁州市具有丰富的文学旅游资源，可以结合本地实际情况，举办形式多样的文学文化节，目前已经成功举办了“中国·滁州醉翁亭文化旅游节”“醉翁亭国际吟诗节”。此外，文学文化节也可以围绕某些作家作品展开，如全椒县以文学家吴敬梓和《儒林外史》为文化旅游资源开发核心，除了整修作家故居、修建“吴敬梓纪念馆”外，还可以节会友、以节为媒，举办“中国全椒儒林文化旅游节”等。因此，在活动设计上要让旅游者能参与其中，使文化品味更加浓郁。

(3)组织文学讲座旅游团。文学艺术文化旅游资源丰富的景区可邀请一些著名的文学家来举办文学讲座，以此为卖点吸引旅游者。还可以与青少年的修学文化游、故居文化游及文学研讨会结合起来，组成多种形式的文学讲座旅游团。滁州市完全可以打出欧阳修文化、吴敬梓文化牌，与国内著名大学联合，邀请知名作家、央视大讲堂的主讲人来滁讲解《儒林外史》《醉翁亭记》等相关名著文化，推出文学讲座文化旅游团，带动文化旅游。

5.乡村文化旅游产品

真正意义上的国内乡村旅游始于20世纪80年代，是在旅游扶贫政策指导下应运而生的，但由于起步较晚，目前尚处于初期阶段。对于来自都市的人们来说，乡村文化旅游产品很有吸引力。乡村文化旅游是随着经济的发展和旅游消费市场的需要而发展起来的，它为人们观光旅游、休闲健身、欣赏田园风光、享受农家乐趣等提供了全新的空间场所。乡村文化旅游产品必须考虑到文化因素，具体就是乡村民俗文化、农耕文化、饮食文化等。滁州市的农业基础雄厚，历史悠久，属于北方平原旱作物景观和南方水田作物景观的过渡地区。在滁州农村，反映中国农村特色的农耕文化、民俗风情文化、田园生活文化、乡村风貌文化、农果品尝文化、娱乐文化等文化景观随处可见，这些都为发展文化观光旅游业提供了优越条件。滁州市有许多优质的特色产品，如来安的花红、凤阳小岗村的葡萄、凤阳韭山的野韭菜、明光的女山湖螃蟹、全椒的桃子、滁州的菊花和茶园等。大力发展“观光果园”“观光茶园”“观光蔬菜大棚”“观光菊园”“生态庄园”等生态文化观光农业，推进“农家乐”等乡村文化旅游项目建设，以农民家庭为接待单位，以自然风光、田园风光、生态型循环农业、乡村民俗文化等为资源，发展生态农业文化观光旅游；引导游客“吃农家饭，住农家屋，干农家活，享农家乐”，使他们在旅游的同时增长生态农业文化方面的知识。

6.戏曲文化旅游产品

(1)舞台艺术文化产品。戏曲艺术文化的动作表演、曲折的故事情节、栩栩如生的人物形象、优美动听的音乐，满足了人们的视觉、听觉和精神上多重的审美文化需求，因此戏曲文化旅游资源与旅游有着共同的价值取向。开发地方戏曲文化旅游产品，重点要组织好舞台演出。作为文化旅游产品的演出，应该做到：定点定时，满足需求；精心包装，推出精品；多做宣传，扩大影响。滁州市有全国闻名的凤阳花鼓戏，可以对其进行宣传包装，大力挖掘“花鼓文化”，在整理传统节目的基础上，组织相关专业创作人员，创作出符合现代潮流的文化节目。只有精心包装，推出精品舞台演出，才能吸引游客，使游客既能游览静态的山水人文景观，又能观赏动态的地方戏曲文化表演，全面感受区域性文化的独特魅力。在白天旅游劳累之后，晚上能够在剧场里轻松欣赏到具有浓郁地方文化特色的凤阳花鼓戏，既让游客进一步了解了凤阳的风土人情，也扩大了宣传。

(2)戏曲文化旅游纪念品。旅游纪念品能够代表自己的旅游经历，能够引起美好的回忆。到旅游地购买具有当地特色的纪念品是每个旅游者的心愿，它必须具有当地特色，蕴含当地文化，且造型美观、工艺精细、包装考究、观赏性强。戏曲文化旅游开发时也可在纪念品上做文章，如滁州市凤阳花鼓戏所用道具——凤阳花鼓，不一定把它的应用性放在第一位，而要把它的观赏性、收藏性、艺术性等文化属性放在第一位；可聘请专业人士对花鼓进行设计、制作，采用多种材质制作，大小不一，形态各异，价格高中低都有，然后再批量生产，推向市场，使游客在满足了购物需求的同时又了解到了花鼓戏的相关知识。

7.宗教文化旅游产品

宗教是人类文化的重要组成部分，对人类文化的发展产生了极其重大的影响。宗教文化与旅游结缘已久，宗教文化资源也在旅游开发中占有十分重要的地位。对宗教文化资源进行深层的发掘，更是弘扬宗教文化资源的文化内涵、发展文化旅游的一个重要方面。宗教文化极具旅游魅力和开发价值，是宝贵的文化旅游资源。随着我国旅游业的发展，以宗教文化为主的旅游产品逐渐增多，宗教信仰旅游和宗教文化旅游有时可以互相转换，往往是由宗教文化旅游转变为宗教信仰旅游。

琅琊山、韭山等宗教文化资源丰富，开发宗教生态旅游有天然优势，同时这些景区景点又以文化见长，应注意自然资源与人文资源的结合开发，特别是应注重资源地内部的产品配套，形成观光旅游、生态科普旅游、宗教文化旅游的系列化产品。此外，凤阳龙兴寺因明朝开国皇帝朱元璋而出名，所以可以发展寻宗游。

8.自然生态文化旅游产品

生态文化旅游是指人们为了追求融进大自然奇特环境的刺激性所进行的一种冒险性生态空间的跨越行为和过程，同时是对保护环境质量、维护生态平衡和促进人类与生物共同繁荣承担责任的旅游活动。当今繁华嘈杂的大都市，大部分人长年生活在钢筋水泥丛林中，许多人希望返璞归真，到安静、幽美、洁净、开阔的环境中去感悟大自然，放松身心、考察生态、增长阅历，这就为生态文化旅游提供了广阔的市场前景。目前，滁州市森林面积达到2 730平方千米，森林覆盖率达到20.5%，河流和湖泊众多，发展自然生态文化旅游的优势得天独厚。

(1)水文化旅游产品。水为万物之源，大自然的奇观美景离不开水，人类的文明进程离不开水，社会文化的发展和多元文化的形成同样离不开水，水自身也成为了一种独特的、具有较强旅游吸引力的文化。滁州市域内有淮河、滁河、汊河、濠河、清流河、女山湖、高邮湖、卧牛湖、碧云湖、酿泉、玉蟹泉等水体，目前只有碧云湖、卧牛湖、酿泉、玉蟹泉的开发初具规模，但还未构成完整的旅游服务体系，应进行综合规划，逐步完善。清流河穿城而过，最近正在进行改造出新，结合城西湖的整治，二者借此打造具有参与体验性的文化旅游产品，相信不久将成为一个新的文化旅游景点。

(2)森林生态文化旅游产品。森林是人类的摇篮，是自然界功能最为完善的基因库、资源库和蓄水库，更是人类生存和社会可持续发展的重要依托。森林融合了自然景观与人文景观，是人们开展游览度假、休憩、保健疗养、科学教育、文化娱乐的良好生态场所。利用皇甫山国家森林公园、琅琊山国家森林公园、神山国家森林公园、韭山国家森林公园，开展森林旅游，开发森林文化旅游产品，演绎绿树蓝天的现代版“世外桃源”，培养游客“天人合一”、和谐共荣的朴素自然观和对森林的深厚情感，让游客充分体会大自然的魅力。

9.节庆文化旅游产品

旅游节庆是指依托某一项或一系列旅游资源，以吸引大量受众参与为基本原则，以活动带动一系列旅游消费和投资，以带动当地国民经济增长为最终目的的所有活动的总和。旅游节庆属于人造节日，需要一定的文化作为载体，即便是没有特殊文化象征的旅游节庆，也会在举办的时候自然显示出当地的文化、经济等一系列社会现象。在旅游节庆的举办过程中，这些载体会随着旅游节庆的举办而得以传播。

滁州市节庆活动异彩纷呈，要突出地方特色和优势，开发一些精品节庆文化旅游产品，继续举办好现有的“琅琊山庙会”“中国·滁州醉翁亭文化旅游节”“中国农民歌会”“中国凤阳花鼓文化旅游节”等旅游节庆文化活动。加大旅游节庆组织策划力度，开发新的文化旅游节日，如“中国·滁州菊花文化旅游节”“醉翁文化节”“儒林文化节”“大明文化论坛”“全椒采桃文化旅游节”“来安果蔬采摘旅游节”等。加强对各县市及旅游景区景点节庆活动的策划、组织和协调，提高旅游节庆的宣传效果和经济效益，使之成为滁州市旅游业发展的一张名片。

10.滁菊文化旅游产品

滁菊，又称甘菊、白菊，居全国四大名菊之首，是滁州市的传统农产品，清朝时曾被纳为朝廷贡品，所以有“滁州贡菊”之称。滁菊文化资源是发展滁菊文化旅游的基础。在生活节奏明显加快的今天，滁菊文化旅游有着广阔的市场前景。滁州市可以凭借其丰富的滁菊文化资源重点开发以下几种滁菊文化旅游产品。

（1）菊园观光文化游。目前国内还没有文化旅游得到成功开发的菊园。滁州市有全国四大名菊之首的滁菊，据不完全统计现有种植面积约20平方千米，如果能够统筹规划，集中成片种植，修建游览步道、观景台、菊亭等，设置解说系统和指示牌，那么就能形成独特的文化旅游产品。

（2）菊文化体验游。滁州的菊文化体验游可以选择风景优美、环境宜人的菊乡，如花山乡、施集乡，特别是一些山清水秀的古村落和生态村，旅游管理部门应选择有条件的菊农建立农家旅馆，挂牌予以确认，并在旅游业务上给予指导。菊农旅馆可使游客完全体验菊农生活，满足其文化体验的心理需求；还可让游客吃、住在菊农家，参与菊花的采摘和制作，参与菊园的各项劳作，喝菊花茶，吃菊花菜，融入菊农当中，体验菊农生活。

四、滁州市文化旅游市场开发

(一)滁州市文化旅游客源市场分析

客源是旅游业存在与发展的前提条件，离开一定规模的客源市场，任何区域的旅游发展就失去了根基，失去了动力。这就要求文化旅游开发在对滁州市文化旅游资源优势正确评价的基础上，对旅游客源市场进行深入研究，准确定位，针对市场需求，有的放矢地推出适销对路的旅游产品，从而实现旅游市场的可持续发展。

按照空间特征，旅游客源市场一般分为入境客源市场和国内客源市场两大部分，两者又可进一步进行细分。美国学者埃塞尔等人按旅游者流向将旅游市场分为一级市场(即游客人数占目的地接待总人数比例最大，一般达40%～60%的客源市场)、二级市场(即游客人数在目的地接待总人数中占相当比例的客源市场)以及目前客源尚少的机会市场(也称边缘市场)。

根据滁州市旅游局相关统计资料，在滁州市旅游主要客源市场中，南京为滁州市最主要的国内客源市场，占46.54%；其次是长三角地区，占13.68%；合肥、马鞍山、芜湖以及安徽其他地区和镇江、扬州、淮安地区分别占10%左右，其余为国内其他省市。

滁州市的文化旅游项目目前开发尚未成熟，文化旅游产品都还未形成品牌，且文化旅游是作为一种附属形式和其他旅游景观结合在一起的，因而滁州市文化旅游的客源市场与其他形式旅游的客源市场比较一致。根据近几年旅游市场的运行情况来看，滁州市现有的本地客源市场和合肥、南京等城市依然是今后的主要客源市场，随着旅游开发的深入和市场促销力度的加大，将会有一些新兴的客源目的地。国内客源市场除原先的优势市场外，客源由皖中、苏南向华东全部、华南、华北乃至全国延伸，将来长三角地区仍将是最重要的增长极。入境客源市场以韩国、日本、中国台湾、东南亚为主。

从表9.3中可以看出，2006年至2014年间滁州市国际、国内游客稳步增长，旅游收入明显增加，滁州市国际、国内旅游市场不断壮大。

表9.3 2006—2014年滁州旅游业主要指标

年份	国内旅游				入境旅游				总计	
	旅游者（万人次）	增长（%）	收入（亿元）	增长（%）	旅游者（人次）	增长（%）	收入（万美元）	增长（%）	总收入（亿元）	增长（%）
2006	264.8	16.67	14.66	4.56	10 984	35.1	357.91	13.71	14.95	6.0
2007	333.13	25.8	22.42	52.93	18 392	67.4	579	61.77	22.85	52.8
2008	414	24.28	28.15	25.5	26 558	37.0	876	51,3	28.75	25.8
2009	502.97	21.49	30.73	9.17	3 823	43.9	1 236	41.1	31.55	9.8
2010	614.91	22.26	38.53	25.38	48 500	26.9	1 352	9.39	39.45	25.0
2011	861.69	40.13	61.03	58.4	66 488	37.1	2 894	114.05	62.85	59.3
2012	1 094.2	26.98	81.3	33.21	89 963	35.3	3 549	22.63	83.53	32.9
2013	1 262.44	15.37	97.95	20.48	94 264	4.8	4 043	13.92	100.05	19.78
2014	1 437.87	13.9	111.2	13.53	90 357	-4.1	2 673.6	-33.88	112.9	12.85

注：根据滁州市统计年鉴、滁州市旅游局提供的资料整理。

（二）滁州市文化旅游市场定位

根据滁州市目前的旅游景区景点的分布和建设情况，综合考虑滁州市旅游资源特点、旅游资源与产品对客源市场的吸引力、客源地与滁州市的内在联系以及与滁州市的距离、交通条件和交通费用等，并充分考虑旅游市场的发展趋势，结合滁州市旅游发展现状，本人认为滁州市旅游客源市场目标定位为“立足皖苏、面向长三角、辐射全国、拓展境外”。国内将一级客源市场定位为皖苏两省及长三角市场；以华北、华中、华东、华南等为二级客源市场，积极开拓以广州为代表的珠江三角洲地区，以北京、天津、大连为代表的环渤海地区市场，见表9.4。

表9.4 国内主要客源市场与定位

客源市场划分	一级市场	二级市场	三级市场
客源市场定位	确保安徽、江苏两省周边城市和长三角重点市场	重点开发华北、华中、华东、华南人口密集地区，积极开拓珠三角、环渤海地区市场	积极争取西北、西南地区市场

对入境旅游市场按照“扩大韩国市场，稳住日本市场，提升港台市场，开拓欧美市场，发展东南亚市场”的原则，加大旅游开放力度，积极培育发展入境旅游。入境旅游市场应该以日本、韩国、港澳台、东南亚市场为一级客源市场，将澳洲、欧洲和北美洲市场作为二级客源市场。在政府主导下，突出重点，加大对港澳和

日韩市场的开发力度和强度，争取参加省举办的海峡两岸旅游发展研讨会，积极争取台湾市场；以“大明”文化、“儒林”文化、凤阳花鼓戏和龙兴寺、琅琊寺佛教文化为吸引物，深入开发东亚、东南亚市场；加强与长三角的对接融合，策划长线精品旅游线路，吸引进入长三角的国际游客入滁旅游，加大滁州市旅游目的地形象的宣传促销力度，不断提高滁州市旅游的外向度，见表9.5。

表9.5　入境主要客源市场与定位

客源市场分类	一级市场	二级市场	三级市场
客源市场定位	积极开拓发展日本、韩国、港澳台、东南亚市场	开拓澳洲、欧洲和北美洲市场	开发南美洲及其他海外市场

只有正确的市场定位，才能有效指导旅游市场的经营决策，决定旅游目标市场的选择。根据滁州市文化旅游的发展情况，结合未来的发展定位，在巩固和积极发展现有市场的前提下，进一步开发和拓展新市场，充分挖掘市场潜力，使之成为一个对于不同尺度的旅游者都具有强烈文化吸引力的旅游目的地。

（三）滁州市文化旅游市场营销策略

旅游经济就是知名度经济、“眼球经济”“注意力经济”。按照“立足皖苏、面向长三角、辐射全国、拓展境外”的市场开发思路，创新促销方法，积极开拓旅游市场，整体推介滁州旅游品牌。坚持旅游产品促销与旅游城市整体形象宣传相结合，依托滁州城市品牌进行旅游促销，大力宣传活力滁州、山水滁州、文化滁州，着力打响“山水醉乡，明都之源，活力滁州”的城市旅游品牌，努力提升滁州旅游整体形象。

借助各种媒体，使传统渠道与现代技术相结合，广泛开展报纸、电视、杂志、广播及多媒体户外大型广告等媒体宣传，加大加强展销会、推介会、公众展示、业内交流等中介宣传力度，增加宣传促销工作的科技含量，积极发展现代宣传促销模式。完成滁州旅游网站的建设，不断更新网站内容，完善网站的各项功能，建立友情链接，发展旅游电子商务，建立网上预订服务系统，包括预订会务、车票、宾馆房间、景点门票等。导入城市形象识别系统，在城市窗口部位及重要部门建设可视查询系统。利用名人效应，邀请具有广泛公众影响力的人士协助制作有份量的旅游广告宣传片。积极探索旅游大篷车营销、绿色营销、自驾车旅游营销等营销模式。实施旅游广告策略，对印刷广告、广播广告、影视广告、实物广告、户外广告、人员推销等进行整合，以达到旅游者最大程度的认同。广泛参加国际、国内旅游产品博览会和交易会，加大宣传促销力度，提高滁州市旅游形象的国际、国内知名度。

五、滁州市文化旅游线路开发

1.明文化探密游

（1）A线：凤阳一日游。

上午：游“华夏谯楼”之冠的鼓楼，朱元璋早年出家礼佛地——龙兴寺，全国重点文物保护单位——明皇陵，明朝最侈丽豪华的遗址——明中都城。下午：游江北第一洞——韭山洞，华夏考古第一寺——禅窟寺。

（2）B线：“朱元璋故里，花鼓楼之乡”凤阳二日游。

D1：游鼓楼、龙兴寺、明皇陵、皇故城，参观中国农村改革第一村——小岗村，住凤阳，晚上观看花鼓表演，学打花鼓。

D2：游韭山洞、禅窟寺、狼巷迷谷。

2.“做一天皇帝，当一天醉翁”名人文化踪迹二日游

D1：上午游琅琊山、醉翁亭、同乐园、琅琊寺、南天门等，中餐在深秀湖水上餐厅进餐，住凤阳，晚上观看花鼓表演，学打花鼓。

D2：上午游鼓楼、明皇陵、龙兴寺，下午游韭山洞、禅窟寺风景区。

3.滁州生态文化游——琅琊山、醉翁亭、皇甫山生态考察二日游

D1：游琅琊山国家森林公园：醉翁亭景区、欧阳修纪念馆、琅琊寺、深秀湖等，住滁州。

D2：早餐后赴皇甫山，游皇甫山自然保护区：标本馆、弥陀寺、北将军岭、烽火台等。

4.农家乐田园文化二日游

D1：参观中国农村改革第一村——小岗村，中餐吃农家饭，下午田园采摘、垂钓，晚上观看花鼓表演，住凤阳。

D2：游韭山洞、禅窟寺、明皇陵、鼓楼。

5.滁州人文山水二日游

D1：游琅琊寺、南天门、深秀湖、同乐园、醉翁亭，住滁州。

D2：游吴敬梓纪念馆、神山寺、碧云湖。

6.皖东红色二日游

D1:上午游全椒周家岗烈士陵园后赴定远,下午游定远藕塘烈士陵园、中原局旧址后赴来安,住来安。

D2:游半塔烈士陵园、抗大八分校旧址。

7.山水醉乡休闲二日游

D1:游琅琊山国家森林公园:醉翁亭景区、欧阳修纪念馆、琅琊寺、深秀湖等,住来安。

D2:游白鹭岛生态旅游度假区、半塔烈士陵园、卧龙公园、护国寺。

8.国家地质公园修学考察一日游

上午:游江北第一洞韭山洞、卧牛湖。下午:游狼巷迷谷、禅窟洞、禅窟寺、玉蟹泉。

9.赏菊品茗健康游

上午:游花山菊园,亲自采摘菊花,现场加工后购买带走,中餐吃农家饭。下午:到施集茶场,品当地名茶,看茶艺表演,购买茶叶旅游商品。

六、滁州市文化旅游开发建议

(一)加强部门协作,加快文化旅游发展

文化旅游是涉及广、带动力强的综合性产业,它的发展离不开政府的高度重视和相关部门的大力支持,因而要有相应的扶持政策和有力的措施保证,才能实现文化旅游发展目标,使文化旅游尽快成为滁州市社会经济发展新的增长点。

提高滁州市旅游管理部门的管理权限,对各旅游区、旅游接待单位实行旅游全行业管理。同时,要加强政策上的保障,坚持走依法治旅的道路。旅游管理要做到有法可依、有章可循,要以国家、省、市、县制定的有关法规和规章为依据,规范文化旅游景区的建设、文化旅游市场的运作和旅游企业的行为,加强对旅游全行业的管理。

(二)加快休闲娱乐业发展,完善服务配套设施

旅游业是一项综合性产业,包括“食、住、行、游、购、娱”六要素,受关联行业影响较大。所以,要对交通、住宿、餐饮娱乐、旅游商品开发、旅游景区接待等旅

游产业链进行整合，不让任何一个环节影响整个旅游业的发展。鼓励建设一批文化娱乐设施如剧院、文化宫、艺术馆、博物馆等，发挥各类艺术团体的作用，组织开展高水平、有特色的文化娱乐活动，满足居民节假日休闲和游客娱乐的需要。加强对旅游娱乐业的规划管理，把握文化娱乐的活动方向，着力提高旅游娱乐业服务人员的文化素质，推行标准化服务。

加强与文化等相关部门的合作，开放旅游休闲娱乐市场，提高旅游休闲娱乐活动的策划水平，吸引外地文化艺术团体前来演出，丰富市民及游客文化娱乐活动，对凤阳花鼓灯、凤阳花鼓戏等优秀文化产品进行包装演出，提高旅游的趣味性，增强旅游魅力。结合地域风情，大力开展丰富多彩、多元化的文化娱乐活动、节庆活动、民俗风情活动，积极开发参与性、娱乐性、休闲性强的现代游娱项目，开发具有田园野趣、体验游憩型的自然游乐项目，如开发采桃节、采草莓节、采菊花节等各种采摘文化旅游节。同时鼓励发展社会娱乐业，如茶楼（馆）、特色文化演出等，丰富广大游客的娱乐生活。

（三）促进旅游购物商品的开发与升级

加强对旅游商品的调研，扶持旅游商品开发，构建旅游商品产供销体系。要充分发挥滁州市旅游商品资源丰富、品种多样的优势，把旅游商品做大做强，打造精品、形成特色；同时，还要把握旅游商品开发与生产的关键环节，提高旅游商品竞争力，提高工艺技能和技巧，精选配料，精雕细刻，确保商品质量。结合全市工业结构调整，引进国内外旅游商品生产商、经销商，鼓励企业进行产业化的商品开发，生产标志性旅游商品，建设旅游商品生产基地。要加快特色旅游商品开发，着重开发具有地方特色和景点特色的旅游商品，丰富旅游商品的种类，提高商品档次，创新设计，提升产品的附加值。商品包装要充分考虑便携性、美观性、特色性，树立一地一品、一景一品的旅游商品形象。要强化旅游商品的市场营销意识，大力拓展营销渠道，建立旅游商品专业市场，同时市内要规划设计建设旅游特色购物街、购物市场，销售各具特色的旅游商品，改善购物环境，方便游客购物消费，促进旅游商品产业化经营。具体地说，要把滁州市的玻璃刻花工艺品、珠宝玉器、水珠灯工艺品、玩具、麦饭石保健工艺品、滁菊保健饮品、琅琊酥糖、银杏保健饮品、龙兴御液酒、施集茶叶、来安花红等多种深受游客青睐、极具地方特色的旅游产品打造成优秀旅游商品。

(四)加大多元资本投入,进一步打造旅游精品

旅游开发建设资金不足已成为制约滁州市加快文化旅游发展的重大问题,应积极探索和拓宽旅游投融资渠道,按照“谁投资、谁所有、谁受益”的原则,鼓励全社会投资旅游业,逐步形成投资主体多元化的旅游经济体制。采用项目特许权、运营权、旅游景区门票质押担保和收费权融资等方式,扩大旅游融资规模。要抓住海外和沿海资金向内地转移的有利条件,加大资本运作和招商引资力度,吸引国际国内的大企业、大集团参与滁州市旅游产品开发、旅游服务设施建设、旅游商品生产等旅游项目;要鼓励采取BOT、TOT等融资方式,加快旅游基础设施和配套设施的建设步伐;要推进重点旅游企业通过上市融资、发行企业债券、引进战略伙伴等方式,吸纳更多社会资金投入。进一步加大旅游项目的招商引资力度,要创造性地用好、用活相关政策,积极扶持各种旅游引资项目,营造“亲商、富商、安商”的政策环境,不断优化旅游投资环境,确保项目引资和建设的顺利进行。通过营造宽松的投资经营环境,树立滁州市良好的招商形象,吸引更多的投资者。

在文化旅游产品“创新”上下工夫,打造旅游精品。随着经济的发展、社会的进步,人们对文化旅游产品的需求越来越宽泛,现代旅游的内涵也越来越丰富。这就需要进一步调整和优化文化旅游产品结构,不断对文化旅游产品的内容和形式进行创新,不断向市场推出特色鲜明并适销对路的文化旅游产品,形成具有较大吸引力和召唤性的文化旅游产品,如在凤阳国家级文物保护单位中都城遗址基础上建设的“中都城遗址公园”精品项目。要适当建设一批人造景观、景点和现代化娱乐项目设施,不断推出独具特色、参与程度高、娱乐性强的旅游产品,如凤阳县正在投资10亿元建设的“大明文化园”,是集观光、参与、娱乐、休闲为一体的综合大型文化乐园精品项目。

(五)加强文化旅游宣传,树立文化旅游新形象

借助各种媒体,包括广播电视、网络、报刊杂志等形成连续宣传阵势。网络宣传要注意信息的效益和实践,选择较有影响力的网站进行宣传。实施旅游广告策略,要对印刷广告、广播广告、影视广告、实物广告、户外广告、人员推销等进行整合,以达到旅游者最大程度的认同。通过在南京、合肥等地举办的旅游交易

会,促进滁州文化旅游的宣传,加强文化旅游产品的市场竞争力。

把旅游促销活动与全市的重大节庆活动结合起来,拓宽旅游客源市场。按照“政府主导、社会参与、市场运作”的方式,紧扣国家旅游局提出的年度主题,举办好“中国·滁州醉翁亭文化旅游节”“中国凤阳花鼓文化旅游节”“白鹭岛生态文化旅游节”“中国农民歌会”等现有节庆活动的同时,开展一批新的节事活动,如“中国·滁州菊花文化旅游节”“醉翁文化节”“儒林文化节”“大明文化论坛”“全椒采桃文化旅游节”“来安果蔬采摘旅游节”等。

(六)注重环境保护,实现文化旅游开发的可持续发展

文化旅游开发是一项系统工程,需要政府部门、管理部门、当地居民和旅游者的全体参与。通过法制观念教育及长远观念教育来提高管理者、当地居民和旅游者的旅游环境保护意识,文化旅游开发和规划要掌握和尊重居民对发展文化旅游的认识,鼓励居民直接参与。坚持“保护、利用、发展”的方针,科学开发旅游资源,对文物古迹等人文旅游资源的开发要进行充分论证,坚持修旧如旧、复古如古的原则,在保持原汁原味文化风格的基础上进行深度挖掘和建设。

认真贯彻执行国家、省、市颁布的有关环境保护的法规、条例、文件。加大对滁州市域范围内的山体、水域、动植物资源、文物古迹的保护力度,禁止在全市景区开山采石、污染水体、乱砍滥伐,禁止或严格限制猎捕或采挖珍稀、濒危野生动植物资源,禁止对文物资源进行破坏性利用,从而实现文化旅游开发的可持续发展。

第十章　滁州市乡村旅游

随着经济的发展，人们越来越重视低碳经济，发展乡村旅游成为热潮。我国的乡村旅游已进入高速发展阶段，与之相对应，乡村旅游也成为旅游学界的重点。很多研究成果与实践经验证实，以所在城市为核心，间隔半小时以上、最大不超过两小时车程的区域为乡村旅游的最佳市场区域。由于这些场地与其所属地都会具有天然的依附关系，故而本地居民被定为目标市场建设的重要部分，而充分了解市场需求的特征则成为开拓和制订目标市场组合策略的前提。

第一节　乡村旅游概念和特性

乡村旅游作为连接城市和乡村的纽带，促进了社会资源和文明成果在城乡之间的共享以及财富重新分配的实现，并为缩小地区、城乡差别和优化产业结构等做出很大贡献，有助于乡村地区经济、社会、环境和文化的可持续发展，可以说乡村旅游对于加快实现社会主义新农村建设及城乡统筹发展具有重要意义。

一、乡村旅游发展背景

随着现代社会经济的不断发展，居民对生活品质的要求越来越高，世界旅游组织提出了旅游发展的主题“回归自然与返璞归真”，为中国乡村旅游的发展创造了重要机遇。我国是一个悠久的传统农业大国，农业文明源远流长，农业资源丰富多样，自然生态美丽奇异，民俗风情文化绚丽多彩，具备了大力发展乡村旅游的重要基础。乡村旅游以独具特色的乡村性资源、风貌、民俗、民艺、风情文化为根本,以广大农民自身为发展主体,以城市居民为主要目标人群,促进了乡村剩余劳动力就业、农民增收、资源保护和生态乡村建设,在全面推动新型城镇化建设和加快小康社会建设时发挥了重要的产业催化剂作用。

我国是一个传统的农业大国,农业是一个关系到国民经济发展的重要产业。随着市场经济的深入发展和改革开放步伐的加快,促进农业生产发展和改善农业条件的政策日益完善,转变农业发展方式成为趋势。作为农业和旅游业交叉融合而成的新型产业,休闲农业的发展对我国农村地区经济发展、农业产业结构调整和新农村基础设施建设等都将起到强有力的推进作用。

我国乡村旅游起步较晚,始于20世纪80年代末,发展于90年代中后期。1980年左右,伴随着产业结构的调整,旅游业逐渐引起重视,而乡村旅游的设计与开发恰是第一产业与第三产业的有机结合与互补,因此,乡村旅游成为21世纪农村发展和旅游产业发展的重要组成部分。20世纪90年代"华夏乡村游""生态旅游年"等旅游年主题的提出及生态文明国家建设等政策的支持和近年来关于"和谐农村、生态旅游"口号的提出,更是进一步推动了乡村旅游的发展与改进。

随着全国乡村旅游的兴起,滁州乡村旅游也以新型旅游产业的姿态于20世纪90年代末出现,根据滁州市乡村旅游的经营主体和发展特征的演变,可分为三个主要阶段:第一,自20世纪90年代到2001年左右以农户经营为主的小规模经营阶段,一般为家庭内部合作自主经营;第二,2001年至2003年左右,外地投资者明显增多,规模有所扩大;第三,2003年至今以形式较为单一的本地经营为主。

二、乡村旅游概念

乡村旅游是指以乡村田园风光、农林资源、自然生态环境为载体,以农业生产活动和民俗民艺传承活动为主要吸引物,以都市居民为目标消费人群,以领略乡村田野风光、体验农事生产劳作、了解风土民俗和回归生态自然为目的的一种旅游体验方式。乡村旅游的概念包含了两个方面:一是发生在乡村地区,二是以乡村性作为旅游吸引物,二者缺一不可。

随着乡村旅游的迅速发展,近几年围绕乡村旅游提出很多新概念和新理论,如游居、野行、居游、诗意栖居、第二居所、轻建设、场景时代等,新概念和新理论的提出使乡村旅游内容丰富化、形式多元化，有效缓解了乡村旅游同质化日益严重的问题。

三、乡村旅游特性

乡村旅游具有发展范围广、资源丰富、类型多样、地域文化特色显明、原始野趣浓厚、易发展、投资少、见效快、参与性强、老少皆宜、重游率高、生态环保、可持续强等主要特征。

（一）旅游的目的地为乡村，客源是城镇居民

乡村旅游的主要发生地是与城市距离较远的乡村地区，该地区具有丰富的自然景观、文化胜地等，一般处于城郊地带。旅游者到乡村旅游，目的在于感受与城市不同的风土人情，寻找两者的差异性、互补性。实现这一目的的途径有两个：第一，当地参观；第二，体验活动。

根据乡村旅游的功能、特点，作为乡村旅游主要客源的城镇居民要满足以下条件：第一，生活在有别于乡村的大中城市；第二，对乡村以及乡村景观缺乏直观的了解。

（二）乡村旅游的本质是乡村性

乡村旅游的本质为乡村性，乡村性使乡村旅游更具有特色，无论是在旅游方式还是在旅游的目的或意义上，与一般意义上的旅游不同。乡村旅游具有优美的乡村田园风光、雅致的绿色景观和农业生产方式等不同景观，可以让游客领略美丽的乡村田野风光和体验农事生产劳作。乡村旅游的发展需要充分利用当地得天独厚的自然资源优势和独特的文化资源特色，来打造特色鲜明的旅游产品，从而维持其生命力的长久。

随着对传统文化保护力度的加大，在社会主义新农村建设过程中，不仅对原始景观进行了保护，而且对独具特色的乡村民俗、民艺和民族传统文化都较为完整地传承下来。古朴的自然景区、原始的劳作方式、纯真的乡村民俗和土生的农副产品，造就了乡村旅游"古、始、真、土"的乡村性特点。乡村性使得乡村旅游更具吸引力，它能够满足城市旅游者内心领略乡村田野风光、体验农事生产劳作、了解风土民俗和回归自然的心理需求。

(三)乡村旅游产品的文化性

乡村旅游日益成为城市居民休闲度假的重要出行方式,市场前景广阔,具有较强的持续性和连续性。乡村旅游所具有的广阔市场前景与其独具特色的民俗文化紧密相关,乡村旅游通过展现当地民俗文化和习俗,不断增加自然景观的人文内涵,以彰显独特的地域文化特色和浓郁的民俗风情。

农耕文化和传统的当地文化构成了丰富的乡村旅游文化。农耕文化是乡村旅游文化的基础,乡村旅游文化离不开农耕文化,游客通过体验农事生产劳作可以增加对风土民俗的了解。传统的当地文化涉及面较广,包含了丰富的文学、历史、经济、社会和民俗等各个方面,乡村旅游可以让游客更为深刻地感受到当地传统文化的魅力,其持续性就在于旅游产品具有浓厚的地域文化内涵。

(四)乡村旅游的参与体验性

乡村旅游是以乡村田园风光、农林资源、自然生态环境为载体,以农业生产活动和民俗民艺传承活动为主要吸引物,以都市居民为目标消费人群,以领略乡村田野风光、体验农事生产劳作、了解风土民俗和回归自然为目的的一种旅游体验方式。从乡村旅游的定义中可以得知乡村旅游过程的参与体验性特点,乡村旅游不单单是传统层面的观光旅游,其重要特征是为游客提供了一种体验式的休闲娱乐方式,包括观光、品尝美食、休闲度假、民俗生活体验、参与劳作活动等。

由于乡村旅游的魅力在于其参与体验性,它能够让游客在参与的过程中体验到当地的传统文化、特色产品和传统手工艺品的制作过程,感受到劳动带给自己的快乐;同时回归乡村生活,感受自然和文化带给心灵的震撼和冲击,因此,参与体验性成为吸引越来越多游客体验乡村旅游的关键因素。

第二节　乡村旅游发展现状

在全国乡村旅游高速发展的背景下,滁州市乡村旅游主要是以“吃农家饭、干农家活、住农家屋、享农家乐”为主要旅游方式。对滁州市乡村旅游的发展进行研究，有利于促进农村产业结构调整，转移农村剩余劳动力，进一步缩小城乡差别；有利于增加农民收入，提高农民的生活质量，促进农村物质文明与精神文明建设。

一、我国乡村旅游发展总体情况

我国乡村旅游始于20世纪80年代，至今已有30多年，其间开展了“华夏乡村游”“中国乡村游”“和谐城乡游”等主题旅游年的宣传推广，在社会主义新农村建设、美丽乡村建设、农村扶贫开发等一系列“三农”发展建设过程中，乡村旅游的基础设施日益完善，生态环境得到改善。乡村旅游作为农业和旅游业融合的一种新型产业，具有传统旅游业的综合带动效应，在统筹城乡经济发展、拉动内需、优化农村经济结构、提高农民收入、解决农民就业、保护生态环境等方面发挥着重要推动作用。

当前，我国城镇居民“5+2”生活模式已经形成，即工作5天，周末2天休闲旅游。我国城镇居民在周末休闲出游时，70%以上选择周边乡村旅游点，全国主要城市周边乡村旅游接待人数年增长均高于20%。我国乡村旅游初步形成围绕大中城市、名胜景区、山水生态区、特色农业区发展的格局，成为城镇居民“5+2”生活模式的主要载体、国内旅游发展的主战场。

(一)发展迅速，拉动内需效果明显

2014年，全国有农家乐超过190万家，乡村旅游特色村10万个，接待游客12亿人次，约占全国旅游接待总人数的三分之一；乡村旅游营业收入3 200亿元，同比增长15%，带动3 300多万农民受益。乡村旅游能有效刺激城镇居民旅游消费，其收入占全国旅游总收入的10%以上，乡村旅游已成为拉动内需的一个重要途径。

(二)产业已有一定规模，示范效应初显

目前，全国已有117个全国休闲农业与乡村旅游示范县，216个全国特色景观旅游名镇村，283个全国休闲农业与乡村旅游示范点，10万多个乡村旅游经营户。农业部、国家旅游局计划从2010年起利用3年的时间培育100个全国休闲农业与乡村旅游示范县和300个全国休闲农业与乡村旅游示范点的目标已基本

实现，这些示范县和示范点将对探索休闲农业与乡村旅游发展规律，增加引领全国休闲农业与乡村旅游持续健康发展起到重要作用。

（三）促进农民就业，增加农民收入

2014年，全国乡村旅游人数达12亿人次，约占全国旅游接待总人数的三分之一，直接从事乡村旅游的农民达3 300万人，乡村旅游营业收入3 200亿元，同比增长15%，人均增收9 700元。

2015年中央1号文件《中共中央国务院关于加大改革创新力度加快农业现代化建设的若干意见》指出，中国将扶持建设一批具有历史、地域、民族特点的特色景观旅游村镇，打造形式多样、特色鲜明的乡村旅游休闲产品，加大对乡村旅游休闲基础设施建设的投入，研究制定促进乡村旅游休闲发展的用地、财政、金融等扶持政策等。上述举措将进一步推动我国乡村旅游的发展。

（四）改善农村生产、生活环境

乡村旅游的发展使当地道路、水电等基础设施日益完善，乡村环境得到改善，农民环保意识得到提高。按照推进城乡经济社会发展一体化的要求，要进一步做好社会主义新农村建设规划，加强农村基础设施建设，提升公共服务水平，推进农村环境综合整治；要以提升人居环境质量、建设美丽宜居乡村为重点，做好项目实施工作，全面改善农村生产、生活环境。

（五）加强城乡交流

乡村旅游在满足城市居民乡村休闲体验的同时，也带来了大量的物流、资金流、信息流，以及城市文明的生活方式和现代理念，拓展了城乡交流空间，促进了城乡交流，有利于当前新型城镇化建设。

二、滁州市乡村旅游发展现状

滁州市地处安徽省最东部，苏皖交界地带，东邻南京，习惯上称之为“皖东”。滁州市自然风光优美，古风蕴藉，历史文化底蕴深厚，旅游资源较为丰富。目前有国家级风景名胜区、国家级森林公园、国家级重点文物保护单位8处，省

级自然保护区和重点文物保护单位11处,名山、名亭、古关、古寺等历史文化遗迹数量众多。近年来,滁州市加大了对乡村旅游的政策扶持力度和资金投入,建成了一批以旅游为主导的新型农村社区,其旅游产品体系日益完善,为当地经济的发展注入了更多的活力,大幅提高了农民的收入。

2011年,滁州市共有省级农家乐示范点6个,五星级农家乐示范点1个,四星级农家乐示范点2个。安徽省"最佳旅游乡镇"1个,"优秀旅游乡镇"5个,"旅游乡镇"20个,全省名列前茅。其中,凤阳藤茶山庄占地1 200亩,原始次森林300多亩,阔叶林300多亩,野生藤茶有200多亩,新种植果园100亩,花舟竹木150亩,建成了集采茶、采摘、观赏、餐饮、农家生活体验于一体的观光种植园。

到2014年8月,全市共有各级休闲农业与乡村旅游示范点11个(其中,国家级1个,省级5个,市级5个),省级特色景观名镇1个(来安县半塔镇),省级特色景观名村2个(天长市龙岗村、凤阳县小岗村),市级休闲农业与乡村旅游示范乡镇3个,市级"十大休闲旅游村"10个,星级农家乐100个(其中,五星级农家乐9个,四星级农家乐12个,三星级及以下农家乐79个)。

农家乐是当前乡村旅游的主体。农户或经营者在自有宅基地或农村集体土地上利用庭院、池塘、果园、花圃、菜地等田园景观和自然生态景观、乡村人文资源,吸引旅游者,为旅游者提供以农家生活体验为特色的观光、娱乐、休闲、住宿、餐饮等服务。截至2014年8月份,滁州市农家乐共接待游客1 012.08万人次,净收入达到11.6亿,初步形成了一批服务上乘、特色突出、管理诚信的农家乐示范点。

随着农家乐的快速发展,各类服务型人才缺失的问题日益凸显。农家乐从业人员的学历以初高中为主,人员素质偏低。农村青壮劳动力大量往城市迁移,导致农家乐从业人员以中老年人为主。再加上部分地区宣传力度不够,特色不明显,旅游产品单一,这样无形中就限制了滁州市农家乐休闲旅游形成集聚效应,难以往更高层次发展。

第三节 滁州市乡村旅游开发条件

滁州市农业所占比重大,乡土特色明显,生态环境良好,乡村资源丰富,开展乡村旅游条件优越。

一、区位优越,交通便捷

滁州市位于皖东江淮之间,毗邻长三角,在南京"一小时都市圈"范围内,是南京都市圈的核心城市,并且是皖江城市带承接转移示范区的重要一翼,也是合肥经济圈的重要城市,是安徽省东向发展的桥头堡。滁州的铁路、公路和水运交通便利,使其具有较好的可进入性和较强的集散能力,为乡村旅游的发展提供了良好的支撑。

二、政府高度重视

滁州市对乡村旅游工作非常重视,结合美好乡村建设工作,出台了相关的乡村旅游产业支持政策。2012年11月29日滁州市出台《关于进一步加快乡村旅游发展的实施意见》,为推进滁州市乡村旅游业快速发展,促进美好乡村建设,提升乡村旅游产业水平提供了政策保障。在科学发展观的指导下,滁州乡村旅游要不断解放思想,完善乡村旅游基础设施和服务体系,优化乡村旅游发展环境,创新机制、整合资源,丰富品类、突出特色,强化管理、提升品质,推动全市乡村旅游向特色化、市场化、产业化方向发展,提升乡村旅游产业水平,形成以旅强农、以农促旅、农旅结合、城乡互动的旅游新格局,努力建设旅游观光休闲度假基地。

三、生态环境良好,乡村资源丰富

滁州地处亚热带区域,四季分明,雨水丰沛。境内河湖众多,拥有1 000多座水库,星罗棋布的大小湖泊点缀在绵延起伏的皖东丘陵上,山水相间,风光宜人。滁州广袤的乡村地区不仅山川秀美,而且林区与果园分布较为广泛,各类农副产品种类丰富,山水美景与富有特色的乡村风貌融为一体,呈现出独具魅力的乡村田园风光。

滁州市农产品和旅游资源丰富,发展乡村旅游更加符合滁州市实际情况。滁州是国家大型商品粮生产基地,常年粮食总产约占安徽省的七分之一,年调出商品粮总量约占安徽省的三分之一,商品率高达60%以上,是安徽省乃至全国的重要粮仓,有"安徽第一粮仓"之称,是周边地区农产品主要供应地和商品粮基地,是南京市的"菜篮子"。滁州盛产水稻、小麦、鱼虾、油菜等农产品,著名土特产有明光绿豆、滁菊、来安花红、南谯茶叶等，特种水产有女山湖大闸蟹、高邮湖大闸蟹、银鱼、滁州鲫鱼、天长芡实等，传统特色食品有琅琊酥糖、马厂酥笏牌、凤阳瓤豆腐、天长甘露饼、炉桥桥尾等。此外，当地农村风俗传统浓郁，民俗文化活动丰富，是一个优质的乡村旅游胜地。

境内的全椒县不仅生态环境宜人，而且文化积淀深厚，是国家级生态建设示范区、全国十大绿色农业示范县试点之一、南京市无公害农产品配送基地。此外，近年来南谯区、凤阳县及来安县等地的农业科技园区建设步伐较快，樱桃、蓝莓、树莓、薰衣草及波斯菊种植基地已初具规模。

第四节 滁州市乡村旅游调查

问卷调查法也称“书面调查法”，或称“填表法”，是用书面形式间接搜集研究材料的一种调查手段。它是通过向调查者发出简明扼要的征询单(表)，调查者填写对有关问题的意见和建议来间接获得材料和信息的一种方法。本文通过问卷调查法对滁州市居民的乡村旅游情况进行了调查。

一、调查样本人口统计特征

本次问卷调查的时间为2014年3月至2014年6月，共发放问卷500份，回收问卷486份，有效问卷473份，有效率达97.3%。主要集中在滁州市人民广场、神农庄园、小李农庄、清流公园、苏果超市、大润发超市、南湖公园等人群密集的休闲娱乐购物场所发放问卷。

(一)性别、年龄与婚姻结构

从统计数据上看，本次调查样本中男性共274位，女性199位，所占百分比分别为58%和42%，男性明显多于女性。调查数据显示，被调查者的年龄主要集中于18～49岁，其中18～29岁的人员所占比重较大，占总数的48.5%；其次是30～39岁人员，占总数的28.7%，40～49岁和50岁以上的人群分别占总数的14.5%和0.5%。从婚姻状况来看，已婚和未婚比例差距较小，已婚人群占总数的47.5%，未婚人群占总数的52.5%,显然未婚人群占多数。

(二) 职业结构与家庭月收入

从职业结构上来看,公司职员所占比重最大,所占总人数比例为24.3%;其次是离退休人员,占总数的15.6%;其他类职业人员比重相对较小,事业单位员工占总数的13.9%,学生和农民人数分别占总数的13.6%和12.5%,个体工商户和公务员仅占总数的5.7%和7.2%,没有透露身份的其他人员占7.2%,见表10.1。

表10.1 滁州市乡村旅游调查对象职业结构分布

职业	公务员	事业单位员工	公司员工	离退休人员	个体工商户	学生	农民	其他人员
比例（百分比）	7.2	13.9	24.3	15.6	5.7	13.6	12.5	7.2

从家庭月收入来分析,家庭收入在3 001～5 000元的人员所占比例最大,占总数的28.2%;暂无收入的人员次之,比例为21.7%;收入小于2 000元和2 001～3 000元的人数分别占总数的18.7%和18.8%;而收入在5 000元以上的人数仅占总数的12.6%,见表10.2。

表10.2 滁州市乡村旅游调查对象家庭月收入分布

收入(元)	暂无收入	<2 000	2 001～3 000	3 001～5 000	>5 000
比例(百分比)	21.7	18.7	18.8	28.2	12.6

二、乡村旅游的感知与分析

(一)对信息获得渠道的感知

调查表明,滁州市居民在了解乡村旅游时,获取信息最重要的途径是通过朋友介绍。调查结果显示,经朋友介绍了解情况的占总人数的37.25%,通过网络了解情况的占总人数的37.75%,而通过旅行社宣传了解情况的仅占总人数的14.25%,还有15.75%的人群是通过其他渠道获得这些资料,见表10.3。这表明滁州市居民在了解乡村旅游的方式上更倾向于朋友间的口耳相传,而文字类的宣传则很少。滁州市旅行社仅有62家,而组织人员参加当地乡村旅游的更是少之又少,网站上对于乡村旅游的介绍也不全面,这是导致居民无法直接客观地了解乡村旅游的主要原因。

调查显示，一年一次参加乡村旅游的人群占大多数，占总人数的41%，而一年旅游两次的人数占总人数的27%，从没参加过的占总人数的20%，一年参加三次或三次以上的仅占总人数的12%。从数据分析来看，人们参加乡村旅游的次数并不多。

表10.3　滁州市乡村旅游调查对象获得信息渠道分布

信息来源	网络	朋友介绍	旅行社	其他
比例（百分比）	32.75	37.25	14.25	15.75

（二）对乡村旅游景点建设的感知

乡村旅游景点建设的质量是衡量乡村旅游点是否完善的要素之一，景点建设如果能够具有独特性，有助于提高游客率和回访率。而衡量一个景点是否能够被游客所接受，游客的意见相当重要。旅游景点建设感知，分为“有特色”“一般”和“特色不强”。调查结果显示，将近一半的人认为景点建设“一般”，约占总人数的46.1%，31.3%的人认为景点建设“有特色”，22.6%的人认为景点建设“特色不强”。

（三）对景点工作人员工作服务质量的感知

在旅游地，与游客面对面接触的是景点工作人员，他们是一个景点的活动招牌，游客对工作人员服务质量的感知状况是衡量他们工作状况的有效工具。本次调查结果显示，认为工作人员的工作状况不好的占大多数，约占总人数的53%，47%的人认为工作状况好，所以各景区应该在对工作人员的培训上加大力度。

（四）对景点标识的感知

游客在进入景点的时候，尤其是自驾游的游客，能否轻松地找到去往景区的路标也是很重要的。调查结果显示，大多数人认为景区标识基本能够找到，约占总人数的52.7%；约有33%的人认为标识很清楚；认为标识不太好、容易错过景点的和觉得标识很不清楚的人群分别约占总数的11%和3%。以上各项统计数据说明滁州市乡村旅游的标识还是相对比较科学的。

表10.4 滁州市乡村旅游调查对象对于景点标识的感知分布

标识清晰度	很清楚	基本能找到	容易错过	很不清楚
比例(百分比)	33.1	52.7	11.4	2.8

(五)对旅游景点的总体感知和旅游评价

对于景区服务质量的感知,从“景点”“服务质量”“餐饮”“娱乐”“购物”和“价格”几个方面采用5分制对访问者进行调查。其中,价格又分交通价格、农产品价格、餐饮价格、旅游纪念品价格等。调查结果显示,在对旅游服务质量的总体评价上,人们对景点、服务质量、餐饮和购物的评价“一般”的最多,极少数调查对象认为“很差”。在对价格的评价上,普遍反应价格偏高。

表10.5 滁州市乡村旅游调查对象对旅游景点总体评价

	最好(5分)	很好(4分)	一般(3分)	不好(2分)	很差(1分)
景点	95人	151人	161人	47人	19人
服务质量	90人	128人	175人	57人	23人
餐饮	95人	156人	151人	43人	28人
娱乐	80人	156人	199人	19人	19人
购物	99人	128人	170人	52人	24人
交通价格	71人	175人	132人	57人	38人
农产品价格	132人	175人	80人	76人	10人
餐饮价格	114人	149人	132人	68人	10人
旅游纪念品价格	95人	142人	128人	85人	23人

三、乡村旅游发展策略

(一)加强规划、管理和引导

科学的乡村旅游规划是确保产业持续良好发展的基础。滁州市各级政府部门要主动协调各相关部门,制订相关的规划方案以切实加强对乡村旅游的指导和管理,完善各景区旅游景点设施和服务质量标准体系,规范景区各项目的收费价格等;要制定相关的法规政策,使乡村旅游的运行和管理能够有法可依;同时,还要有目的、有选择地开发重点乡村旅游建设项目，突出其在精品餐饮文化、娱乐设施和旅游纪念品等方面的特色，使典型景点成为各景区的旅游卖点，以此满足游客的旅游需求。在开发过程中着重体现乡村旅游产品的多样性和新颖性，以吸引更多的游客来此观光。

（二）重视口碑效应，加大宣传力度

当前，由于宣传力度较弱，滁州市大部分乡村旅游点的知名度并不高，不为人们所广泛熟知，这对滁州市乡村旅游发展有较大的不利影响。乡村旅游要在已有的宣传途径上加大宣传力度，可在公交车站台或者人流较多的商场、影院等地方做海报宣传，也可在人民广场等地方的大屏幕投放宣传影片，增加乡村旅游景点的曝光率，让乡村旅游景点为人们所熟悉。对乡村旅游的宣传工作，也要重视潜在的消费市场，特别是年轻人的市场。除了在当地报纸、电视等媒体上进行宣传外，还要充分利用网络资源，重视微博、微信、QQ等新媒体的宣传，加强各乡村旅游点的网站建设，在市、区旅游网站首页上开设乡村旅游栏目，通过互联网和其他各种途径向城市居民灌输当地有关乡村旅游的信息，提高居民对各乡村旅游点的知晓度。同时也可以采取灵活多变的促销策略吸引游客，如可推出景区淡旺季套票制度，在节假日对市民让利或免费，在大型超市和人流密集的公共场所发放景区传单、旅游优惠券和邀请函等，吸引更多的普通居民。

（三）加强自身管理，提高旅游服务质量

目前，滁州市乡村旅游设施并不完善，而且旅游服务质量也难以让人满意，严重影响了城市居民的乡村旅游体验，也让居民对乡村旅游的感知产生了偏差，因此，旅游设施建设迫在眉睫。要以满足游客旅游活动的需求为宗旨，以游客进入旅游区的旅游线路为基准，合理布置娱乐设施、公共厕所、垃圾桶、解说设施以及旅游标识牌等，让游客对景区景点一目了然。合理规划景点，提高景区环境质量，给游客营造一个干净舒适的景点环境。完善各项旅游娱乐设施和管理服务体系，开发当地特色产品及老字号食品菜肴，切实从广大游客角度出发，使游客感受到不一样的乡村旅游风格。提升餐饮、导游解说、住宿等服务质量，提高游客满意度，从而提升游客到滁州乡村旅游的到访率、回访率。

(四)开发特色经典产品,实行全方位发展

目前,滁州市乡村旅游景点的开发层次较低,对游客的吸引力较弱。滁州市乡村旅游开发应加强环境卫生管理,重视乡村环境提升,为乡村风光营造美丽和良好的生态环境。开发特色产品,如可以开发具有特色的农产品、特色农家饭等,提高滁州乡村旅游的餐饮品质和吸引力。与企事业单位合作,为员工提供假日福利,还可以为学校学生举办各种游戏或活动提供场地。此外,还可以依据不同的节日提供不同的主题活动来吸引游客,推出和开发一系列蕴含各大节日主题的项目活动。同时,也要开发当地的特色旅游商品,打造出富有滁州地方农家气息的"农家乐旅游"。

(五)完善相关交通标识,打造便捷的交通条件

目前,滁州市区通往各个乡村旅游点的交通设施较为落后,主要表现在有的景区需要中途转几次车,甚至大部分乡村旅游点与市区之间并没有直达的交通工具。乡村旅游自驾游人数不少,可自驾车旅游的交通标识却并不完善。滁州市乡村旅游的通达性差,成为影响滁州居民乡村旅游积极性的重要因素之一。因此,为提高滁州市乡村旅游的便捷性,可开通城市直达各乡村旅游点的班车,可以与公交公司合作,增开市区与景点之间的车次,并且完善乡村旅游道路的交通标识。

乡村旅游发展是依托农村丰富的资源,把农业生产过程、农民生活场景、现代农村风貌和农俗文化转化为旅游产品,挖掘农业的生态保障、观光旅游、文化传承等功能,为闲置劳动力提供就业岗位,从而实现旅游业及农业的延伸和拓展。发展乡村旅游要以增加农民收入为核心,以乡土民俗和文化作为乡村旅游的亮点和吸引点,以保护乡村的自然生态环境为重点,维护乡村性和地方特色,走特色化、规范化、规模化和品牌化一体化的道路,实现乡村旅游产业化的基本目标,最终实现乡村旅游业的可持续发展。

第十一章　滁州市生态旅游

水土流失是当今世界最主要的生态环境问题之一，也是土地资源退化的主要原因之一。水土流失不仅深刻影响侵蚀区的土地利用，也影响整个流域的生态环境。伴随国民经济的飞速发展、人口数量的快速增长、居民生活消费水平的不断提高，迫切要求转变原有的高能耗、片面追求GDP的传统发展模式，实施可持续发展战略，保护生态环境，促使经济社会良性发展。滁州市地处江淮丘陵地区，地形以山地和丘陵为主，地表水不易保存，水土流失使生态环境日益恶化，严重影响了滁州市的经济发展。发展生态旅游是解决这一问题的重要手段。

第一节　生态旅游与水土流失

我国地貌类型多样，其中山区、丘陵区面积约占国土总面积的2/3，大部分面积都存在水土流失问题。水土保持工作具有显著的生态效益和经济效益，但由于经济效益往往没有完全被主要治理区获取，从而导致该项工作驱动力匮乏。如果在水土保持治理区建成具有人文景观、田野景观的旅游休闲场所，将极大提升水土保持工作的积极性。

一、生态旅游

（一）生态旅游概念

生态旅游也称“绿色旅游”，是一种新兴的旅游形式，是以可持续发展为理念，以保护生态环境为前提，反对破坏自然环境，追求精神文化、生态环境、经济效益的和谐统一。

生态旅游的内涵包含两个方面：一是回归大自然，即到生态环境中去观赏、旅行、探索，目的在于享受清新、轻松、舒畅的自然环境，探索和认识自然，增进健康，陶冶情操，接受环境教育。二是要促进自然生态系统的良性运转。生态旅游者、生态旅游经营者和得到收益的当地居民都应当在保护生态环境免遭破坏方面做出贡献。只有在旅游和保护均有保障时，生态旅游才能显示其真正的科学意义。

生态旅游与传统的旅游业有较大的区别，内涵更加丰富，具有疗养、休闲度假、参与体验、科普考察等多种功能。在旅游者看来，生态旅游除了休闲体验之外，更是增长知识、增加与大自然零接触的机会，提升了人们对自然环境保护和水土保持的理解。在西方经济发达国家，生态旅游非常流行，并把它当作当代城市的发展之路。生态旅游经济体现了当代城市经济的丰富性和城市经济功能的多样性，推动了现代城市经济的可持续发展，是当代城市快速发展的重要特征之一。江淮分水岭丰富的自然旅游资源和人文旅游资源具备了开展生态旅游的物质和文化基础。

（二）产生背景

生态旅游（Ecotourism）是由国际自然保护联盟特别顾问谢贝洛斯·拉斯喀瑞（Ceballas-Laskurain）于1983年首次提出。1990年，国际生态旅游协会（The International Ecotourism Society）把其定义为：生态旅游是在一定的自然区域中保护环境并提高当地居民福利的一种旅游行为。

生态旅游是指在一定自然区域中进行的有责任的旅游行为，为了欣赏历史的和现存的自然文化景观，这种行为应该在不干扰自然区域、保护生态环境、降低旅游的负面影响和为当地居民提供有益的社会和经济活动的情况下进行。

生态旅游有两个要点，一是生态旅游的物件是自然景物；二是生态旅游的物件不应受到损害。在人类面临生存环境危机的背景下，随着人们环境意识的觉醒，绿色运动及绿色消费席卷全球，生态旅游作为绿色旅游消费，一经提出便在全球引起巨大反响，生态旅游的概念迅速普及到全球，其内涵也得到了不断地充实。针对目前生存环境不断恶化的状况，旅游业从生态旅游要点之一出发，将生态旅游定义为“回归大自然旅游”和“绿色旅游”；针对现在旅游业发展中出现的种种环境问题，旅游业从生态旅游要点之二出发，将生态旅游定义为“保护旅游”和“可持续发展旅游”。同时，世界各国根据各自的国情，开展生态旅游，形成各具特色的生态旅游。

生态旅游发展较好的西方发达国家首推美国、加拿大、澳大利亚等国，这些国家的生态旅游物件从人文景观和城市风光转为谢贝洛斯·拉斯喀瑞所指定的“自然景物”，即保持较为原始的大自然，这些自然景物在其国内定位为自然生态系统优良的国家公园，在国外定位为以原始森林为主的优良生态系统，这使不少发展中国家成为生态旅游目的地，其中加勒比海地区和非洲野生动物园成为生态旅游热点区域。

工业文明的后期在物质财富和精神财富极大丰富的同时，资源问题、环境问题、生态问题等一系列全球性生存危机使人类的环境意识开始觉醒，绿色运动及绿色消费席卷全世界。人类对自身生存方式、发展模式的思考比以往任何时候都更为深刻，于是可持续发展思想应运而生。随着可持续发展思想的传播和渗透，旅游业的可持续发展也日渐成为人们关注的问题。人类社会在过去数百年的发展中一直表现为对经济高速增长的追求，甚至不惜以牺牲环境为代价。在这种发展模式下，人类的生存环境急剧恶化，如水土流失和土壤沙化、森林资源减少、海洋资源的破坏、能源的急剧消耗、自然灾害频繁、化学物质的滥用、人口与经济发展和资源环境的矛盾日益突出，等等。面临一系列的严重问题与矛盾，人类不得不重新认识人与自然的关系，在坚持传统的发展模式和重新探索新的发展模式之间做出选择。论战在拥护经济增长派和反对经济增长派之间展开，最终人们在深刻认识了环境与资源可持续的基础作用之后，将论战归结为可持续发展，努力实现人与自然的和谐发展。

我国对生态旅游的研究主要集中在以下几个方面：第一是生态旅游的概念、生态旅游与自然环境保护的关系；第二是生态旅游区划、生态旅游资源的评价与开发研究，通常以某一案例开展研究；第三，对生态旅游环境容量及可持续发展等方面的研究。例如，卢宗凡等一批学者将水土保持与生态旅游联系起来进行研究，认为生态旅游必须与水土保持相结合，发展生态旅游可以促进水土保持。

二、水土流失在我国的分布

我国是世界上水土流失最严重的国家之一，几乎每个省都有不同程度的水土流失问题，其分布广，强度大，危害重。我国的农业耕垦历史悠久，大部分地区自然生态平衡遭到严重破坏，森林覆盖率为12%，有些地区不足2%，水蚀、风蚀都很强。据统计，水蚀面积150万平方千米，风蚀面积130万平方千米，合计占国土总面积的29.1%，年均土壤流失总量50余亿吨，其中约17亿吨流入海洋。到2001年，全国水土流失总面积达367万平方千米，占国土总面积的38.2%，其中水蚀面积179万平方千米，风蚀面积188万平方千米。

从流失的程度来看，轻度流失面积186万平方千米，中度流失面积77.7万平方千米，强度流失面积47.63万平方千米，极强度流失面积25.76万平方千米，剧烈流失面积29.95万平方千米，其中中度及以上流失面积占50%。目前，全国农耕地水土流失面积约48.67万平方千米，占耕地总面积的38%，严重影响了农业生产，特别是粮食生产。

根据地形特点和自然界某一外营力起主导作用的原则，将我国水土流失类型区分为水力侵蚀为主的类型区、风力侵蚀为主的类型区和冻融侵蚀为主的类型区。水力侵蚀为主的类型区又可分为五个二级类型区：西北黄土高原区，东北黑土区（低山丘陵和漫岗丘陵区），北方土石山区，南方红壤丘陵区，西南土石山区。风力侵蚀为主的类型区又可分为：三北戈壁沙漠及沙地风沙区和沿河环湖滨海平原风沙区。冻融侵蚀为主的类型区包括北方冻融土侵蚀区和青藏高原冰川侵蚀区两个二级类型区。

全国七大流域和内陆河流域都有不同程度的水土流失问题。黄河中上游的黄土高原区60万平方千米面积中，严重水土流失面积达43万平方千米，黄土高原是世界水土流失之最，水土流失量每年3 700吨/平方千米。最严重的地区每年高达5万～6万吨/平方千米。每年从黄土高原流入黄河三门峡以下的泥沙达16亿吨，其中4亿吨淤积在下游河床，造成黄河下游河床每年淤高10厘米。目前，下游河床高出地面3～10米，最高达12米，成为有名的地上悬河。每年虽耗费大量财力和人力加高河堤，但河堤越加越险，后患无穷。

北方土石山区水土流失面积达54万平方千米，每年平均侵蚀模数为1 130～1 750吨/平方千米，主要包括海河、淮河流域。其中，淮河流域总面积27

万平方千米,包括江淮分水岭在内的山地丘陵面积,约占总面积的1/3;海河流域总面积31.82万平方千米,山地和高原面积18.9万平方千米,占60%,以水蚀为主。东北三省和内蒙古部分旗盟的水土流失达18.5万平方千米,其中,黑土区虽属缓坡,但多为长坡(1 000~2 000米),雨量集中,雨量大,土壤也容易流失,土壤侵蚀模数每年达6 000~10 000吨/平方千米。内蒙古、新疆与东北西部的风蚀面积达130万平方千米,沙漠与戈壁东西绵延近万里,气候干旱。因风沙危害,土壤沙化、碱化,危及西北、东北及华北各省。

南方红壤丘陵区同样也存在严重的水土流失问题。长江流域以南的红壤丘陵地区水土流失面积达67.48万平方千米。此区域由于人多地少,山大坡陡,雨量充沛,特别是暴雨多,植被一旦遭到破坏,在暴雨的冲击下,很容易产生严重的水土流失,特别是有深厚花岗岩风化壳的红壤地区,土壤侵蚀模数每年也在1 000吨/平方千米以上,土壤肥力下降,造成大幅度减产。此外,长江上游35.2万平方千米水土流失区的土壤流失量就达15.6亿吨,年均侵蚀模数达4 432吨/平方千米。由于长江流失的泥沙颗粒粗,只有1/3细泥沙进入干流,2/3的粗沙、石砾淤积在上游水库、支流和中小河道,给防洪和水库灌溉、供水、发电带来很大危害。

三、水土流失的形成因素和主要危害

水土流失主要由自然和人为两大因素造成,由较差的自然条件及人类过度的生产活动共同引起,是我国头号环境问题。较差的自然条件主要是地表起伏大,坡度陡,土质疏松,加上降水集中,地表植被缺乏;人类过度的生产活动,如毁林开荒、毁草种粮,过牧滥牧,修路、开矿不注重修复植被,随意倾倒废土弃石垃圾等都是造成水土流失的原因。

水土流失的危害具有很大的隐蔽性,往往被大家所忽略,而一旦发现,往往已经造成非常严重的后果。并且水土流失产生的负面影响常常是全局性的、长期的和不可逆的。

水土流失的危害主要表现在生态环境、生产和生活及经济发展三个方面。水土流失使地面破碎、崎岖,带走营养物质,降低土壤肥力,土地退化,使人们失去赖以生存的土地基础,影响农业发展;使岩石裸露,造成土地硬石化、沙漠化及石漠化;水土流失带走的泥土,淤积江河湖库,加剧洪涝灾害;此外,还影响工业生产，威胁城市安全，导致生存环境恶化，严重制约社会进步和发展。

四、生态旅游与水土保持的关系

生态旅游的发展离不开具有良好生态环境的地域空间，其水土保持状况对生态旅游的发展具有重要影响；反过来，生态旅游的发展对水土保持也有一定的影响，二者相辅相成。

（一）生态环境建设是发展生态旅游的前提

生态环境是生态旅游赖以存在的前提和物质基础，是生态旅游的生命线。没有良好的生态环境，生态旅游也就无从谈起，就是无水之源、无本之木。因此，对我国面积较大的水土流失区的预防和治理，要做好水土保持工作，可以从生态旅游的角度综合利用水土资源，真正使生态环境得以保护和恢复，实现可持续发展。

（二）水土保持可以为生态旅游提供资源

在我国水土流失区一些有影响的大中型水土保持基础工程设施，其本身就是特殊的旅游景观，可以作为旅游资源供生态旅游开发。延安庄坪镇井家湾村家家户户庭前屋后都种满了苹果树、枣树等果树，从前的黄土地现在全部被树木和野草覆盖，村民家的窑洞、平房都掩映在绿树花草之中，形成了极具美感的现代世外桃源。当地依靠优美的生态农业景色，开展住农家窑洞、吃农家饭、干农家活、采农家果的生态旅游，成为延安城郊有名的“农家乐”专业村，是地方经济重要的增收点。

（三）旅游景区景点会因为某些水土保持措施而更具美感

观赏水土保持措施并不是开展水土保持旅游的主线，但是一些旅游景区会因一些水土保持措施的出现而具有更多的美感。水土保持措施可以对主景起到烘托的作用，对主景的美感特征起到强化的作用。

(四)旅游开发与管理不当会致水土流失,制约生态旅游开发

生态旅游是基于良好的生态环境开展的旅游,是“生态”与“旅游”的叠加,欣赏其自然特征,并对野生生物和自然资源进行非消耗性的利用,有利于保持当地原有的生态系统和社会文化的完整。

开发生态旅游不当,特别是在生态脆弱的水土流失区,如在基础旅游设施工程建设过程中,一些不合理的土地利用,可导致植被遭受破坏,地表径流加大,土壤侵蚀严重,地表破碎,旅游区的环境退化、土层变薄,对自然景观造成极大破坏。一些景区遭侵蚀,表土流失使沟谷、低洼地淤塞,甚至部分游步道经常受到影响,如地处江淮分水岭的琅琊山、天堂寨、大别山石窟的步道均有不同程度的冲刷,给游客造成心理上的不愉悦,影响景区形象,减弱美感享受,制约生态旅游区的发展。

(五)生态旅游能带来经济效益,形成生态保护良性循环

水土保持工作是一项长期性、艰巨性的工作,需要大笔资金投入,推行多元化、多渠道、多层次的集资办法,以打破单靠国家资金投入方式,广辟资金来源。过往治理经验证明,走生态治理与经济发展并举的路子是巩固水土流失治理成果的最有效措施。生态旅游是生态保护和实现旅游循环经济发展的最佳契合点,发展生态旅游能产生较好的经济效益,为水土保持综合治理注入新的活力,形成生态保护良性循环。

第二节　滁州市发展生态旅游条件分析

水土保持是山区经济发展的重要保障,滁州市委、市政府十分重视江淮分水岭地区的生态环境问题,生态旅游是对水土流失区保护与治理的最有效方式之一。

一、江淮分水岭

江淮分水岭，又称江淮丘陵，为秦岭、大别山向东的延伸部分，长江流域与淮河流域的分界线。包括滁州、六安、合肥等6市23县(市、区)，面积4.3万平方千米，占全省总面积的31%，耕地面积占27%。江淮分水岭干旱成灾的因素很多，除过渡性气候影响外，土壤质地差，耕作层浅，土壤瘠薄也是成灾因素。区内地形沿大别山东麓延伸，西高东低，丘陵起伏，岗、塝、冲交错，地形破碎，且有一定坡度，加快了雨季地表水的流失，蓄水、保水能力差，生态环境脆弱。江淮分水岭地区水土流失所造成的危害，主要有土层变薄，肥力下降，土壤质地变差，裸岩地增加，河床抬高，塘库淤积，进而使地区生态环境恶化，水旱灾害加剧，直至威胁人类生存，其危害是十分严重的。

滁州市地处长江淮河之间，安徽省最东部，地理区域为北纬31°51′～33°13′、东经117°09′～119°13′，面积1.33万平方千米。全市有可耕地54.4万公顷，林地19万公顷，水域12.3万公顷，其他用地30万公顷，难用地17.5万公顷，市域范围均属江淮分水岭地区。滁州市农村人口352.20万人，占全省11%左右，是国家重要粮食产区，在全省社会经济发展中占有重要的地位。

滁州市江淮分水岭地区地形以山地和丘陵为主，地表水不易保存，水土流失使生态环境越来越恶化，加之长期以来对资源的掠夺性开发，其生态环境十分脆弱。主要生态环境问题有：森林生态系统脆弱，涵养水源能力弱；易旱多灾，区域水资源不足；土壤贫瘠，矿山开采严重，局部地区水土流失加剧；农业与农村生态环境问题突出等。

表11.1 安徽省江淮丘陵地区水土流失程度(1985、2000年) (单位：平方千米)

年份	轻度	中度	强度	极强度	剧烈	小计	比例(%)	总面积	无侵蚀
1985	2 127.3	248.11	0	0	0	2 375.41	17.96	13 228	10 953
2000	1 095.22	277.96	6.49	1.06	0	1 380.71	10.23	13 500	12 119.29

二、滁州市旅游发展现状

旅游业是促进消费、扩大内需的先导型和战略型产业，也是资源节约、环境友好型的综合性产业，同时也是滁州市极具发展潜力和后发优势的重要产业。加快推进旅游业的发展，对扩大对外开放、提升整体形象、促进滁州市经济结构调整和经济发展方式转变、增加就业岗位、提高群众收入、加速实现“双超”目标等具有十分重要的意义和作用。近年来，滁州市旅游业发展势头良好，成绩斐然，旅游基础设施进一步加强，从业人数持续增加，旅游产业规模连年扩大，产业体系逐步成熟，基本成为了重要产业。

滁州旅游业起步较晚，改革开放之后才逐步建立。21世纪以来，全市旅游产业开始快速发展，从质到量实现了重大转变，从政策、资金、人员、宣传等诸多方面给予倾斜，在旅游交通、旅游通信、旅游食宿、旅游娱乐等旅游基础设施和旅游配套设施方面取得了重大成就。2008年以来，滁州市提出打造长三角休闲度假基地和魅力后花园的目标，正日益融入南京都市圈的核心圈层。

三、滁州市发展生态旅游SWOT分析

SWOT分析法即态势分析法，该研究法从分析与研究对象密切相关的四个主要方面着手：优势S(Strengths)、劣势W(Weaknesses)、机遇O(Opportunities)、威胁T(Threats)。

（一）优势分析

1.旅游资源丰富

滁州市江淮分水岭蕴藏着丰富的旅游资源。其江淮分水岭海拔不高，(100~300米)，森林覆盖率高，水域面积广阔，是全省主要农业生产区。山水观光旅游、森林自驾游、休闲度假旅游、农业生态旅游、乡村采摘旅游、户外野营旅游，已在全市范围蓬勃发展。四季分明的气候、多样的地貌条件和优美的自然景观为发展面向长三角和国内外旅游大市场的生态旅游创造了有利条件。

2.区位优势明显

滁州市位于江苏、安徽两大省会城市南京和合肥之间，位居长三角产业辐射的主轴线上。滁州市沿江通海，南临长江，北抵淮河，承东接西，区位优越。淮南铁路、京沪铁路、宁西铁路、京沪高速铁路，宁洛、宁淮、合宁、合徐高速及建设中的马滁扬公路穿境而过，滁州港距南京新生圩外贸码头50千米，直达长江。滁州、南京两市直线距离仅约50千米，滁州中心城区到南京禄口机场、合肥新桥机场仅需1小时、2小时车程；现在经京沪高速铁路，滁州到南京、北京和上海分别只需16分钟、3.5小时和1.5小时。

滁州位于苏皖交界地区，是处在合肥经济圈和南京都市圈中间的核心城市。滁州市位于安徽最东部，是全省东向发展的桥头堡，充分发挥邻近长三角的区位优势和丰富的旅游资源，立足本省，重点依托南京周边及长三角，面向全国旅游市场。

3. 客源市场广阔

滁州市客源市场的潜力大，距南京直线距离仅约50千米，是南京都市圈的核心城市；紧邻经济发达、人口稠密的长三角，离上海只有300多千米，1.5小时车程。随着社会经济的快速发展和交通运输条件的改善，特别是家庭小汽车的快速普及，滁州市自驾游中的客源将主要来自长三角，其中南京、合肥是滁州最大最稳定的客源地。

（二）劣势分析

1.旅游资源开发不平衡，要件配备不够协调

滁州市江淮分水岭拥有丰富的自然资源和人文旅游资源，目前开发利用不平衡，要件配备不够协调，全市范围内开发较好的主要分布在北部凤阳县、南部琅琊山，其他地区定远、来安、明光、全椒、天长的自然和人文资源尚未得到很好的开发利用，部分地区处于几乎未开发状态，资源利用程度与其旅游资源的开发潜力相去甚远。如全市几乎所有的水域都未成功开发利用；森林公园也只有琅琊山、韭山有较多游客，其他森林公园均仅仅有个牌子，游客量远未能达到经济规模。旅游要素体现尚待健全，旅游管理水平有待提升，旅游服务品质还需提高。

表11.2　琅琊山国内游客来源

游客来源	温州	南京	上海	江苏其他城市	安徽其他城市	浙江	全国其他城市
人数（人）	238	121	58	47	122	32	41

2.旅游产品单一，旅游产品供给不足

旅游业包括“食、宿、行、游、购、娱”六大方面。滁州市目前提供的大众化旅游产品多、特色精品少，真正有国际旅游吸引力的产品尚未形成。滁州市当前旅游业主要靠游在支撑，门票经济在旅游业收入中占绝大部分，其他五个食、宿、行、购、娱方面发展不足。如2013年春节、“五一”“十一”期间在对琅琊山659名游客的调查统计中，96%为一日游，无住宿；82%没有在滁州用餐，中午都是自带便餐；由于核心景区面积不大，坐景区交通的只占26%；购物消费中，无购物的占32.5%，消费0～50元的占58.6%，消费51～100元的占6.4%，消费100元以上的占2.5%。

（三）机遇分析

1.旅游业发展已成国家战略

目前，我国第三产业中旅游业已经成为最有活力和发展速度最快的代表，在全球产业规模已名列前茅。当前旅游业得到中央和地方各级政府的高度重视，国务院2009年、2010年先后发布《关于加快发展旅游业的意见》和《贯彻落实国务院关于加快发展旅游业意见重点工作分工方案》，2014年国务院发布《关于促进旅游业改革发展的若干意见》等一系列文件，对旅游业重新定位："把旅游业培育成国民经济的战略性支柱产业和人民群众更加满意的现代服务业""旅游业是现代服务业的重要组成部分，也是市场化水平和开放度均较高的综合性产业""树立科学旅游观"。这些都预示着旅游业发展融入了国家战略体系，中国旅游业正进入新一轮快速发展阶段。滁州市旅游业在国家构建和谐社会、推进国民休闲计划、实施低碳旅游模式大变革的背景下，必将迎来新的发展机遇，将进入生态旅游时代、休闲旅游时代、品质旅游时代、全民旅游时代、旅游强国时代。

2.生态旅游需求旺盛

随着国民经济的快速发展、人们收入水平的逐步提高，旅游越来越成为普通居民的一种日常消费。但当前环境污染严重，从大气、水资源及全国从南到北、从东到西均出现长时间的雾霾。此种情况下，以可持续发展为理念，以保护自然生态环境为前提，以统筹人与自然和谐为准则，并依托良好的自然生态环境和独特的人文生态系统，引领绿色旅游的生态旅游应运而生。经过若干年对生态旅游的宣传与研究，生态旅游已经深入人心，成为一个广大群众喜闻乐见的旅游形式。作为可持续发展旅游的生态旅游，在全球范围内得到推崇和普及，已发展为当代旅游主题之一。

3.安徽旅游强省战略，区域旅游加快发展

作为"旅游强省"战略的深化，安徽省旅游业在"十二五"期间定下的整体发展思路和目标是：努力把旅游业发展成为安徽省国民经济战略性支柱产业及广大群众更加满意的现代服务业，实现中部领先、全国前十的旅游强省目标，把旅

游业建设成为我省国民经济的战略性支柱产业和现代服务业的示范产业，基本建成在全国有竞争力、在世界有影响力的旅游目的地。这势必会带来旅游需求的迅猛发展。

长三角是我国旅游业十分发达的地区，既是重要的旅游目的地，也是客源地。区域旅游合作持续加深，共同开拓市场和产品的方式不断完善；区域旅游发展迅速，将率先进入休闲时代；区域旅游产业转型加快、旅游产品类型增加，竞争力逐步增强。作为紧邻长三角的滁州市，新的区域旅游发展形势，对滁州市旅游业发展既是机遇也是挑战。

（四）威胁分析

1.周边省市竞争激烈

随着旅游业的快速发展，旅游竞争日渐凸显。滁州市地处安徽省东部，与江苏省相邻，且同属于江淮分水岭，资源同质性较强；此外，江苏省沿江及江南各地经济发达，旅游业规模大，受其辐射的同时也会形成一定的屏蔽效应，这会大大增加旅游产业的发展及开发成本。省内与马鞍山、合肥相连，竞争也相当激烈。因此，要规避与周边城市的同质化竞争，实现双赢与多赢，充分发挥自身旅游资源特点，增强旅游竞争力。

2.管理体制机制不顺

当前滁州市景区(点)，分属不同的管理部门。由于“条块分割”，大景区内有小景区，小景区里有景点，大家各自为政，互相牵制，各地旅游缺乏统一规划、统一开发和统一宣传，旅游资源整合不到位，没有统一的品牌效应，旅游核心竞争力较弱，大旅游的格局尚未形成，阻碍了旅游业的发展。

3.保护与开发矛盾突出

滁州市正在进行生态市建设，旅游资源环境保护和旅游开发任务较重，保护与开发矛盾突出。随着经济社会的较快发展，“大滁城”“新滁城”及“承接产业转移示范区”建设的快速推进，工业化水平及城市规模的大幅提高，全市生态环境保护的压力越来越大，主要体现为日常生活污染和工业“三废”排放扩大，生态环境破坏未得到有效遏制。如凤阳县境内的石英矿开采，对山体破坏严重，千疮百孔；粗加工过程中对周边地区的河道、水体、农田污染严重，对当地的生态旅游开发带来很大的负面影响。因此，必须处理好旅游资源的开发与保护之间的关系，实现可持续开发的生态旅游绿色增长。

第三节　滁州市生态旅游可持续开发策略

作为朝阳产业的旅游产业，其劳动密集性的特点，可带来诸多就业岗位，全国大部分地区均积极鼓励发展旅游业，许多城市都已经把旅游产业当作重要产业。

生态旅游是以自然生态和社会生态为主要旅游载体，以观赏和感受生态环境、普及生态意识、维护生态平衡为目的的一种新兴旅游。生态旅游的理念已经被业界和广大旅游者接受，旅游资源可持续开发与利用是今后旅游业发展的前提条件，也是整个国民经济健康发展的战略基础与保障。

（一）建立生态旅游与水土保持协调发展机制

机制指构成要素之间相互作用，在一定的外在环境和支撑条件下形成良好的经济、社会、生态效益的过程和方式。建立生态旅游与水土保持协调发展机制，将多方义务与利益在实践中得到分担和实现，以多种形式的利益补偿和互惠，实现生态旅游发展和水土保持工作的“双赢”。机制内部各要素的相互作用包括：(1)政府以法规、生态补偿机制为约束，引导企业、景点所有者的行为，从而实现生态效益。(2)旅游企业以发展旅游和传播水土保持知识、进行水土保持示范等获得经济效益。(3)水土保持景点所有者以保护生态资源而获得政府、企业经营者的生态补偿，从而使企业行为的经济、生态、社会效益得到保障。

水土保持工作不仅推动了水土保持方法的应用与推广，其建设样板也作为生态保护的样本成为独特的水土保持景观系统。将水土保持治理区发展为生态旅游资源，通过科学规划、扩展产业链，能够取得良好经济效益，也为生态资源保护提供了资金保障。

滁州市白鹭岛是新开发旅游风景区，吸引众多游客前来旅游、垂钓、避暑、休养。水土保持工程景点不仅能提供旅游产品，也能让更多的游客关注、了解水土保持工作，进一步加深对生态环境保护的认识，展现人与自然的和谐之美，使人们在欣赏美景的同时获取更多的知识。

(二)走可持续生态旅游之路

滁州市对江淮分水岭的治理,从安徽省政府1997年决定对江淮分水岭地区进行综合治理以来,主要采取实施小型水利工程建设、积极调优农业结构、退耕还林等措施,近20年来取得了显著成效,但对发展生态旅游的认识和措施不足。

开展生态旅游,就是人们离开喧闹的都市到大自然中去,尽情享受自然与人之间天人合一的感觉,从紧张的工作生活中解放出来,放松身心,接受大自然的熏陶,从中感悟不一样的人生。发展生态旅游离不开一定的自然地域空间和自然环境,旅游者主要目的是在此自然地域内观赏自然和人文景观,这种旅游行为不能超过当地自然地域环境承载力,不能以破坏生态环境为代价,一定是与当地自然环境相适应、相协调的行为,一定是旅游开发与生态保护相一致。保护是为了更好地开发、实现更长远的发展,因此实现生态旅游的"经济、社会、生态"三效统一,走可持续生态旅游之路,生态旅游才能真正实现其科学意义。

(三)制定生态旅游发展规划

制定区域生态旅游发展规划,须进行全面科学论证和考查。生态旅游发展规划必须考虑生态旅游环境的脆弱性、生物多样性特征,分析研究影响生态旅游客源市场、规模及增长速度等客观因素,在此基础上严格按照国家相关标准,制定生态旅游发展规划和生态旅游景区规划工作,同时对生态旅游环境实施有效的保护,以达到保护和利用生态旅游环境的双赢目的。

滁州市目前已经有"滁州市旅游产业发展战略规划""滁州市旅游业发展'十二五'规划",但没有专门的生态旅游发展规划,仅在这些规划中有少量文字提及生态旅游,尚不能适应生态旅游发展需要,须尽快制定相关生态旅游发展规划,保护生态环境脆弱的江淮分水岭地区,实现可持续发展。

(四)丰富生态旅游产品

随着旅游业的不断发展,旅游方式和内容也发生重大变化。伴随休闲经济时代的到来及新休假制度的实施,国民休闲理念日趋成熟,利用假日外出以休闲为主要目的令精神和身体放松的休闲度假旅游方式,成为了时下国内旅游市场的新宠,并以其对生态环境要求高、对资源保护利用好、经济效益突出等优势受到旅游管理部门和旅游业界的高度重视。

目前国内旅游以多元化、个性化为特点，滁州市开发生态旅游产品时需充分利用各种生态旅游资源，开发出休闲性、参与性、体验性的旅游产品。一要大力发展乡村休闲生态游、农业体验生态游、驾车自助生态游、山水生态游等参与体验性强的生态旅游产品，二要适度发展休闲度假游、康体娱乐游、土菜美食游等，以吸引更多的省内外旅游者。滁州市应针对江淮分水岭的资源与环境特点，重点建设一批山村自驾游生态旅游基地，完善自驾游线路。

（五）加强基础设施建设

旅游业的发展在于交通先行。旅游交通包括区域间大交通和区域内小交通，二者都要确保游客能快速进出，以提高效率，获得成本优势。依据“行快游慢”的原则，游客到达滁州市后，要让他们能够长时间地在此逗留，增加旅游消费机会。应根据景区的地形地貌、景点分布，合理设计该区域的交通网络系统，使旅游景点能串成一条线，道路交通成环形封闭，避免旅游行程中走回头路，提高出行效率。此外，滁州市江淮分水岭还要加强景区接待、服务等软硬件设施建设，在接待设施、旅游环境和消费水平等级上进行配置，以适应不同消费者的需要。

总之，伴随我国国民经济的飞速发展，人口数量的快速增长，人民生活消费水平的不断提高，原先以高能耗、片面追求GDP的传统发展模式要尽快改变，要以可持续发展、防止生态环境恶化、促进经济社会良性发展为目标。滁州市江淮分水岭在生态旅游的视角下进行开发和治理，相较其他方式更加符合现代经济和环境发展现状，能更好地保护环境，符合可持续发展思路。

第十二章　滁州市旅行社及旅游线路

旅游业是以旅游资源为凭借、旅游设施为条件，向旅游者提供旅行游览服务的行业，又称无烟工业、无形贸易。

狭义的旅游业，在中国主要指旅行社、旅游饭店、旅游车船公司以及专门从事旅游商品买卖的旅游商业等行业。广义的旅游业，除专门从事旅游业务的部门以外，还包括与旅游相关的各行各业。旅行游览活动作为一种新型的高级的社会消费形式，往往是把物质生活消费和文化生活消费有机地结合起来。传统旅行游览活动一般都是通过旅行社进行的。

第一节　旅行社

2009年，国务院文件《关于加快发展旅游业的意见》中将旅游业定位为国民经济的战略性支柱产业和人民群众更加满意的现代服务业。2014年8月，国务院印发《关于促进旅游业改革发展的若干意见》，部署进一步促进旅游业改革发展，提出到2020年，境内旅游总消费额达到5.5万亿元，城乡居民年人均出游4.5次，旅游业增加值占国内生产总值的比重超过5%。2015年8月，国务院再次印发《关于进一步促进旅游投资和消费的若干意见》，指出通过改革创新促进旅游投资和消费，推动现代服务业发展，增加就业和居民收入，提升居民生活品质。

一、旅行社的概念

旅行社(Travel Agency)，世界旅游组织给出的定义为“零售代理机构向公众提供关于可能的旅行、居住和相关服务,包括服务酬金和条件的信息。旅行组织者或制作批发商或批发商在旅游需求提出前,以组织交通运输,预订不同的住宿和提出所有其他服务为旅行和旅居做准备”的行业机构。我国《旅行社管理条例》中指出:旅行社是指以营利为目的,从事旅游业务的企业。其中旅游业务是指为旅游者代办出境、入境和签证手续,招徕、接待旅游者,为旅游者安排食宿等有偿服务的经营活动。旅行社的营运项目通常包括了各种交通运输票券(例如机票、巴士票与船票)、套装行程、旅行保险、旅行书籍等的销售、与国际旅行所需的证照(例如护照、签证)的咨询代办。最小的旅行社可能只有一人,最大的旅行社则全球都有分店。从旅行社衍生的职业有:领队、导游、票务员、签证专员、计调员(旅游操作)等。经营旅行社必须要持有当局发出的有效牌照,并且必须是某指定旅行社商会的会员才能经营旅行团和带团旅行。

二、旅行社的性质

旅行社是旅游业的龙头。旅行社作为向旅游者提供服务的中介组织,在不同的国家和地区具有不同的含义。欧美地区将旅行社简单划分为旅游经营商和旅游代理商。其中,旅游经营商是一种销售企业。他们在消费者提出要求之前,准备好旅游行动和度假地,组织旅行交流,预订旅游合伙人的各类客房,安排多种游览、娱乐活动,提供整套服务(包价旅游),并事先确定价格及出发和回归日期,即组装好旅游产品,由自己属下的销售处或旅游代理商将产品销售给团队或个体消费者。旅游代理商是销售企业,主要职能有:一是向公众提供有关旅行、住宿条件及时间、费用和服务等信息,并出售产品。二是受交通运输、饭店、餐馆及供应的委托,以合同规定的价格向旅游者出售他们的产品。销售合同(票据等)标明购买者和销售者是两厢情愿的,旅游代理商只起到中间人的作用。三是接受它所代表的供应商的酬劳,按代理商售出旅游产品总金额的一定比例提取佣金。

1996年国务院颁布的《旅行社管理条例》、2009年发布的《旅行社管理条例实施细则》都明文规定:旅行社是指有营利目的,从事旅游业务的企业。其中旅游业务是指为旅游者代办出境、入境和签证手续,招徕、接待旅游者,为旅游者安排食宿等有偿服务的经营活动。

不同国家、地区和组织关于旅行社性质的定义不尽相同,但都包含了一些基本相同的内容：

（1）营利性。营利性是旅行社作为一个企业具有的共性，企业经营的最终目的就是实现利润的最大化。

（2）中介性。旅行社作为旅游者和旅游服务供应商之间的纽带，把饭店、交通、餐馆、景点、娱乐、旅游购物商店、保险公司等服务部门联结起来，极大地促进了旅游产品的销售。

（3）服务性。旅行社作为一种典型的服务企业，出售给旅游者的是一个包含了相关旅游服务的体验产品，服务始终是产品的核心。

三、旅行社的职能

旅行社的职能是满足旅游者在旅游过程中的各种需要，主要包括：

（一）组织协调职能

旅游者的旅游过程涉及“食、宿、行、游、购、娱”等多方面的活动，要保障这些活动的顺利进行，离不开旅游服务各部门和相关行业的合作和支持。旅行社在旅游过程中要充分发挥组织协调的职能，与旅游要素服务部门一起为旅游者提供需要的各种服务。

（二）生产职能

旅行社的生产职能也可以称为“组装”职能。我国旅行社目前销售的大都是“全包价”产品。旅行社需要实现向饭店、交通等旅游要素服务部门批量购买旅游者所需的各种要素，然后根据市场的需求状况进行组装，并且融入旅行社自身的服务，形成市场可经出售的“旅游产品”。就此种意义而言，旅行社具有生产职能。

（三）销售职能

旅行社作为旅游业的“龙头”，承担了沟通旅游要素服务供应商和旅游者的重任，使旅游产品更加顺利地进入消费领域，是旅游产品最重要的销售渠道。尤其对于一种跨国度综合性的旅游产品来说，旅行社的作用就会更加明显。

(四)分配职能

旅游者购买了旅游产品之后,将全部费用一次性支付给旅行社。旅行社需根据旅游者的要求,在不同旅游项目之间合理分配旅游者的支出,并于旅游结束后,根据供应商提供服务的数量和质量,合理地分配旅游收入,这个过程充分体现了旅行社的分配职能。

(五)信息提供职能

旅行社信息提供职能主要体现在:一是将旅游者需求等市场信息及时提供给旅游要素服务供应商;二是将各种旅游产品的信息,通过各种渠道传递给旅游者,供其选购。

四、旅行社的分类

(一) 旅行社的主要类型

1.欧美地区旅行社的分类

欧美国家的旅行社,是在市场经济体制下成长起来的。它形成了一种"垂直分工体系"。不同类型的旅行社分别居于旅游服务产业链的上下游,一般分为旅游经营商和旅游代理商两大类型。

(1)旅游经营商。旅游经营商以组织和批发包价旅游产品为主要业务。相对于旅游代理商,旅游经营商属于上游企业。它通过对旅游市场的分析调查,预测旅游市场的需求和发展趋势,设计组装出各种包价旅游产品。旅游经营商可以将这些产品批发给旅游代理商,再由旅游代理商销售给旅游者,也可以通过自己的销售机构将这些产品直接销售给旅游者。旅游经营商的利润,主要来源于旅游产品的批零差价和设计组合旅游产品产生的垄断利润。旅游经营商一般实力雄厚,经营规模较大。例如,美国动通、日本交通公社等,都是属于旅游经营商。

(2)旅游代理商。旅游代理商是旅游经营商的下游企业。其主要功能是代理销售旅游经营商的各种产品,向旅游者提供旅游咨询和旅游接待服务。收入全部来源于销售佣金，不同的旅游业务代理，佣金标准不同。如轮船舱位的佣金为7%~7.5%，航空服务和包价旅游的佣金为10%，如果销售额乐观，还可以得到2.5%的奖励佣金和其他形式的奖励。近几年，由于航空业持续不景气，互联网的广泛应用带来的网络直销越来越被广大消费者所接受，导致来自于各大航空公司的销售佣金不断下降。

2.日本旅行社的分类

1996年4月，日本实施了新的《旅行业法》，以是否从事包价旅游业务为主要标准，对旅行社的分类进行了调整（日本的旅行业及旅行社），将以前划分的“一般旅行业、国内旅行业和旅游代理店”重新划分为“第一种旅行业、第二种旅行业、第三种旅行业”。这种分工体系兼有垂直分工和水平分工的特点，是一种混合式分工体系。第一种旅行业，可以从事海外和国内包价旅游业务；第二种旅行业，只能从事国内包价旅游业务；第三种旅行业，主要作为前两种旅行业的零售代理店，不从事包价旅游业务。

3.我国旅行社的分类

我国旅行社实行的是一种水平分工体系，不同的旅行社拥有不同的经营范围。我国的旅行社分为国际旅行社和国内旅行社两大类。

（1）国际旅行社，是指经营入境旅游业务、出境旅游业务、国内旅游业务的旅行社。我国的出境旅游业务为特许经营业务，拥有出境旅游经营权的国际旅行社被业内称为“出境社”。截至2013年，我国出境旅行社数量已达到2 145家。

（2）国内旅行社，是指经营中国公民国内旅游的旅行社。另外，我国加入WTO后，出现了外商投资旅行社，包括中外合资合作旅行社和外商独资旅行社。外商投资旅行社的经营范围，包括入境旅游业务和国内旅游业务，出境旅游业务没有向外商投资旅行社开放。

（二）旅行社的基本业务

1.按经营范围划分

旅行社的业务按照经营范围，可以分为入境旅游业务、出境旅游业务、国内旅游业务三大类。

（1）入境旅游业务，是指旅行社组织境外旅游者以团队或散客形式在本国境内进行旅游活动。

(2)出境旅游业务，是指旅行社组织本国公民以旅游团或散客形式自费前往境外进行的旅游活动。目前，出境旅游业务由“出国旅游、边境旅游和港澳台旅游”三部分组成。

(3)国内旅游业务，是指旅行社组织本国公民在境内进行旅游活动。

2.按服务流程划分

旅行社业务按服务流程，可以分为接待业务、批发业务、直客业务三类。

(1)接待业务，是指旅行社按照旅游接待计划为旅游者(团队或散客)在旅游目的地提供导游翻译，安排旅游者的旅行游览，并负责订房、订餐、订票及旅游目的地之间的联络等综合性旅游服务，并从中获得经营利润的业务，以“接待业务”为主导业务的旅行社被业内称为“地接社”。与接待业务相对应的旅游产品，即为“接待产品”或“地接产品”。

(2)批发业务，是指旅行社批量采购交通要素和接待产品，组合成包价旅游产品，然后向其他旅行社进行批发，由其他旅行社代为收客，并从中赚取批零差价的业务。目前，中国的批发商形式，主要分为以区域大型旅行社为主体的批发商和接待旅行社派旅游客源地的联络处、办事处的批发商两类。

(3)直客业务，是指旅行社接待旅游者或者代理旅游批发商组织旅游者，以团队或散客形式到旅游目的地旅游，向旅游者提供各种相关旅游服务并从中获得利润，即业内通常所说的“组团、散客业务”。以直客业务为主导业务的旅行社通常被业内称为“组团社”。

3.按组织形式划分

旅行社业务按组织形式，可以分为团队业务、散客业务两类。

(1)团队业务，根据团队客人的来源分为“独立成团”和“散客成团”。“独立成团”，是指某一个团体(企事业单位、家庭)为了出游方便独立成为一个出游单位，配备单独的导游；“散客成团”，是指旅游团队是由不同旅行社组织起来的、经客人同意组成的一个旅游团队，由地接社统一安排相关旅游服务。业内的“散客成团”根据成团的地点不同还分为“目的地成团”和“客源地成团”两种。

(2)散客业务，是指旅行社为旅游者独自一人或几人提供各种旅游信息咨询服务和单项旅游要素(如机票、火车票、酒店等)预订服务的业务形式。

另外，中国旅行社界根据旅游者的旅游目的不同，还可以将旅行社业务分为满足旅游者旅游观光需求的“观光业务”，满足旅游者休闲度假需求的“度假业务”，满足旅游者会议旅游、奖励旅游及展览、差旅费管理等商务需求的“商务旅游业务”,满足旅游者探险、文化采风、科学考察等特殊旅游需求的“主题旅游业务”等。

五、滁州市旅行社发展现状

近几年,随着中国经济社会发展水平、大众消费能力的提高,旅游业发展环境持续优化,国家旅游扶持政策力度加大,旅行社进入战略性发展机遇期。

表12.1　全国旅行社发展现状

年份	旅行社（家）	比去年增长（%）	旅行社资产总额（亿元）	比去年增长（%）	旅行社营业收入（亿元）	比去年增长（%）
2010	22 784	5.2	666.14	13.7	2 649.01	46.6
2011	23 690	4.0	711.17	6.8	2 871.77	8.4
2012	24 944	5.3	839.55	18.1	3 374.75	17.5
2013	26 054	4.5	1 039.77	23.9	3 599.14	6.7

滁州市,地处江淮之间,俗称皖东,人口449.6万人,面积1.33万平方千米,与南京最近距离仅约50千米,是安徽省东大门,水陆交通便利。市域内历史悠久,人杰地灵,旅游资源丰富,是全省新型工贸旅游城市,皖江城市带承接产业转移的重要一翼。近年来,滁州经济快速发展,加之“大滁城”“新滁城”建设如火如荼地推进,滁州市GDP增幅连续六年超过10%,居民外出旅行需求旺盛,旅游业发展迅速。

滁州旅行社业成长是随着经济同步发展的。改革开放以来,滁州旅行社业得到飞速发展,经历了从无到有,再到繁荣发展的进程。滁州市旅行社从1992年年底共有8家(分别是滁县地区中国旅行社、滁州市中国旅行社、皖东旅行社、滁州旅行社、凤阳县中国旅行社、来安县中国旅行社、全椒县中国旅行社、天长县中国旅行社)发展到2014年7月的62家,取得了丰硕成果。

第二节　旅游线路

旅游线路是旅游产品的重要组成部分,是联系客源地和目的地、旅游者和旅游对象的重要纽带,对区域旅游开发、旅行社的生存与发展、旅游者的旅游体验等都具有十分重要的意义。

一、旅游线路的概念与分类

旅游线路是重要的旅游产品之一,它实际上是将各种单项的旅游产品有机地组合在一起,并用线路串联起来。旅游线路作为重要的旅游产品,是从旅游者旅游行程开始起,到旅游行程结束,旅行社所提供的服务,包含了旅游业的“食、宿、行、游、购、娱”六大要素,其所提供的每个服务环节均与旅行社的形象息息相关。旅行社要能提供给市场不同的旅游者所需的旅游线路,尽可能使旅游者满意。

(一) 旅游线路的概念

旅游线路是指在一定的区域内,旅游经营者针对旅游客源市场的需求,凭借交通路线和交通工具,遵循一定原则,将若干旅游地的旅游吸引物、旅游设施和旅游服务等合理地贯穿起来,专为旅游者开展旅游活动而设计的游览路线。旅游线路是旅游供给和旅游需求联结的纽带,是实现旅游者旅游欲望的重要手段。

旅游线路,在时间上是从旅游者接受旅游经营者提供的服务开始,直至脱离这种服务为止,在内容上包括旅游过程中旅游者利用和享用的一切因素,涉及“食、宿、行、游、购、娱”等诸要素。从旅游服务贯穿于整个旅游过程这一角度看,旅游线路又是旅游产品销售的实际形式。

(二) 旅游线路的类型

根据旅游线路的概念,按照各种不同的分类标准,旅游线路有不同的类型。

1.按旅游者活动行为划分

(1)周游观光性旅游线路。游客的目的主要在于观赏,线路中包括多个旅游目的地,同一旅游者重复利用同一路线的可能性小,其成本相对较高,在设计周期性旅游线路时应从单纯的周游性向线性化转移。

(2)度假逗留性旅游线路。此种线路主要为度假旅游者设计。度假旅游者的目的在于休息或娱乐,不很在乎景观的多样性变化,因此,度假逗留性线路所串联的旅游目的地相对较少,有时甚至可以是一两个旅游点,同一旅游者重复利用同一线路的可能性大。

2.按旅游线路的结构划分

(1)环状旅游线路。该线路一般适用于大、中尺度的旅游活动。例如,我国以北京(入境)为起点的东线和西线串联合并而成旅游环状线路:东线主要有北京—南京、苏州—上海、杭州—广州、香港(出境);西线主要有北京(入境)—西安—成都、昆明—桂林—广州、香港(出境)。这类旅游线路的特点:一是跨度大,主要由航空交通联结,铁路或公路交通主要用于连接站点相对密集的区段;二是所选各点均为知名度较高的精华旅游城市或风景旅游地;三是基本不走“回头路”,对境外游客的出入境地点一般安排在不同口岸。

(2)节点状旅游线路。该线路是一种小尺度的旅游线路。旅游者选择一个中心城市或自己的常居地为“节点”,然后以此为中心向四周旅游点作往返性的短途旅游。这类旅游线路在国内游客出游中较为常见。原因在于:其一,节点多为旅游地或旅游点的依托城市,游客对中心城市有归属感,食、宿、行、游、购、娱等条件较好;其二,节点的交通联系更为方便;其三,游览游程短,可以在短期内往返;其四,经济适用,多种因素促使游客宁愿走“回头路”,而不选择环线。

3.按旅游活动的内容划分

(1)综合性旅游线路。综合性旅游线路所串联的各点旅游资源性质各不相同,整条线路表现为综合性特色。

(2)专题性旅游线路。专题性旅游线路是一种以某一主题内容为基本思想串联各点而成的旅游路线。全线各点的旅游景物或活动有比较专一的内容和属性,因而具有较强的文化性、知识性和趣味性,受到兴趣爱好不同游客的欢迎。

4.按旅游组织的形式划分

(1)传统包价旅游。旅游线路全程所需的所有行程及所需的服务都由旅行社负责安排。

(2)灵便式包价旅游。其中灵便式旅游线又可分为:拼合选择式旅游线路——整个旅程有几种分段组合线路,游客可以自己选择拼合,并可在旅游过程中改变原有选择;跳跃式旅游线路——旅游部门只提供旅程中几小段路线或大段服务,其余皆由旅游者自己设计。

5.按旅游者旅游目的划分

这类旅游线路可以划分为观光旅游线路、探险考察旅游线路、文化旅游线路、宗教旅游线路、度假旅游线路、民族风情旅游线路、节庆活动旅游线路等。

(1)观光旅游线路。观光旅游线路是利用旅游目的地的自然旅游资源和人文旅游资源,组织旅游者参观游览及考察。观光旅游线路的内容包括文化观光、自然观光、民俗观光、生态观光、艺术观光、都市观光、农业观光、工业观光、科技观光、修学观光、军事观光等。观光旅游线路一般具有资源丰富、可进入性大、服务设施齐全、安全保障强等条件。

观光旅游线路开发难度小,操作程序简易,使旅游者能在较短的时间内领略旅游目的地的特色,缺点是旅游者参与的项目少,旅游者对旅游目的地感受不深。

(2)度假旅游线路。度假旅游线路是指组织旅游者前往度假地区短期居住,进行包括娱乐、休憩、健身、疗养等消遣性活动。度假旅游线路内容包括海滨度假、山地度假、湖滨度假、温泉度假、滑雪度假、海岛度假、森林度假、乡村度假等。

度假旅游线路要求度假地(区)具备四个条件:环境质量好、区位条件优越、高标准的住宿设施和健身娱乐设施、服务功能强。度假旅游线路所含的项目都是参与性很强的户外休闲、健身、娱乐运动等。度假旅游线路中的旅游者在旅游目的地的停留时间较长、消费水平较高且大多以散客的形式出行。度假旅游产品适应了散客旅游、自助旅游日益增多的潮流,是值得开发的旅游产品。

(3)专项旅游线路。专项旅游线路又称为特种旅游线路,具有主题繁多、特色鲜明的特点。专项旅游线路包括探险旅游、烹饪旅游、保健旅游、考古旅游、漂流旅游、登山旅游、自驾车旅游、品茶旅游、书画旅游、朝圣与祭祀旅游等。专项旅游线路适应了旅游者个性化、多样化的需求特点,广受旅游者的青睐,是今后旅行社产品的开发趋势。专项旅游线路的缺点是开发难度大,操作程序多,需要多个政府部门、社会组织的协作,成本一般较高。

此外,按旅游活动的时间,旅游线路可分为一日游线路、多日游线路;按照产品的档次,可分为豪华旅游线路、标准旅游线路和经济旅游线路等;按旅游线路跨越的空间尺度,可分为洲际旅游线路、周边国家旅游线路、国内旅游线路、邻近省际旅游线路及区内旅游线路等。无论设计何种旅游线路,都是为了增强旅游活动组合的科学性,提高旅游组织的效能,方便游客,使其达到满意的旅游效果。

二、旅游线路设计的原则

(一)需求为中心的市场原则

旅游线路设计的关键是适应市场需求。具体而言,就是它必须最大限度地满足旅游者的需求。游客的需求主要包括:去未曾到过的地方增广见闻并拥有多姿的旅程;从日常紧张生活中短暂地解脱,提高情趣,舒畅身心;尽量有效地利用时间而又不太劳累;尽量有效地利用预算;购买廉价而又新奇的东西。

旅游者对旅游线路选择的基本出发点是:时间最省、路径最短、价格最低、景点内容最丰富、最有价值。由于旅游者来自不同的国家和地区,具有不同的身份以及不同的旅游目的,因而,不同的游客群有不同的需求。总的来说,旅游分为观光度假型、娱乐消遣型、文化知识型、商务会议型、探亲访友型、主题旅游型、修学旅游型、医疗保健型等。旅游线路设计者应根据不同的游客需求设计出各具特色的线路,而不能千篇一律,缺少生机。

(二)独一无二的特色性原则

特色是旅游产品生命力的所在。旅游线路的设计促使有关部门、单位以及个人依托当地相当丰厚的旅游资源和自身条件,发挥聪明才智,精心打造和组合与众不同、具有持久吸引力的旅游产品和旅游线路,从而推动旅游产品结构和旅游方式的完善。有的景区资源丰富,但缺乏特色产品,影响力小,在很大程度上是由于线路整合缺乏合理性、有效性。

在重点突出人无我有、人有我特主题的同时,还应围绕主题安排丰富多彩的旅游项目。世界上有些事物是独一无二的,如埃及的金字塔、中国的秦始皇兵马俑,这就是特色。由于人类求新求异的心理,单一的观光功能景区和旅游线路难以吸引游客回头,即使是一些著名景区和旅游线路,游客通常的观点也是“不可不来,不可再来”。因此,在产品设计上应尽量突出自己的特色,唯此才能具有较大的旅游吸引力。

(三)旅游点结构合理原则

旅游景点之间的距离要适中,旅游线路中的景点数量要适宜;同一线路的旅游点的游览顺序要科学，尽量避免走重复路线，各旅游景点特色差异突出。

一条好的旅游线路就好比一首成功的交响乐，有时是激昂跌宕的旋律，有时是平缓的过渡，都应当有序幕—发展—高潮—尾声。在旅游线路的设计中，应充分考虑旅游者的心理与精力，将旅游者的心理、兴致与景观特色分布结合起来，注意高潮景点在线路上的分布与布局。旅游活动不能安排得太紧凑，应该有张有弛，而非走马观花，疲于奔命。旅游线路的结构顺序与节奏不同，产生的效果也不同。

（四）旅游交通安排合理原则

交通选择以迅速、舒适、安全、方便为基本标准，与旅程的主题结合，减少候车时间。一次完整的旅游活动，其空间移动分三个阶段：从常住地到旅游地、在旅游地各景区旅行游览、从旅游地返回常住地。这三个阶段可以概括为：进得去、散得开、出得来。

没有通达的交通，就不能保证游客空间移动的顺利进行，会出现交通环节上的压客现象，即使是徒步旅游也离不开道路。因此在设计线路时，即便具有很大潜力，但目前不具备交通要求或交通条件不佳的景点、景区也应慎重考虑。否则，因交通因素导致游客途中颠簸，游速缓慢，影响旅游者的兴致与心境，不能充分实现时间价值。

（五）旅游产品推陈出新原则

旅游市场在日新月异地发展，游客的需求与品位也在不断地变化、提高。为了满足游客追求新奇的心理，旅行社应及时把握旅游市场动态，注重新产品、新线路的开发与研究，并根据市场情况及时推出。一条好的新线路的推出，有时往往能为旅行社带来惊人的收入与效益。即使一些原有的旅游线路，也可能因为与当前时尚结合而一炮走红。

（六）行程安排机动灵活原则

在设计旅游线路时，不宜将日程安排得过于紧张，应留有一定的回旋余地；在具体实施过程中，也必须灵活掌握，以保证落实原计划旅游线路形成中的基本项目为原则，同时也预备局部变通和应付紧急情况。

第三节　滁州市旅游市场旅游线路存在的问题

当前滁州市旅游市场较为混乱，旅行社之间竞争激烈，低价倾销时有发生，旅游线路鱼龙混杂，旅游市场旅游线路存在的问题较多。

一、存在问题

（一）旅行社规模小，自主创新能力弱，人员流动性大

到2014年7月，滁州市现有62家旅行社，100余家门店，其中61%以上为5人以下的小社，即一间门面房、一个前台接待、一个老板的模式；29%为5～10人的旅行社，其余10%为10人以上的较大规模的旅行社。滁州市规模最大的是全国连锁的滁州宝中国际旅行社，有30家营业部，工作人员120余人。在众多的旅行社中，真正有创新能力的极为少见，大部分旅行社的从业人员的专业素养不高，至少80%以上的从业者是非旅游专业的，旅游线路专业开发创新能力弱。由于旅行社行业的不稳定性，许多从业人员的流动性很大，进入行业不久即可能转行。

（二）线路重复性高，旅游线路更新缓慢

旅游线路老化是旅游业内公认的问题。旅游线路更新缓慢、旅游线路同质化是当前各旅行社普遍存在的现状，其中一个重要原因，就是旅行社对旅游新产品的开发缺乏主动性。据有关部门统计，我国现有各类景区1万多处，旅游资源十分丰富，但旅游资源并没有转化为有吸引力的旅游产品。

当前滁州市旅行社所提供的旅游线路涉及面较广，从世界六大洲到国内各主要旅游地均有旅游线路。通过对滁州市旅行社的主要旅游线路的比较，62家旅行社推出的常规旅游线路也只有六七十种，远不能满足市场的需求。它们线路的重复率高、相似度高，造成旅游线路同质化现象严重，没有真正体现我国的旅游资源优势及旅行社自身所具有的经营特色。此外，冷、温、热点线路在旅行

社所提供的旅游线路中没有得到很好的平衡，旅行社从经济效益角度注重热点旅游线路，而忽略了温、冷点线路。例如，一提到去黄山旅游，目前旅游市场上最多的就是黄山—翡翠谷—宏村（西递）—老街这条线。这条传统线路从开发到现在基本没有任何变化，即使是国际游客也似乎感觉到了“审美疲劳”。

随着人们文化水平的不断提高和人们对旅游需求的日益个性化和讲求旅游品质的今天，要求旅游线路设计符合旅游市场发展的需要。和众多产品一样，旅游线路也要经历投入至衰退阶段，市场所需要的线路类型以及内容组合是各不相同的，需要以市场为指引不定期地对线路进行组合和更新。目前国内旅游线路设计存在设计一条线路形成后，基本没有更新，对游客缺乏吸引力，不利于满足各类游客的需要。

（三）部分线路存在零负团费，行程中加价加点现象较多

当前滁州市旅行社所提供的旅游线路的价格不尽合理，部分线路仍然存在零负团费现象。零团费：也称“零接待费”，即地接社从组团旅行社得到的接待费为零。在此情况下，旅游者往往只需交少量团费即可成行。费用极低，吸引很多游客。负团费：旅游消费者把旅游的费用交给了出发地的组团社，而组团社却并没有把旅游的基本费用支付给旅游接待地的地接社，甚至让地接社以亏本的价格来接待游客或支付给组团社一定的费用，即地接社花钱买团。

从调查结果看，滁州市旅行社的零负团费主要集中在港澳线、云南线、海南线三条线路，如云南双飞六日游，有的旅行社报价1 400元、1 600元，最低600元，有的连单程飞机票都不够；港澳线最低报价有400元的，即使坐火车也不够卧铺票，甚至有负团费。

旅行社以“优惠价”“特惠价”等低价广告吸引游客上门，在报名和签订合同时调高价格，将飞机燃油税、机场建设费、护照签证工本费、用餐费等统统加上。

旅游目的地的重要景点不列在行程安排中，以降低门市价，在到达目的地后，以自费项目的形式向游客推荐，强制游客参加，变相加价。

旅行社在广告和报价中对游览的旅游景点表达不清楚，或故意模糊，在旅途中导游不断加收费用。如到天柱山，对是否包含上山门票、是否乘缆车等无明确承诺，到时再加收费用。

在合同日程外安排过多的购物点或变相购物场所（如某研究所、某展销会、

某生产厂)，强制或变相让游客购物，且所购商品质价不符，有时一天安排数个购物点，旅行社或导游以回扣、佣金收入填补旅费，导致游览时间缩水，旅游品质下降。

在游览日程中，大量安排自选自费项目，既占用和影响了正常的游览日程，又增加了游客的支出，往往这类由旅行社或导游推出的自费项目价格虚高。

(四)地方线路特色不明显，深度开发不足

首先，滁州市旅行社对当地旅游线路不重视，各家旅行社均没有在显著位置摆放当地旅游宣传资料和旅游线路图，当客人询问时，前台接待人员才会口头简单介绍一下相关情况，没有一家旅行社有现成资料和线路图供客人阅读。

其次，滁州市本地旅游线路更新速度较慢，多年如一日，旅游线路产品不新、新品不精、精品不强，旅游供给落后于旅游需求的发展。而且旅行社在旅游线路的设计上创新少，大多满足于相互抄袭、模仿，不能满足日益增长的市场需求。如滁州市本地一日、二日、三日游中，主要是琅琊山、吴敬梓纪念馆、凤阳小岗村、明皇陵、鼓楼、故皇城遗址、龙兴寺、神山等几景区的组合，对于相对偏远的地方景区旅行社均无线路，对于一些新兴资源也没有给予重视，如金甲溪漂流、大柳草场等，尚没有一家旅行社把它们纳入当地旅游线路对外推介。目前，旅行社对开发新线路不积极、不主动、不敏感。

再次，当前滁州市旅游线路的开发主要集中在观光层面，对休闲度假游、乡村体验游、运动体育游、生态游等线路均开发不足。

(1)滁州一日游。

A线：神山国家森林公园(国家3A级旅游区)—吴敬梓纪念馆(国家3A级旅游区)—琅琊山(国家4A级旅游区)—人民广场。

B线：来安白鹭岛生态旅游度假区—琅琊山(国家4A级旅游区)。

(2)凤阳一日游。

A线：上午接团游全国重点文物保护单位、朱元璋父母的陵墓——明皇陵和明朝最豪华侈丽的都城遗址——明中都皇故城。下午游江北第一洞——韭山洞，岩溶奇观——狼巷迷谷，送团。

B线：上午接团游“华夏谯楼”之冠的鼓楼，朱元璋早年出家礼佛的寺庙——龙兴寺，全国重点文物保护单位、朱元璋父母的陵墓——明皇陵，明朝最豪华侈

丽的都城遗址——明中都皇故城。下午参观中国农村改革第一村——小岗村，送团。

(3)二日游。

A线：D1游凤阳韭山森林公园（宿滁州）；D2游皇甫山森林公园——全椒神山森林公园、碧云湖、龙山寺。

B线：D1上午滁州接团，游白鹭岛生态旅游度假区，下午游半塔烈士陵园，宿来安县城；D2上午游卧龙公园、护国寺，下午游抗大八分校旧址、天长博物馆，送团。

(4)三日游。

D1游神山国家森林公园（国家3A级旅游区）—吴敬梓纪念馆（国家3A级旅游区）—琅琊山（国家4A级旅游区）—人民广场；D2游凤阳小岗村、龙兴寺、明中都鼓楼、明皇陵、明中都皇故城遗址；D3游凤阳韭山洞、狼巷迷谷，午后返程。

二、提升策略

（一）抱团参与旅游产品采购，推出高品质的旅游线路

受导游自身素质、供应商及地接社诚信程度等因素影响，旅行社一直是各方诟病的对象。滁州市旅行社现在采购旅游线路等旅游产品都是单打独斗，主动权大都掌握在供应商或者地接社手里。为适应旅游市场新变化，丰富旅游产品体系，提高旅游服务质量，保障旅游者合法权益，全市各旅行社应抱团参与市内外旅游产品经营。组办更多的采购、洽谈及踩线活动，给市内旅行社及旅游产品供应商带来更多的实惠，推出高品质的旅游线路，实现多赢。

（二）加强各旅行社之间合作，加快旅行社的转型升级

当前滁州市旅行社各自为战情况严重，互相之间合作不多。同一线路，各家旅行社收客，但数量均有限。以一日周边游为例，每年夏季是乐园游、亲水游、漂流等热门项目，滁州周边的芜湖市、南京市、常州市、无锡市、苏州市、合肥市和蚌埠市，均有类似旅游项目，少数项目由几家旅行社统筹发班，更多的是各家自己在收客发班，经常达不到规模人数而放弃。如果这些项目全部能够统一协调由某家旅行社或旅行社平台发班，全市各旅行社共同收客，加强合作，成行的成功

率大大提高，一定会提高旅游线路的出游率，实现多赢。

（三）开发新的旅游地旅游线路，加大本地旅游线路的开发力度

中小型旅行社不仅要加强自我素质、自我强身，更要注重挖掘旅游资源，关注政府优惠政策，利用政策资源把旅行社游客量做大、影响力做强。此外，还应注重社区大市场，依托社区大群体，创造旅游新模式。

滁州市各家旅行社要不断提升旅游产品质量，制定服务标准化体系，提升旅游线路品质。同时，更应注重产品打造，根据游客需求，研发主打产品，找到旅游新卖点。

旅行社门槛低，巷子深，随着电子商务走进旅行社，游客逐渐趋向于散客化，旅游产品也发生了重大变化。如今，旅游应打破传统旅游业，应尽可能开发观光旅游、休闲旅游、农家旅游、自驾旅游、亲子旅游、修学旅游等多类型产品。滁州市既是目的地，又是旅游客源地，旅游大有文章可做。滁州市旅行社必须改革创新，开发当地新的旅游地旅游线路，做到人无我有、人有我精，让旅游业更具活力。

（四）广辟宣传渠道，提高滁州吸引力

创新工作思路，加强宣传力度。适当增加宣传促销经费，加强行业内外的营销整合，充分发挥各地区、各相关部门、新闻媒体和旅游企业的优势和力量，形成强大的宣传合力和对国内外公众的持续影响力。全力塑造“醉美滁州，亭好滁州”山水城市的整体形象。

积极调查研究，努力拓宽旅游市场。旅游企业要主动担当起旅游市场调研的责任，积极筹划，举办各类型重大节庆、赛事、商务会展等，有针对性地拓展“本地、国内、海外”三大目标市场，设计出各具特色的地方旅游线路。

广辟宣传渠道，多形式推介旅游精品线路和产品。对外，市旅游局、各旅行社等相关旅游企业应根据不同季度、不同节点的内容和特点，选择与不同媒体合作，采用不同的角度，以不同的方式宣传滁州旅游产品和线路。各旅行社在市旅游局全年宣传计划的基础上，根据滁州历史文化、美丽乡村、养生健体等主题特色，推出不同季节的二日游、三日游线路。制作滁州旅游宣传册、旅游地图和旅游歌曲DVD，集中发放给重点外地旅行社；制作地接线路宣传折页，在目标市场

发放。利用旅行社网站、微博、微信和二维码等现代网络技术平台，及时发布地接线路产品。

（五）加强政策扶持，做大做强地接

目前，旅行社已进入微利时代，组团产品单一重复，且面临着旅游网络商务平台的强力竞争，发展空间越来越小。而滁州市旅游业的发展也急需从一日游向多日游转变，需要游客增加在滁逗留时间，提高旅游消费水平。市旅游局应加大在旅游业发展政策中的旅行社地接奖励政策，如规定本市旅行社组织市外团队游客来滁旅游，并在滁州市星级饭店、或相当于三星级及以上水平的旅游推荐饭店住宿的，年内住宿客房累计达到一定数量的，分别给予每间40元至100元的奖励。

随着经济的发展和社会进步，旅游已成为大众的生活方式，是人们在节假日提升生活质量的重要形式和内容。不论游客是如何出行，不论是团队游还是自助游或是其他类型的旅游，旅游线路都是连接旅游客源地与旅游目的地、旅游者和旅游对象的重要环节，旅行社所提供的旅游线路不管是对旅游组织者还是旅游者都显得尤为重要。

因此，旅行社需在研究不同类型游客的出游行为和旅游决策因素的基础上，针对当前旅游市场上旅游线路存在的问题，着眼于旅游市场细分，针对本地居民收入、喜好、出游意愿等不同需求，推出多样化、个性化以及人性化的旅游线路产品，不断完善、更新现有旅游线路产品，最大限度地满足市场的需求。

第十三章　滁州市与合肥经济圈、南京都市圈

在工业化、城市化过程中，城市数量在增多，城市规模在扩大。由于城市具有集聚经济效应和规模经济效应，所以城市越大、越繁荣，企业的经济效益就越好，劳动者的机会就越多。因此，一批大城市发展起来了，规模越来越大，形成了经济圈和都市圈。

滁州市既是合肥经济圈的一个重要城市，也是南京都市圈的核心城市，它的城市与旅游发展离不开合肥经济圈和南京都市圈，其政治、经济、生活诸多方面深受此双圈的影响。

第一节　南京都市圈、合肥经济圈概述

安徽省、江苏省原为一个行政区划。康熙六年，清撤销江南省成立安徽、江苏两省，安徽省设道府两级，分为三道：凤颍六泗道、安庐滁和道、徽宁池太广道。现在南京都市圈、合肥经济圈双圈相联，共有一个城市——滁州市。

一、南京都市圈

南京都市圈位于长江中下游沿江城市地带核心地区，是以南京市为中心的经济区域带。南京都市圈2002年正式成立，成员城市最初为南京、镇江、扬州、淮安、马鞍山、滁州、芜湖、巢湖八市。2011年，巢湖市撤销，并到合肥市后，南京都市圈成员城市变为南京、镇江、扬州、淮安、马鞍山、滁州、芜湖、宣城八市，总面积6.3万平方千米，2014年年底常住人口3 300万人，2014年实现地区

生产总值23 986.51亿元。自2006年首次发布都市圈评价指数至今,南京都市圈综合竞争力排名均居全国都市圈前五。

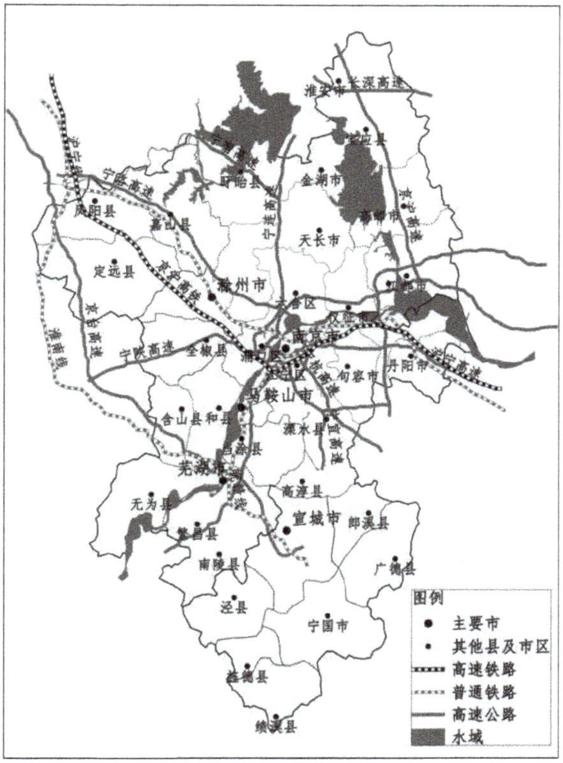

图13.1 南京都市圈示意图

南京都市圈的战略定位为:辐射中西部的国际性重要门户;国际先进制造业中心和现代服务业基地;泛长三角转型与合作发展示范区;具有较强竞争力的国家级都市圈;构建国际性的沿江先进制造业集群和以历史文化、山水城林为特色的城市带。

南京都市圈横跨江苏、安徽两省,自成立以来,都市圈的协同发展已渡过接触、协作、联合的初步成长期,逐渐进入从要素流动向资源融合、从经济协同向社会融合、从松散协作向制度融合的深度转变期。南京都市圈重点推进规划共编、设施共建、环境共治、安全共保和服务共享,建立合作项目清单,务实推进项目建设,加快南京都市圈一体化建设。

南京都市圈历史上是吴楚文化的交汇地带、南北文化的交融区域,同时也是近代文明兴起之地,集历史、近代、现代特色文化于一身,融吴楚文脉、南北文化、中西文明于一体，具有兼容并蓄、富有活力和创新精神的多元文化特征。

南京都市圈地处我国东部沿海和长江地区的交汇地带，也是国家的东部和中部的交接之地，具有承南接北、承东启西的枢纽区位优势，以及广阔腹地的发展潜能。

南京都市圈地处长江三角洲的北翼，基础产业门类齐全、竞争力强，金融体系完整，历史文化厚重，科技实力雄厚，人才素质高，是国家重要的高科技研发基地、装备制造业基地、水陆空交通枢纽，也是文教体育、医疗卫生、金融业、旅游业的中心，具有强大竞争力和勇于开创的多元特征。其中圈内核心城市南京不仅是江苏省的政治、经济和文化的中心，还是长江中下游重要的区域中心和人流、物流、资金流、信息流的集散中心，具有产业布局、人才积累、科技实力和国际化等方面的优势，具有对周边城市较强的吸引和辐射能力，与上海、武汉、重庆一起构成了长江流域四大区域经济中心。同时，南京又处于我国经济最发达的以上海为核心的长三角都市带的一角，直接接受上海的辐射。因此，南京具有吸收辐射的功能，又有向外辐射的功能，具备了上海大都市带副中心的功能，南京特定的区位优势决定了南京都市圈形成的可能性。

2013年南京都市圈八个城市通过平等协商，决定成立南京都市圈城市发展联盟，八市在联盟框架内研究制定都市圈区域合作发展规划和政策，协商解决跨区域重大问题。都市圈发展联盟的首要任务是协商制定章程，然后健全组织架构，明确工作职责，确定活动形式，完善合作模式，建立高效沟通协商机制，促进南京都市圈一体化建设。都市圈城市发展联盟制度设计有两个原则：一是借鉴长三角及其他区域合作组织成功经验，吸收长三角决策层、协调层和执行层三级运作机制，其中决策层为“长三角地区主要领导座谈会”，协调层为由常务副省（市）长参加的“长三角地区合作与发展联席会议”，执行层包括联席会议办公室、重点合作专题组和城市经济合作组；二是继承都市圈多年建设优良传统，继续坚持理论与实践相结合的工作理念，保留都市圈市长联席会议、专业委员会和都市圈发展论坛等活动形式。

二、合肥经济圈

经济圈又称大城市群、城市群集合、大经济区、大都会区或都会区集合，是1990年代开始渐多出现的中文地域经济用语，主要指一定区域范围内的经济组织实体，是生产布局的一种地域组合形式。经济圈是主要从地域的自然资源、经济技术条件和政府的宏观管理出发，组成某种具有内在联系的地域产业配置圈。经济圈通常指疆域极广的国家内部某一特定区域，常为城市群体的集合，在国家经济总量中占有很大比重。

区域经济的崛起是一个地区走向富强的重要标志。2009年中国中东部在南京都市圈、武汉城市圈和长株潭城市群诞生后，又形成了一个大城市圈——合肥经济圈。

2009年合肥经济圈才正式设立，是我国最年轻的城市圈之一，有合肥市、淮南市、六安市、巢湖市、桐城市。2011年年底，巢湖市撤销，一部分并入合肥，合肥面积有所扩大，而滁州市也增加了定远县。2013年年底，滁州整体加入合肥经济圈，使合肥经济圈城市变化为合肥、淮南、六安、滁州和桐城五市，总面积4.68万平方千米，人口2 194.8万人。滁州市的整体加入，有利于合肥经济圈在更大范围内实现资源互补、优势互补、产业联动，增强了合肥经济圈的总体实力；也加快了融入长三角的步伐，以实现宁合"两圈一体化"发展，成为长三角地区沿江向中西部地区梯度推进的桥头堡。

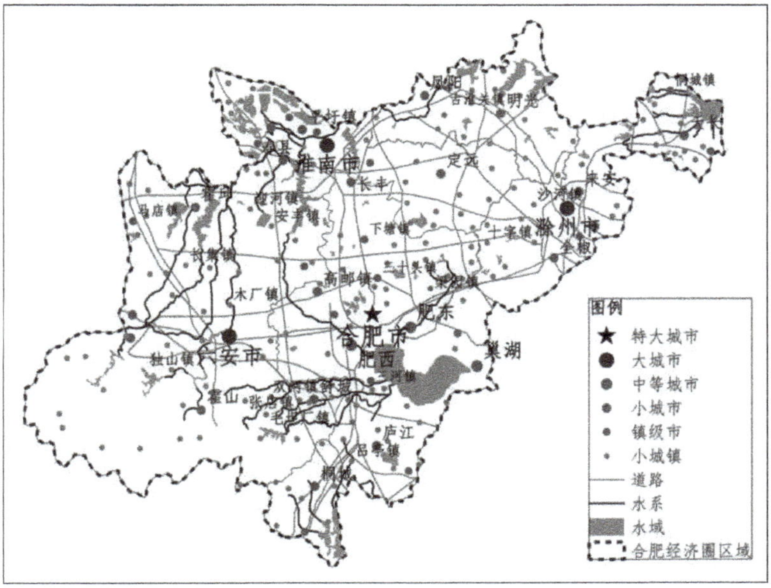

图13.2 合肥经济圈示意图

作为安徽的核心增长极，合肥经济圈从以合肥为区域对外开放的龙头城市，发展成为我国新长三角的重点城镇群，与南京都市圈、徐州都市圈、武汉城市圈、中原城市群、昌九城镇群、长株潭城市群等竞争合作，实现中部崛起战略。

经过近5年的努力，合肥经济圈建设初具规模，基础设施日臻完善，社会服务功能也不断增强，产业集聚效果也初步显现。滁州市的加入有利于合肥经济圈与南京都市圈的无缝对接，合肥经济圈可以借助苏滁现代产业园、滁州国家级经济技术开发区、滁宁合作产业园等战略平台，推动与南京都市圈的互动合作，两大圈层由竞争为主转向由合作为主，在更大范围内参与长三角经济合作。

第二节　南京都市圈、合肥经济圈竞合

放眼全球，深化合作、融合发展已经成为不可阻挡的国际趋势，也是一个地区应对复杂多变国际环境的有效手段。当下，加快合肥经济圈一体化、南京都市圈一体化及双圈竞争与合作进程势在必行。

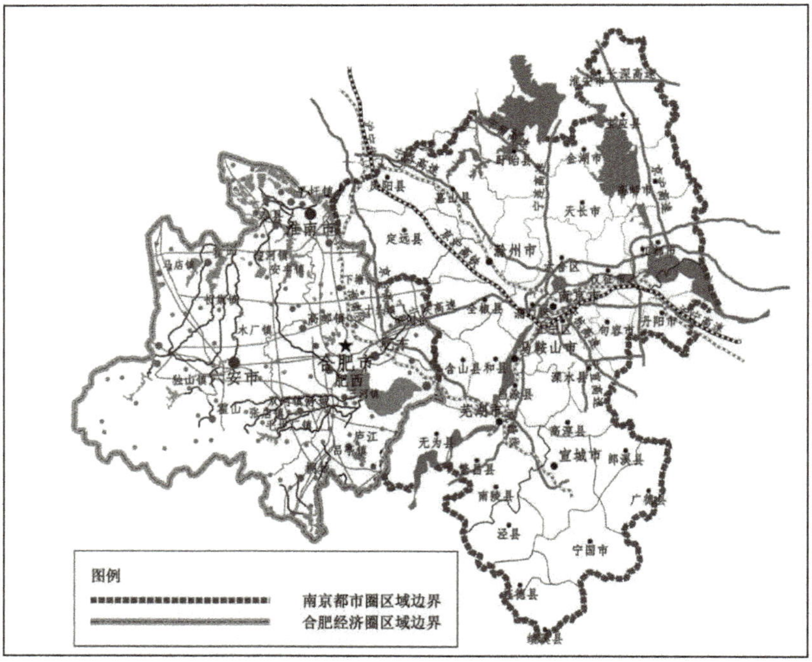

图13.3　合肥经济圈、南京都市圈合并示意图

目前，长三角经济圈、珠三角经济圈、环渤海经济圈等高速发展，合作越来越紧密，这些无不表明，从中央到地方都更加重视区域合作、融合发展，宁合双圈的合作大于竞争已是大势所趋。

一、宁合双圈竞合基础条件

以滁州市为融合区的“宁合城市群”，国土面积9.9万平方千米，2014年总人口约5 150万人，地区生产总值约2.9万亿元。借助滁州国家级经济技术开发区、滁宁合作产业园等战略平台，可以进一步推动合肥经济圈与南京都市圈的竞争合作。

合肥经济圈、南京都市圈优越的地理区位条件、独特的地缘关系、人文历史渊源，以及产业发展和资源禀赋等方面的基础条件，都将为合肥经济圈、南京都市圈的区域竞合发展提供得天独厚的可行性和现实性。

（一）双圈区位条件优越

合肥经济圈位于安徽省中部、长江淮河之间，安徽省的中心位置，东部与南京都市圈紧密相连，是长江三角洲城市经济协调会成员，也是长江经济带的重要城市群，是承东启西的重要节点，又是中部崛起的重要支撑点，区位条件十分优越。南京都市圈是一个跨越苏皖两省的都市圈，其中安徽省4个城市、江苏省4个城市，处于长江三角洲的最西边，是东部地区与西部地区的交汇处。南京都市圈“承东启西、承南接北”，地处中国重要的沿海和沿江发展轴线的交汇点，是东部与中枢纽地位，其区位条件十分特殊。合肥经济圈与南京都市圈双圈之间有数百千米的共同边界，更共同拥有面积达1.33万平方千米的滁州市，两大圈之间联系紧密。

（二）资源丰富，交通便利

合肥经济圈、南京都市圈靠淮临（跨）江，气候温和，热量充足，降水量大，水资源丰富，多平原、丘陵，发展农业条件优越。其西部地区山地面积广，动植物资源丰富，生态环境良好。淮南市的能源十分丰富，是以煤电化产业为主导的国家亿吨煤基地，是合肥经济圈、南京都市圈的动力源。人力资源丰富，是两大圈层的另外重要优势条件。

合肥经济圈、南京都市圈水、陆、空交通便利，合宁高速公路、合武高速铁路把合肥、南京串联起来；第二条合宁客运专线也已经规划完成，不久将正式动工。全国最长河流——长江把两大圈层紧密相连，并直达海洋。南京禄口国际机场、合肥新桥国际机场是两大圈层的重要空港，区域内各城市之间也有众多的便捷交通方式相连。

（三）天然相近，地缘相接

合肥经济圈包括合肥、淮南、六安、滁州及桐城，南京都市圈包括南京、镇江、扬州、淮安、芜湖、马鞍山、宣城及滁州八城市，双圈各城市基本同属一个自然地理板块，水相连、地相接，在地缘上十分接近，且拥有同一城市——滁州，为经济圈的竞合发展提供了独特的天然地缘条件。

合肥经济圈内的几个城市在区域空间上是以合肥为中心相互连接的，淮南、六安和桐城各自分布在距离合肥不足100千米的范围内；南京都市圈的8个城市也基本在1小时都市圈内，加上便利的交通，两大圈层间的天然地缘优势进一步得到凸显。

（四）人文渊源基础深厚

合肥经济圈、南京都市圈内各城市均处长江沿岸与淮河之间，在经济、社会、文化等方面都存在着较大的相通性和相融性。从历史渊源来看，两大圈层之间的众多城市也曾在历史上多次归属于同一行政区域内，由于同属于一个文化板块，各市的人文相通、风俗相近，历史相同、文化相融，经济、社会和文化方面交流由来已久，深厚的人文基础和渊源的历史文化传统十分有利于两大圈层的自然融合。

（五）资源差异产业转移

合肥经济圈、南京都市圈内各城市的产业发展各具特色，相互之间具有一定的差异性和互补性，产业发展梯度较明显，具有产业整合发展的坚实基础条件。

南京是长三角及华东地区中心城市之一，中国科教第三城，中国国家区域中心城市，国家重要的政治、军事、科教、文化、工业和金融中心，国家综合交通枢纽、通信枢纽和科技创新中心。合肥是全国重要的先进制造业基地、高新技术产业基地、现代服务业基地以及科教基地，光机电一体化、电子信息、生物医药、新材料等高新技术产业已初具规模，汽车、装备制造、家用电器、化工及橡胶等资本密集型产业和技术密集型产业也已成为该市的主导产业，现代产业体系较为完整。六安背靠大别山，具有山林资源、矿产资源和劳动力资源；淮南是距离合肥最近的能源基地，为合肥经济圈的发展提供了能源保障；宣城背靠皖南山区，农业资源、旅游资源丰富。因此，合肥经济圈、南京都市圈通过整合现有的资源，加强合作，实现产业转移，则可以实现互利共赢、优势互补和共同发展，最终提高整体竞争力。

二、宁合双圈竞合动力机制

（一）生态环境的压力

20世纪90年代以来，生态环境不断恶化，引起了政府和社会的广泛关注。南京都市圈发达城市的各地政府在生态环境的保护方面，也投入了大量的人力和物力，虽然取得了一定的成效，但是由于南京都市圈发达城市各地聚集着大量的加工制造业，这使得南京都市圈发达城市地区的环境问题日趋恶化。各种威胁如大气、水、噪声、固体废弃物等污染源正在威胁着南京都市圈发达城市的良性发展。

（三）科技进步的推动

随着社会经济的发展，科技进步对产业结构的影响越来越大，可以说科技进步已成为推动区域产业结构变化最活跃、最积极的因素，科技创新是产业变革和进化的根本推动力。科技创新加快了旧产业成熟的速度，并不断涌现出新型产业，使产业的产品结构不断向技术密集型和知识密集型深化，使产业转移进程加快。产业转移从动态的角度反映了先进地区在产业分工中的主导地位，科技更新促使先进地区不断发展朝阳产业、绿色产业、高精尖产业以及知识密集型产业，与此同时他们也不断将夕阳产业、污染产业、传统产业以及劳动密集型产业转移到后进地区。

（四）资源制约因素的影响

随着经济的高速发展，南京都市圈发达城市地区的资源对经济发展的制约也越来越明显。一是近年来南京都市圈发达城市地区的劳动力等要素成本不断上升，土地资源日益紧缺，使该地区的生产成本上升，严重影响了产业的获利能力。尤其是一些对要素价格较为敏感的劳动密集型产业，要素价格的上涨，大大压缩了此类产业的获利空间，削弱了产业的竞争力，进行产业结构调整并向技术—资本密集型产业转换已是势在必行。二是南京都市圈发达城市地区的能源及矿产资源的供需矛盾日益突出。土地短缺已经成为南京都市圈发达城市经济持续发展面临的巨大瓶颈。三是环境承载力制约，高经济增长伴随着高排放和高污染，使得环保成本大大增加。因此，通过产业区域转移来延续劳动密集型产业的竞争优势是南京都市圈发达城市经济可持续发展的最佳选择。

三、宁合双圈竞合模式分析

(一)政府主导模式

政府可以通过各种方法解决由行政区划分割而形成的区域障碍、市场障碍、交通障碍、制度障碍等壁垒，促成区域合作发展的核心力量。①虽然产业的相对独立性决定了政府不可能完全左右它的发展，但仍可以通过宏观调控的方式调节竞争等引发的市场失灵现象；②政府可以通过对合作组织的监控及管理，严格规范合作机制等调节方式促进区域合作健康发展；③政府作为区域合作的重要主体之一，还可以通过加强对区域交通、服务设施等基础设施建设加快区域产业合作的发展进程。

(二)行业协会主导模式

行业协会作为非政府管理组织同样是影响区域产业发展与合作的一种重要力量，它与政府职能不同，是连接政府与企业之间的桥梁与纽带。作为一个中介组织，主要是用来协调和沟通各方关系并为之提供相关服务，在区域产业合作中是政府对产业进行管理的重要工具，同时也影响着政府的决策和产业的利益关系，在协调各方利益、缓解政府压力、产品促销及加强体制管理方面都发挥重要作用，是实现产业合作正常发展不可缺少的重要组成部分。

(三)产业转移模式

通过对合肥经济圈、南京都市圈中各个地区进行产业竞争力分析,发现两大圈层之间、圈层内部均存在产业梯度,即由于生产要素禀赋、产业基础与产业分工的不同,地区间在经济发展与产业结构水平上形成了一定的阶梯状差距。由于这种产业梯度的存在以及各地区产业结构不断升级的需要,产业结构有着在地区间梯度转移的规律,即产业在地区之间可以进行梯度接力转移。合肥经济圈、南京都市圈中一个城市相对落后或不再具有比较优势的产业可以转移到其他与该城市存在产业梯度的地区,成为其他城市相对先进或具有相对比较优势的产业,从而提高吸收方的产业结构的层次与水平。地区间的产业转移使合肥经济圈、南京都市圈中的先进地区加快了产业升级,可以集中人力、物力发展高附加值、高技术含量的产业;后进地区则可以以较低的成本引进相对先进的产业与技术,以"后发优势"尽快提高产业层次与水平,从而实现产业转移方与被转移方的双赢。

从现阶段来看,合肥经济圈、南京都市圈各城市应积极推动南京都市圈已经面临停滞的产业或发展成熟的产业实施产业转移,以期有效扩散南京都市圈发达地区的资金、技术、管理等高级要素,发挥各自优势,实现共同进步。进行产业转移可以采取新设投资、收购兼并等方式,也可进行产业链的跨区域布局。

(四)双核城市合作模式

从作用机制看,双核城市模式是区域发展中一种比较有效的空间结构模式。双核城市空间模式的特点就是:在同一个区域内有两个规模足够大、能量相当的城市。

南京、合肥两个城市地域相邻,且有共同的腹地。南京、合肥两市分别是江苏省、安徽省政治、经济、文化三位一体的行政中心城市,两市相距150千米,正是由于行政中心城市和经济中心城市在功能上的合一,使这两个"核"共同推动合肥经济圈、南京都市圈区域的经济发展。其基本内涵是以两核为中心,以强有力的集聚,通过交通轴线进行扩散来带动相关经济带的发展。在经济带发展过程中,两个核心城市应在良性竞争的基础上合作,在合作中竞争,使区域经济和谐统一发展。

总之,安徽省、江苏省以及合肥经济圈、南京都市圈区域内政府要进一步解放思想,树立大区域意识。打破行政壁垒,克服地方“本位主义”“地方保护主义”等传统观念,消灭地方保护,保障区域内商品自由流通,建立合肥经济圈、南京都市圈通用制度,确保人才自由流动;废除歧视性条款和差别待遇,保障区域内资本、服务自由流动。结合合肥经济圈、南京都市圈经济发展的特点,认识到经济发展具有群体性、交互性和协同性,因此,合肥经济圈、南京都市圈更应该积极主动地参与区域经济的竞争与合作,完善区域经济协调机制,调整产业分工布局,实现交通、旅游、社会保障等方面的“一体化”,充分发挥宏观调控和市场机制对于经济发展的正面效应,提升合肥经济圈、南京都市圈区域经济竞争力。

四、滁州与宁合双圈的联系

安徽省于2014年正式成为长三角成员,合肥成为长三角的副中心,使得合肥经济圈、南京都市圈的联系更加紧密。滁州市是安徽省的16个地级市之一,行政上隶属于安徽省,但是在经济、文化、日常生活中,南京市对滁州的影响力更大、更深,两者关系更密切,滁州一直是安徽省东向发展的“桥头堡”。

滁州市同时属于合肥、南京两个都市圈,处在双圈的中间地带,双圈之间的联系与合作绕不开滁州。南京、合肥之间的交通如合武高铁、宁合高速、312国道,以及规划中的合滁宁城际铁路,在滁州市境内的距离都很长。合肥经济圈可以借助滁州市苏滁产业园、经济技术开发区等一系列平台,加强与南京都市圈的竞争与合作,最终实现双圈一体化。滁州城市的发展深受南京市的影响,从外部形态上,南京市的影响重大。一直以来,滁州的城市扩张是向南发展,迎合南京。苏滁产业园、汊河经济技术开发区紧邻南京市,与市区只有20千米。最新的南京都市圈规划中,宁滁城市轻轨即将连到滁州市区。

整个安徽东向发展非常明确,作为东向“桥头堡”,滁州对于合肥经济圈是个极好的补充。在地域上,不仅是合肥,滁州与合肥经济圈其他各市都联系紧密。滁州市的全椒县、南谯区、定远县分别与合肥市肥东县、巢湖市、长丰县地域紧密相连。定远县距合肥市区80千米,距淮南市区60千米。滁州最近的乡镇距合肥市区只有30多千米。滁州与合肥接壤地区大多属江淮分水岭地区,地形地貌相近,具有显著的共同地域特征。

在交通方面,滁州与合肥的交通一体化程度高,合宁高速、合蚌高速、沪汉榕高铁等交通大动脉紧紧地将两市联系在一起，从滁州南站乘动车到合肥市只需40分钟。滁州又是合肥市联系长三角主要城市的通道，未来将规划建设合滁宁城际铁路，将进一步提升滁州与合肥的交通一体化水平，实现两市“1小时通勤”。

据不完全统计，截至2014年年底，合肥在滁州投资项目达到230多个，总投资近500亿元。滁州合肥产业关联度高，滁州合肥企业之间上下游和横向配套关系日益密切。同时，滁州的定远县、全椒县是合肥重要的粮油、蔬菜、瓜果等农副土特产品生产供应基地，随着合肥扩容，两县将进一步加快建设面向合肥的农副产品生产和供应基地。滁州又是合肥人重要的旅游目的地，合肥市每年到滁州的旅客达100万人次。

与此同时，滁州市是长三角城市经济协调会成员和南京都市圈核心层城市，是全省东向发展的最前沿，正致力于打造合宁之间新型区域性中心城市。滁州市地处两大都市圈结合部，可以充分发挥纽带作用，既有利于加强合宁两大都市圈的交流合作，也有利于合肥都市圈参与长三角经济合作，更好地承接东部地区的产业转移，发展安徽省经济。

后　记

本书部分内容是作者很早以前就有的想法，在写作过程中得到了北京大学旅游规划研究中心吴必虎教授的悉心教诲，安徽师范大学黄成林教授的认真指导，滁州学院相关领导的支持，地理信息与旅游学院晋秀龙教授、李养兵博士等许多同事的无私帮助，插图由滁州学院地理信息与旅游学院汪光胜同学完成，第六章、第七章、第十章部分数据和调查由葛晔、夏敏敏、王利平等同学协助完成，在此一并表示最衷心的感谢！

本书是作者相关研究成果的集中体现，是对滁州市城市与发展的思考结晶，也是2015年安徽省社科联项目“长江经济带视域下合肥经济圈南京都市圈联动发展研究（A2015003）”、2016年安徽省教育厅人文社科重点项目“合肥经济圈南京都市圈竞合发展研究（SK2016A0670）”等的研究成果。

本书内容既有对滁州市城市与旅游发展经验的总结，也有对滁州市城市与旅游发展现状和存在问题的分析，还有对滁州市与南京都市圈、合肥经济圈关系的研究，以及“双圈”对滁州城市与旅游未来发展影响的探索。

国内外有关滁州市的城市和旅游发展相关内容的研究成果并不很多，研究的广度、深度也不够广泛和深入，也没有相关研究专著见诸于市场。本书在有关学者的研究基础上进一步进行了挖掘，对滁州市的城市和旅游发展有较大的参考价值，对南京都市圈、合肥经济圈未来竞合发展也有一定的指导意义。本书在写作过程中参考了大量国内外相关学者的研究成果，未能全部列出，在此表示诚挚的歉意和衷心的感谢！

由于时间匆忙，能力不强，水平有限，书中难免存在错误和遗漏之处，恳请各位学者、同仁和读者给予指正。

潘立新

2016年6月于滁州市琅琊山